2025년 지방직 9급 대비

공무원 9급 공개경쟁임용 필기시험

이유진 국어 화제의 모의고사
[1주~6주 LEVEL 1 / LEVEL 2]

응시번호

성명

문제책형

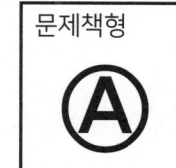

제1과목	국어	제2과목	영어	제3과목	한국사
제4과목	행정법총론	제5과목	행정학개론		

응시자 주의사항

1. **시험시작 전 시험문제를 열람하는 행위나 시험종료 후 답안을 작성하는 행위를 한 사람은** 「공무원임용 시행령」 제51조 등 관련 법령에 의거 **부정행위자로 처리됩니다.**

2. 시험이 시작되면 문제를 주의 깊게 읽은 후, **문항의 취지에 가장 적합한 하나의 정답만을 고르며,** 문제내용에 관한 질문은 할 수 없습니다.

3. **답안은 문제책 표지의 과목 순서에 따라 답안지에 인쇄된 순서에 맞추어 표기해야 하며, 과목 순서를 바꾸어 표기한 경우에도 문제책 표지의 과목 순서대로 채점되므로** 유의하시기 바랍니다.

4. **시험시간 관리의 책임은 응시자 본인에게 있습니다.**
   ※ 문제책은 시험종료 후 가지고 갈 수 있습니다.

정답공개 및 이의제기 안내

1. **동영상 강의 수강 신청**
   메가 공무원
   2025 이유진 국어 [지방직/서울시 대비] 화제의 모의고사

2. **이의제기**
   이유진 국어 네이버 카페(https://cafe.naver.com/yujinjinjin)
   ≫ 모의고사 전용 질의응답

본 문제의 무단전재 또는 복제행위는 저작권법 제136조에 의거, 5년 이하의 징역 또는 5,000만원 이하의 벌금에 처하거나 이를 병과할 수 있습니다.

국 어

1. <공공언어 바로 쓰기 원칙>에 따라 <공문서>의 ㉠~㉣을 수정한 것으로 적절하지 않은 것은?

―――――<공공언어 바로 쓰기 원칙>―――――
○ 주어와 서술어를 호응시킬 것.
○ 지나친 명사 나열을 피하고 적절한 조사와 어미를 활용하여 문장을 구성할 것.
○ 중복되는 표현을 삼갈 것.
○ 목적어와 서술어를 호응시킬 것.

―――――<공문서>―――――
드론 활용해 병해충 방제 효율 40% 향상
- ○○청, 드론 방제 시연회 개최 -

□ ○○청은 농업 기술 혁신을 위한 ㉠드론 병해충 방제 시연회를 개최된다고 밝혔다. 이번 시연회에서는 기존 방식보다 약제 살포 효율이 40% 향상된 스마트 드론 방제 기술이 소개된다.

□ 이 기술은 정밀 센서를 활용해 ㉡병해충 발생 지역 자동 탐색 및 약제를 최적량만 살포하여 환경 오염을 줄이면서도 방제 효과를 ㉢크게 극대화한다.

□ ○○청 김○○ 과장은 "드론을 활용하면 ㉣노동력과 방제 효과를 높일 수 있어 농가의 생산성을 크게 향상할 것으로 기대된다."라고 말했다.

① ㉠: 드론 병해충 방제 시연회를 개최한다고
② ㉡: 병해충 발생 지역을 자동 탐색하고
③ ㉢: 극대화한다
④ ㉣: 노동력을 늘리고 방제 효과를 높일

2. 괄호 안에 들어갈 말로 가장 적절한 것은?

코로나19는 우리가 도시에서 살아가는 방식에 엄청난 영향을 미쳤다. 산업혁명 기간에 성장한 도시는 당시에도 오염되었으며 비위생적이었다. 그럼에도 이후 도시는 번영하고 성장했다. 뉴욕과 런던은 한 세기 전보다 더욱 깨끗하고 안전해졌다. 그것은 도시가 본질적으로 환경에 적응할 수 있는 유기체이기 때문이다. 농촌 지역보다 더욱 효율적이고, 교외지보다 더욱 유연한 도시는 항상 스스로를 재창조하면서 주변 환경을 정화해 왔다. 도시는 인류 문명과 함께 등장한 이후 언제나 탁월하게 적응하고 유연하게 스스로를 재창조해 왔다. 물론 코로나19 이후의 세계는 이전과는 다른 규범이 지배하게 될 것이다. 그리고 코로나19는 오랫동안 도시에서 소극적으로 다뤄져 왔던 재택근무, 온라인 강의, 보건 전문가의 도시 행정에의 적극적 참여 등을 가속화시킬 것이다. 그 결과, (   )

① 코로나19의 반도시적 성향으로 인해 사람들이 농촌과 교외로 분산될 것이다.
② 인류가 코로나19를 이겨내는 과정에서 도시 문명의 발달은 더욱 가속화될 것이다.
③ 새로운 도시는 우리가 보아왔던 것과 다른 도시로, 충격을 더욱 견고히 이겨낼 수 있는 도시가 될 것이다.
④ 코로나19 이후의 세계는 기존 도시의 복구 및 지속에 초점을 맞춰 새로운 표준을 정립할 것이다.

3. 다음 글을 참고할 때, ㉠~㉣에 들어갈 수 없는 것을 고르면?

'되어요, 돼요, 되요' 중 어느 게 맞는 표현일까? "어간 모음 'ㅚ' 뒤에 '-어'가 붙어서 'ㅙ'로 줄어지는 것은 'ㅙ'로 적는다."라는 맞춤법 규정에 따르면, '되어요'는 어간 '되-'에 '-어요'가 결합된 것이므로 '돼요'로 줄어들 수 있다. 따라서 '되어요, 돼요'는 맞는 말이지만 '되요'는 틀린 말이다.

―――――<보 기>―――――
○ 몸이 아파 눈에 (㉠) 것이 없다.
○ 교외로 나가서 맑은 공기를 (㉡).
○ 오른쪽 책상 다리가 짧아 책으로 (㉢).
○ 올해 추석은 처가에서 (㉣)로 했다.

① ㉠: 봬는
② ㉡: 쐤다
③ ㉢: 괬다
④ ㉣: 쇠기

4. 다음 글의 ㉠~㉣ 중 어색한 곳을 찾아 가장 적절하게 수정한 것은?

한국어의 알타이어족설은 한국어가 알타이 어군에 속한다는 것이다. 이 학설은 한국어와 알타이어군 간에는 모음조화, 관계 대명사의 부재 등에서 공통된다는 비교언어학 분석에 근거하고 있다. ㉠하지만 음운 대응의 규칙성에는 서로 차이가 존재하므로 비교언어학적 근거는 한계를 가지고 있다.
최근 한국어 연구는 ㉡비교언어학 분석과 더불어 유전학적 연구와 인류학적 연구를 활용하고 있다. 예컨대 우리 민족의 유전 형질은 북방계와 남방계의 특성이 모두 존재하므로 한국어에는 북방적 요소와 남방적 요소가 함께 있음을 시사한다. 다양한 연구의 활용은 근본적으로 한국어 자료가 부족한 문제점을 극복할 수 있도록 도움을 준다. ㉢하지만 여전히 한국어와의 공통 조상어를 밝히기란 쉽지 않다. 고구려, 백제, 신라의 언어가 각각 서로 다른 언어인지 아니면 방언적인 차이만을 지닌 하나의 언어인지에 대해 여전히 이견이 존재하며 어떤 언어로부터 분화된 것인지에 대해서도 학계의 입장은 대립된다. 따라서 ㉣충분한 자료 속에서 무엇이 사실인지를 구별해내는 능력이 필요하다.

① ㉠: 비교언어학 분석은 객관적인 자료만을 기반으로 하므로
② ㉡: 비교언어학 분석에 대한 전문성을 높이고 심화하여
③ ㉢: 이에 따라 우리는 한국어와의 공통 조상어를 밝힐 수 있게 되었다
④ ㉣: 한국어 자료의 부족 문제를 해결하기 위한 노력도 전개해야 한다

5. 다음 진술이 모두 참일 때, 참이 아닌 명제는?

○ 책을 좋아하는 사람은 차 마시는 것을 좋아한다.
○ 영화 보는 것을 좋아하는 사람은 차 마시는 것을 싫어한다.
○ 차 마시는 것을 싫어하는 사람은 쿠키를 좋아한다.

① 쿠키를 싫어하는 사람은 책을 좋아한다.
② 책을 좋아하는 사람은 영화 보는 것을 싫어한다.
③ 영화 보는 것을 좋아하는 사람은 책을 싫어한다.
④ 쿠키를 싫어하는 사람은 영화 보는 것을 싫어한다.

[6 ~ 7] 다음 글을 읽고 물음에 답하시오.

산문과 운문은 문학의 주요 양식으로, 표현 방식과 구성 원리에서 차이가 존재한다. 산문은 일상적인 어법으로 이야기를 전개하며, 문장의 형태나 길이가 비교적 자유롭다. 따라서 사건이나 인물을 구체적으로 서술하고 설명하는 데 효과적이며, 논리적 전개나 사실적 묘사를 통해 독자에게 내용을 직접 전달할 수도 있다. 대표적으로 소설이나 수필, 논문 등이 이에 해당한다.
반면, 운문은 언어의 율격과 음보, 행(行)과 연(聯)의 구분을 중시하며, 비유·상징·함축·운율과 같은 시적 기법을 활용해 정서와 예술적 미감을 극대화한다. 이러한 표현 방식은 감정을 전달하는 데 효과적이다. 언뜻 보기에 논리성이 약해 보일 수 있으나, 많은 운문 작품은 고유한 구조와 주제 전개를 통해 내적 논리성을 유지한다. 일정한 리듬감을 ㉠지닌 운문은 암송에 적합해 고대부터 신화 및 역사를 서술할 때 산문을 대신하여 활용되었다.
일반적으로 산문과 운문의 가장 큰 차이점은 운율의 유무이지만, 산문 중에도 운율을 형성하는 리듬감이 존재하는 경우가 있으며, 대표적인 운문인 시에도 운율이 거의 없는 무운시 등이 존재하기도 한다. 이것들이 발전하여 현대 문학에서는 산문과 운문의 경계가 이전처럼 엄격하지 않다. 시적 산문이나 산문적 시와 같이 두 양식이 혼합된 형태가 늘어나고 있으며, 작품의 형식은 작가가 의도하는 표현 목적과 예술적 효과에 따라 자유롭게 선택되어 활용되고 있다.

6. 윗글에서 추론한 내용으로 가장 적절한 것은?
① 정서와 예술적 미감을 극대화하는 경우 글의 논리성이 떨어진다.
② 소설이나 수필은 운율을 가지지 않는다.
③ 사실적인 내용을 기술한 산문의 역사가 운문의 역사보다 더 길다.
④ 일반적으로 운율을 가진 운문이 산문에 비해 암기가 쉽다.

7. 문맥상 ㉠의 의미와 가장 가까운 것은?
① 그는 품 속에 사과 4개를 지니고 있다.
② 돌아가신 어머니의 유언을 마음에 지니다.
③ 고정 관념을 지니고 사는 그는 늘 자기중심적으로 행동한다.
④ 그는 얼마 지나지 않아 새로운 임무를 지니고 떠났다.

8. 다음 글의 ㉠과 ㉡에 대한 평가로 올바른 것은?

정부는 고속철·지하철·간선급행버스(BRT) 등 공공 교통망을 대대적으로 확충하는 정책을 추진하고 있다. 이를 통해 ㉠대중교통 이용 편의가 개선되고, 다양한 교통 인프라 관련 서비스 산업이 발전하여 관련 일자리가 창출될 것이라는 기대가 제기된다.
하지만 한편으로는 ㉡건설 비용이 급증하여 지자체 예산 부담이 커지고, 교통 중심지로의 인구·상권 쏠림이 심화됨에 따라 주변 지역 소상공인들의 매출 감소가 우려된다는 점도 지적된다.

① 교통 중심지로 상권이 집중되어 주변 지역 소상공인들이 매출 감소를 호소한다면, ㉠은 약화된다.
② 신규 교통 인프라와 관련된 산업이 활발해져 일자리 창출 효과가 나타난다면, ㉠은 강화된다.
③ 공공 교통망 확충 이후, 예상보다 높은 건설비 지출로 지자체 재정 부담이 커진다면, ㉡은 약화된다.
④ 교통망 개선으로 지역 간 이동이 편리해져 지역 상권 간 균형 발전이 이루어졌다면, ㉡은 강화된다.

9. 〈지침〉에 따라 〈개요〉를 작성할 때 ㉠~㉣에 들어갈 내용으로 적절하지 않은 것은?

— 〈지 침〉 —
○ 서론은 중심 소재의 개념 정의와 문제 제기를 1개의 장으로 작성할 것.
○ 본론은 제목에서 밝힌 내용을 2개의 장으로 구성하되 각 장의 하위 항목끼리 대응되도록 작성할 것.
○ 결론은 기대 효과와 향후 과제를 1개의 장으로 작성할 것.

— 〈개 요〉 —
○ 제목: 환경 교육 부족의 원인과 해결 방안
Ⅰ. 서론
 1. 환경 교육 부족의 정의
 2. ㉠
Ⅱ. 환경 교육 부족의 원인
 1. ㉡
 2. 실천 중심 교육 프로그램 및 정책 지원 미흡
Ⅲ. 환경 교육 부족 해결 방안
 1. 정규 교육과정에서 환경 교육 강화 및 교재 개발
 2. ㉢
Ⅳ. 결론
 1. 환경 교육 강화를 통한 지속 가능한 사회 실현
 2. ㉣

① ㉠: 환경 교육 부족이 우리 공동체에 미치는 부정적 영향
② ㉡: 정규 교육 과정 내 환경 교육의 비중 부족
③ ㉢: 지역사회 및 기업과 연계한 실천적 환경 교육 확대
④ ㉣: 환경 오염이 줄어듦에 따른 건강한 생활환경 조성

10. 다음 글을 논리적인 순서에 맞게 배열한 것은?

ㄱ. 한국 방문 일정 중 독일인 친구들이 맥주 가게를 방문하게 되었다. 독일인 친구 A가 여러 종류의 한국 맥주를 마셔보면서 한국 맥주의 맛에 대해 부정적으로 평가했다.
ㄴ. M사에서 방영되고 있는 O프로그램은 외국인 방송인이 현지의 친구들을 초대해 자유 여행을 하는 프로그램이다.
ㄷ. 우리는 이 프로그램을 통해 처음 다른 문화를 접했을 때 어떠한 태도를 가져야 하는지에 대해 한 번 더 생각해 보게 되었다.
ㄹ. 다른 독일인 친구 B는 그렇게 이야기하면 안 된다며, 단지 맛이 다를 뿐이라고 이야기한다. B의 태도는 타국의 문화를 좋고 싫고의 문제로 받아들이는 것이 아니라는 자세를 보였다.
ㅁ. 여러 나라의 친구들이 한국을 방문했지만 가장 기억에 남는 친구들은 독일에서 온 친구들이었다.

① ㄱ-ㄹ-ㄴ-ㄷ-ㅁ
② ㄴ-ㄷ-ㅁ-ㄱ-ㄹ
③ ㄴ-ㄷ-ㅁ-ㄹ-ㄱ
④ ㄴ-ㅁ-ㄷ-ㄱ-ㄹ

[11 ~ 12] 다음 글을 읽고 물음에 답하시오.

노장사상(老莊思想)은 중국 고대의 도가 철학으로, 주로 ㉠노자와 ㉡장자의 사상을 일컫는다. 인위적인 제도나 도덕규범이 아닌 자연 그대로의 이치에 따르는 '무위자연(無爲自然)'을 궁극적인 이상으로 삼는 노장사상은 당시 주류를 이루던 유가의 예(禮)와 인의(仁義) 중심 세계관에 대립하며, 인위적인 억압과 구속에서 벗어나 인간이 본성에 충실하고 자유롭게 살아야 한다는 메시지를 제시했다.

『도덕경』을 저술한 노자는 '도(道)'를 만물 생성의 근원이자 만물이 돌아가는 법칙으로 설명했다. ㉢그가 말하는 도는 형체가 없고 언어로 온전히 표현하기 어렵지만, 도에 순응하고 분별심을 버리면 참된 자유와 평온을 얻을 수 있다고 주장한다. 반면 장자는 풍부한 우화와 비유를 통해 절대적 진리는 없으며, 모든 존재가 평등하고 상대적이라는 점을 강조했다. ㉣그는 인간의 감각과 인식 능력에는 본질적인 한계가 있다는 점을 자각하고, 그러한 한계를 넘어서려는 집착에서 벗어나 진정한 자유를 추구해야 한다고 보았다. 이를 바탕으로 세속적 가치 기준이나 고정된 지식에 얽매이지 않고 살아가는 '소요유' 사상을 전개하였다. 즉, ㉤전자는 도를 만물 생성의 원리이자 통치의 근본으로 삼아, 우주와 인간 사회를 아우르는 질서로 설명한 데 비해, ㉥후자는 도를 절대적 진리가 아닌 상대적인 시각에서 이해하며, 세속을 벗어난 소요유의 경지를 이상으로 삼았다.

노장사상은 한대 이후 도교의 형성에 지대한 영향을 주었으며, 유가나 불교와의 상호 교섭을 통해 독특한 문화·사상적 교류가 이루어졌다. 특히 동아시아 예술과 문학에서는 산수화나 시가(詩歌) 속에 '자연으로 돌아감'과 '무위자연'의 정취가 자주 나타났고, 현대에 이르러서도 노장사상은 소박한 삶, 자연 친화, 물질적 집착에서 벗어난 정신적 자유를 추구하는 철학으로 해석되며 동서양에 걸쳐 폭넓게 수용되고 있다.

1. 윗글에서 추론한 내용으로 가장 적절한 것은?
① 노자는 예와 인의에 더해 무위자연을 주장하였다.
② 노장사상은 인위적인 억압을 벗어나 국가의 존재를 부정하였다.
③ 장자는 세속적 가치에 구애되지 않는 것을 이상적으로 보았다.
④ 노장사상은 서양의 산수화와 시가에도 많은 영향을 미쳤다.

2. 윗글의 ㉠ ~ ㉥ 중 지시하는 바가 같은 것끼리 짝지은 것은?
① ㉠, ㉣
② ㉡, ㉤
③ ㉡, ㉥
④ ㉢, ㉣

3. 다음 명제가 모두 참일 때, 빈칸에 들어갈 명제로 가장 적절한 것은?

○ 잘못된 습관을 버리지 않는 사람은 발전할 수 없다.
○ _____
○ 결론: 잘못된 습관을 버린 사람만이 더 나은 삶을 살 수 있다.

① 발전할 수 없는 사람은 더 나은 삶도 살 수 없다.
② 더 나은 삶을 살 수 있는 사람만이 발전할 수 있다.
③ 더 나은 삶을 살 수 없는 사람은 발전도 할 수 없다.
④ 잘못된 습관을 버린 사람은 더 나은 삶을 살 수 있다.

14. ㉠을 평가한 내용으로 적절한 것만을 〈보기〉에서 모두 고르면?

지구 물리학계에서는 오랜 기간 지구 자기장은 외핵에서 일어나는 지오다이나모 작용으로 만들어진다고 설명해 왔다. ㉠이 이론에 따르면, 액체 상태의 철·니켈 등 전도성 물질이 외핵에서 대류 운동을 일으키며 전류를 발생시키고, 이것이 거대한 자석과 같은 지구 자기장을 형성한다.

그러나 일부 과학자들은 이런 작용만으로는 지구 자기장의 장기적 안정성이 설명되지 않는다고 지적한다. 예컨대, 지각에 남은 잔류 자기나 태양풍이 지구 주변의 전리층 환경에 미치는 영향 등 다른 요인도 지구 자기장 형성에 일정 부분 기여한다고 주장한다.

그럼에도 대부분의 주류 학계에서는 이 이론을 모사한 지하 깊은 곳의 마그마 운동에 대한 시뮬레이션과, 수십억 년에 걸쳐 형성된 고지자기 연구 결과의 유사성을 지오다이나모 가설을 뒷받침하는 핵심 근거로 삼고 있다.

〈보 기〉
ㄱ. 실제 지구 자기장의 세기가 변동하는 양상이, 외핵에서의 대류 운동을 모사한 컴퓨터 시뮬레이션 결과와 동일하게 나타났다는 연구 결과는 ㉠을 강화한다.
ㄴ. 고지자기 연구 결과 외핵에서의 대류 운동으로 설명할 수 없는 자기장의 변화 양상이 발견되었다면 ㉠은 약화된다.
ㄷ. 지각의 잔류 자기의 크기가 태양풍에 의해 대기권에 형성되는 자기장의 크기에 비해 현저히 작다는 연구 결과는 ㉠을 약화한다.

① ㄱ
② ㄱ, ㄴ
③ ㄴ, ㄷ
④ ㄱ, ㄴ, ㄷ

15. '반의 관계 어휘'에 대한 설명으로 옳지 않은 것은?

모든 의미상의 특성을 공유하면서 한 가지 요소만 반대인 단어들의 관계를 반의 관계라고 한다. 반의 관계는 모순 관계, 반대 관계, 상대 관계로 나눌 수 있다.
모순 관계란 중간항이 허용되지 않고 동시에 참이 될 수도, 동시에 거짓이 될 수도 없는 대립 관계로, '남자-여자'가 대표적인 예시이다. 반대 관계는 중간항이 허용되고 동시에 부정이 가능한 대립 관계이다. '가볍다-무겁다'의 경우, 중간항이 있으면서 가볍지도 무겁지도 않은 경우가 존재하므로 반대 관계로 적절하다. 마지막으로 상대 관계는 '위-아래'와 같이 서로 관계되는 두 실체를 떼어서는 생각할 수 없는 대립 관계를 말한다.

① '좋다-나쁘다'의 경우, 두 단어를 동시에 긍정하거나 부정하면 모순이 발생한다.
② '출발-도착'의 경우, 한 단어의 부정이 다른 쪽 단어의 부정과 모순되지 않는다.
③ '삶-죽음'의 경우, 한 단어의 부정은 다른 쪽 단어의 긍정을 함의한다.
④ '넓다-좁다'의 경우, 한 단어의 의미가 다른 쪽 단어의 부정을 함의한다.

[16 ~ 17] 다음 글을 읽고 물음에 답하시오.

　18세기 화학자 블랙은 온도가 상이한 물을 섞었을 때 물의 온도가 동일해지는 현상에 ㉠주목했다. 그는 '칼로릭'이라는 물질이 높은 온도 물에서 낮은 온도 물로 옮아가서 물 온도가 ㉡평형을 이룬다고 보았다.
　화학자 라부아지에는 칼로릭설을 믿었고 칼로릭을 질소, 수소, 산소 등과 함께 하나의 원소로 간주했다. 또한 칼로릭이 물질에 공급되면 물질의 상태 변화도 일어날 수 있다고 보았다. 예컨대 고체에서 액체로, 액체에서 기체로 변하는 현상은 칼로릭의 함량이 늘어나며 발생한 것이라고 해석했다.
　하지만 물리학자 톰프슨은 칼로릭설에 대해 의문을 품었다. 톰프슨은 놋쇠에 드릴로 구멍을 뚫을 때 발생하는 열에 주목했다. 칼로릭설에 의하면, 놋쇠에서 나오는 칼로릭에는 한계가 있다. 따라서 놋쇠에서 발생하는 열에도 한계가 있어야 했다. 하지만 놋쇠에서는 열이 점점 더 많이 발생했다. 따라서 톰프슨은 열이 물질이 아닐 것이라고 ㉢추정했다. 그러나 그는 칼로릭설에 대해 완전히 ㉣부인하지는 못했다. 칼로릭설을 따라야만 열평형과 물질의 상태 변화에 대해 분명히 설명할 수 있기 때문이었다.

16. 윗글에서 추론한 내용으로 가장 적절한 것은?
① 블랙은 온도가 다른 물을 섞었을 때 칼로릭에 의해 물 온도가 동일해진다고 보았다.
② 라부아지에는 칼로릭의 함량이 변해도 물질의 상태는 변화하지 않는다고 보았다.
③ 라부아지에와 톰프슨은 칼로릭설에 대해 의문을 품었다.
④ 톰프슨은 열이 어떤 물질이 아닐 것으로 추정하면서 칼로릭설을 완전히 부인하였다.

17. ㉠~㉣과 바꿔쓸 수 있는 유사한 표현으로 적절하지 않은 것은?
① ㉠: 살펴보았다
② ㉡: 차이를
③ ㉢: 짐작했다
④ ㉣: 부정하지는

18. (가)~(다)를 전제로 할 때 빈칸에 들어갈 결론으로 가장 적절한 것은?

(가) 대학생은 아르바이트를 하거나, 인턴십을 한다.
(나) 대학생이 아르바이트를 하면, 자유시간이 줄어들고 학업에 집중하기 어려워진다.
(다) 대학생이 인턴십을 하면, 실무 경험은 쌓이지만 학업에 집중하기 어려워진다.
따라서 _____

① 대학생은 학업에 집중하기 어려워진다.
② 대학생의 실무 경험이 쌓인다.
③ 대학생의 자유시간이 줄어든다.
④ 대학생의 자유시간이 줄어들지만 실무 경험은 쌓인다.

19. 갑~병의 주장을 분석한 내용으로 적절한 것만을 〈보기〉에서 모두 고르면?

갑: 개정된 법률을 소급 적용하는 것은 법적 안정성과 예측 가능성을 무너뜨리므로 옳지 않다. 국민은 자신의 행동에 대해 미리 판단할 수 있어야 하고, 법이 소급되면 모두 언제든 범죄자가 될 수 있다. 또한, 소급 적용이 허용되면 정치적으로 악용될 가능성이 커지고, 특정 개인이나 집단을 탄압하는 도구로 변질될 우려도 있다.
을: 살인이나 성범죄 같은 중대한 범죄는 예외적으로 소급 적용해야 한다. 이러한 범죄는 시간이 지나도 피해자가 고통받고, 가해자가 법망을 빠져나갈 경우 사회적 불신이 커지기 때문이다. 법적 안정성이 중요하다는 점은 인정한다. 하지만 피해자의 권리도 고려해야 한다. 법의 존재 이유는 국민을 보호하는 것이고, 정의를 실현하는 것이기 때문이다.
병: 중대한 범죄라 하더라도 형벌 불소급의 원칙을 깨뜨리면 법적 혼란이 발생할 수 있다. 만약 살인과 성범죄에 대한 소급 적용을 인정하면, 다른 범죄나 법률도 같은 논리로 소급 적용될 수 있다. 법은 감정이 아니라 원칙을 기반으로 해야 하고, 피해자의 권리를 보장하는 다른 방법을 찾아야 한다.

〈보 기〉
ㄱ. 개정 법률 소급 적용에 대해 갑과 병의 의견은 같다.
ㄴ. 갑, 을, 병 모두 법적 안정성이 중요하다고 생각한다.
ㄷ. 을과 병은 피해자의 권리를 보장해야 한다고 생각한다.

① ㄱ, ㄴ
② ㄱ, ㄷ
③ ㄴ, ㄷ
④ ㄱ, ㄴ, ㄷ

20. 다음 글을 읽고 이해한 내용으로 적절하지 않은 것은?

　시조는 고려 중엽에 발생해 고려 말엽에 그 형식이 완성됐다. 시조는 평시조를 기준으로 초장, 중장, 종장의 3장 구성이며 각 장을 호흡의 단위인 음보를 살려 읽으면 네 마디로 나뉜다. 각 음보는 3자나 4자가 반복되는 형태이며, 마지막 장의 첫째 마디는 세 글자로 고정되어 있다.
　조선 초기에는 사대부들이 기울어져 가는 고려에 대한 절개를 나타내는 작품이나 망한 왕조를 회고하는 작품이 대부분이었다. 시조가 본격적으로 성행하면서 그들은 자연에 머물며 경치에 대한 감흥과 유교적 이념을 노래하기도 하고 귀양 중에도 군주에 대한 충의를 노래하였다. 이 시기에는 기녀도 남녀 간의 애정을 다룬 시조를 창작하기 시작하며 시조의 서정 영역이 넓어졌다.
　조선 후기에는 임진왜란과 병자호란을 겪으면서 시조의 형식과 내용에 변화가 생겼다. 피지배 계층이었던 서민들도 시조의 창작 주체로 참여하면서 기존의 정형률이 깨졌고, 초장이나 중장이 제한 없이 길어졌다. 또한 인간의 본능적 욕망을 노래하거나 지배층을 비판했다. 이를 사설시조라 하는데, 이는 종장의 첫째 마디를 제외하고 한 장 이상이 평시조보다 길어지고, 일상적 소재로 삶의 문제를 해학적으로 드러냈다는 것이 특징이다.

① 시조의 종장에서는 4자만 반복되는 형태가 존재하지 않는다.
② 조선 후기가 되어서야 새로운 계층이 시조를 창작하기 시작했다.
③ 조선 후기와 달리 조선 초기의 시조는 초장이나 중장의 길이 제한이 있었다.
④ 평시조보다 종장의 첫째 마디를 제외한 네 마디만 길어져야 사설시조로 볼 수 있다.

국 어

1. <공공언어 바로 쓰기 원칙>에 따라 <공문서>의 ㉠~㉣을 수정한 것으로 적절하지 않은 것은?

―――――〈공공언어 바로 쓰기 원칙〉―――――
○ 필요한 문장 성분이 생략되지 않도록 할 것.
○ 대등한 것끼리 접속할 때는 구조가 같은 표현을 사용할 것.
○ 접속어를 사용할 때에는 앞뒤 문장의 의미 관계를 고려하여 정확한 표현을 사용할 것.
○ 이중 피동 표현은 삼갈 것.

―――――〈공문서〉―――――
AI 기반 가축 관리 시스템 도입…생산성 35% 증가
- ○○청, 스마트 축산 관리 기술 발표 -

□ ○○청은 국립축산과학원이 개발한 AI 기반 가축 관리 시스템을 내달부터 ㉠보급한다고 밝혔다.
□ 이번에 도입되는 AI 관리 시스템은 센서와 빅데이터를 활용해 ㉡가축의 체온, 활동량 등의 분석과 건강 이상 징후를 조기에 감지할 수 있다. ㉢반면 가축의 질병 예방과 사료 효율성이 크게 ㉣향상될 것이다.
□ ○○청 이○○ 과장은 "AI 기반 관리 시스템은 농가의 노동 부담을 줄이는 데 기여할 것"이며 "앞으로도 지속적인 연구와 기술 지원을 통해 스마트 축산을 활성화하겠다"라고 말했다.

① ㉠: 농가에 보급한다고
② ㉡: 가축의 체온, 활동량 등의 분석과 건강 이상 징후 조기 감지를 할
③ ㉢: 이에 따라
④ ㉣: 향상되어질

2. ㉠에 들어갈 말로 가장 적절한 것은?

대부분의 대화에서 상대방의 말은 청각적으로 정확히 알아듣기 어려운 웅얼거림에 가깝다. 그럼에도 불구하고 우리는 서로의 말을 어렵지 않게 이해할 수 있다. 상대방이 무슨 말을 할지 예측하고 있기 때문이다. 일상 대화에서 상대방과 나는 대개 같은 공간, 같은 경험 상황에 있다. 대화는 함께 하고 있는 일이나 함께 있는 장소로부터 자연스럽게 흘러나온다. 대화가 성공적으로 이어지기 위해서는 양편이 어떤 공통의 맥락을 떠올려야 한다.
그러나 운전자는 그의 눈앞에 나타나는 도로 상황에 세심한 주의를 기울이지 않으면 안 된다. 대화를 이어가려는 그의 노력은 이런 주의를 분산시키게 되고, 그에 따라 자연히 사고의 위험이 발생한다. 주목할 점은, 같은 대화를 나누더라도 운전자가 동승자와 나누는 대화에서는 이런 위험이 발생할 확률이 적다는 사실이다. 반면 운전 중 휴대전화로 통화를 할 경우 사고의 위험이 훨씬 높아진다. 그 이유는 (㉠)

① 서로가 각자의 상황에만 집중하기 때문이다.
② 상대방이 발화한 단어가 들리지 않기 때문이다.
③ 대화가 상대방과 공통된 경험 상황에서 진행되지 않기 때문이다.
④ 상대의 말을 이해하기 위해 단어의 의미 등에 대한 지식을 떠올릴 필요가 없기 때문이다.

3. 다음 중 ㉠이 적용된 예로 가장 적절한 것은?

제1항 한글 맞춤법은 표준어를 소리대로 적되, ㉠어법에 맞도록 함을 원칙으로 한다.

한글 맞춤법은 소리대로 표기하는 것이 근본 원칙이다. '입, 접다' 등은 표준어를 소리 나는 대로 적은 예이다. 이 원칙에 따르면, '입'과 '접다'는 뒤에 오는 말에 따라 '이비(입+이), 입도(입+도), 임만(입+만)'이나 '저버(접-+-어), 접꼬(접-+-고), 점는(접-+-는)'처럼 표기될 수 있다. 이는 원래 형태를 알기 어렵게 하므로, 발음과 상관없이 형태를 고정시키는 방법, 즉 어법에 맞도록 한다는 원칙을 추가하였다.

① 어머니는 쌀통에서 쌀을 펐다.
② 그때가 인생에서 가장 괴로운 순간이었다.
③ 그녀는 지나가는 사람에게 길을 물었다.
④ 한번 먹은 마음이 변하지 않도록 하자.

4. 다음 글의 ㉠~㉣ 중 어색한 곳을 찾아 가장 적절하게 수정한 것은?

란체스터는 ㉠군사력의 우월 정도를 자국 손실비의 역수로 정의했다. 가령 자국의 손실비가 1/3이라면 자국의 군사력은 적국보다 3배로 우월하다는 것이다. 자국 손실비는 자국의 처음 병력 대비 잃은 병력 비율에서 적국의 처음 병력 대비 잃은 병력 비율을 나눈 값으로 정의된다. A국과 B국이 궁수들만 참가하는 전쟁을 벌인다고 하자. A국 궁수는 2,000명이고 B국 궁수는 1,000명이며 양국 궁수들의 능력과 주어진 조건은 모두 동일하다고 가정한다. 양국이 서로를 향해 동시에 1인당 1발씩 화살을 발사할 때 모든 화살이 적군을 맞힌다면 ㉡A국 궁수는 1인당 평균 0.5개의 화살을, B국의 궁수들은 평균 2개의 화살을 맞을 것이다. 하지만 화살이 제대로 맞지 않을 수도 있으므로 발사된 전체 화살 중 적군의 병력 손실을 발생시키는 화살의 비율은 ㉢두 나라 모두 1/10이라고 하자. 그렇다면 첫 발사에서 A국은 100명 B국은 200명의 병력을 잃을 것이다. 마찬가지 방식으로 두 번째 발사에서 남은 A국 궁수 1,900명은 B국에 190명의 병력 손실을 발생시킨다. 이때 ㉣B국의 손실비는 A국의 손실비에 비해 작으므로 A국의 승리로 끝이 날 것이다.

① ㉠: 군사력의 우월 정도는 자국 손실비와 무관함을 밝혀냈다
② ㉡: A국 궁수는 1인당 평균 2개의 화살을, B국의 궁수들은 평균 0.5개의 화살을
③ ㉢: B국이 A국에 비해 4배 크다고 하자
④ ㉣: A국의 손실비는 B국의 손실비에 비해 작으므로

5. 다음 진술이 모두 참일 때, 반드시 참인 것은?

○ 음악을 좋아하는 사람은 춤추는 것을 좋아한다.
○ 명상을 좋아하는 사람은 춤추는 것을 좋아하지 않는다.
○ 콘서트에 가는 것을 좋아하는 사람은 명상을 좋아하지 않는다.

① 음악을 좋아하는 사람은 콘서트에 가는 것을 좋아한다.
② 명상을 좋아하는 사람은 음악을 좋아하지 않는다.
③ 콘서트에 가는 것을 좋아하는 사람은 음악을 좋아한다.
④ 춤추는 것을 좋아하는 사람은 콘서트에 가는 것을 좋아한다.

[6~7] 다음 글을 읽고 물음에 답하시오.

> 소설에서 시점은 일반적으로 서술자가 작중 인물인지 여부와 이야기 전달이 내면적 분석인지 외부적 관찰에 의한 것인지에 ㉠따라 4가지로 구분된다.
> 서술자가 작중 인물이면서 내면적 분석을 하는 경우를 1인칭 주인공 시점이라 하며, 이때 주인공은 자신의 이야기를 서술한다. 반면 서술자가 작중 인물이지만 주인공이 아닌 사건의 외부적 관찰자인 경우를 1인칭 관찰자 시점이라고 한다. 1인칭 시점은 작품 속 인물의 시점을 따라 글이 전개되기 때문에 세밀하고 긴장감 있는 묘사를 통한 몰입감을 느낄 수 있다.
> 이야기 밖의 전지적 존재가 인물들의 내면 심리와 행동을 서술하거나 분석하는 경우 전지적 작가 시점을 취한 것이며, 단순히 겉으로 드러난 사실을 관찰하여 서술하는 경우 3인칭 관찰자 시점을 취한 것이다. 3인칭 시점은 서술자가 작품 밖에 존재하기 때문에 작품 내 인물들이 알 수 없는 내용을 설명한다.
> 시점은 각각의 특징이 있어 적절히 사용하면 독자의 몰입감을 극대화할 수 있다. 한 소설 내에서 시점을 전환하는 경우도 있는데, 메리 셸리의 소설 「프랑켄슈타인」이 대표적이다.

6. 윗글에서 추론한 내용으로 가장 적절한 것은?
① 소설에서 사건을 서술하는 서술자가 작품 내에 있는지에 따라 1인칭 주인공 시점과 1인칭 관찰자 시점으로 구분된다.
② 1인칭 관찰자 시점은 세밀한 내면 묘사를 통해 주인공의 내면 심리를 자세히 알 수 있다.
③ 소설 「프랑켄슈타인」에서는 사건을 서술하는 서술자의 위치나 이야기를 전달하는 방식의 전환이 나타난다.
④ 3인칭 관찰자 시점에서는 서술자가 작품 밖에서 작중 인물들의 내면 심리를 서술한다.

7. 문맥상 ㉠의 의미와 가장 가까운 것은?
① 경찰이 범인의 뒤를 따르다.
② 나는 컵에 물을 따랐다.
③ 법에 따라 일을 처리하다.
④ 아무도 어머니의 음식 솜씨를 따를 수 없다.

8. 다음 글의 ㉠과 ㉡에 대한 평가로 올바른 것은?

> 정부가 관광 산업을 육성하기 위해서는 문화자원 개발, 관광 인프라 개선, 마케팅이라는 세 가지 요소를 주의 깊게 고려해야 한다. 문화자원 개발은 지역 고유의 관광 콘텐츠를 마련하는 것이며, 관광 인프라 개선은 관광객을 위한 기반 시설을 확충·정비하는 일이다. 마케팅은 관광객을 유치하기 위한 전략적 홍보 활동을 의미한다. ㉠이 세 요소 모두를 충족하는 것은 관광 산업의 성공을 위해 필수적이지만, ㉡이 세 요소를 모두 충족했다고 해서 반드시 관광 산업이 성공한다는 보장은 없다.

① 지역 고유의 관광 콘텐츠를 마련한 국가에서만 관광 산업이 성공하였다면, ㉠은 약화된다.
② 관광객을 유치하기 위한 전략적 홍보 활동을 시행하지 않은 국가는 모두 관광 산업이 실패하였다면, ㉠은 강화된다.
③ 관광객을 위한 기반 시설이 부족한 국가는 모두 관광 산업이 실패하였다면, ㉡은 약화된다
④ 문화자원 개발과 마케팅에 성공한 모든 국가에서 관광 산업이 성공하였다면, ㉡은 강화된다.

9. 〈지침〉에 따라 〈개요〉를 작성할 때 ㉠~㉣에 들어갈 내용으로 적절하지 않은 것은?

―〈지 침〉―
○ 서론은 중심 소재의 개념 정의와 문제 제기를 1개의 장으로 작성할 것.
○ 본론은 제목에서 밝힌 내용을 2개의 장으로 구성하되 각 장의 하위 항목끼리 대응되도록 작성할 것.
○ 결론은 기대 효과와 향후 과제를 1개의 장으로 작성할 것.

―〈개 요〉―
○ 제목: 생물 다양성 감소의 원인과 해결 방안
Ⅰ. 서론
 1. 생물 다양성 감소의 정의
 2. ㉠
Ⅱ. 생물 다양성 감소의 원인
 1. 서식지 파괴로 인한 생태계 변화
 2. ㉡
Ⅲ. 생물 다양성 감소 해결 방안
 1. ㉢
 2. 외래종의 확산을 방지하기 위한 정책 마련
Ⅳ. 결론
 1. ㉣
 2. 국제 협력을 통한 생물 다양성 유지 전략 수립

① ㉠: 생물 다양성 보전을 통한 경제적 가치 창출
② ㉡: 외래종의 침입으로 인한 토착 생물들의 서식지 파괴
③ ㉢: 자연 보호구역 확대 및 서식지 복원을 통한 생태계 보전
④ ㉣: 생물 다양성 보전을 통한 생태계 균형 유지

10. 다음 글을 논리적인 순서에 맞게 배열한 것은?

ㄱ. 반대로, 키트가 시료에 목표 성분이 들어 있지 않다고 판정하면 음성이라 한다. 이 경우, 실제로 목표 성분이 없으면 진음성, 목표 성분이 있으면 위음성이라 한다.
ㄴ. 진단 키트가 시료에 목표 성분이 있다고 판정하면 이를 양성이라 한다. 이때 시료에 목표 성분이 실제로 들어 있다면 진양성, 시료에 목표 성분이 없으면 위양성이라고 한다.
ㄷ. 정확도는 민감도와 특이도로 구분된다. 민감도는 시료에 목표 성분이 존재할 때 양성으로 판정한 비율이며, 특이도는 시료에 목표 성분이 없는 경우 이를 음성으로 판정한 비율이다.
ㄹ. 현실에서 위양성이나 위음성을 완전히 배제할 수 있는 키트는 없다. 여러 번의 검사를 통해 키트 정확도를 구하는데, 정확도란 시료를 분석하면서 올바른 검사 결과를 얻을 수 있는 확률이다.

① ㄴ-ㄷ-ㄱ-ㄹ
② ㄴ-ㄱ-ㄹ-ㄷ
③ ㄷ-ㄴ-ㄱ-ㄹ
④ ㄷ-ㄹ-ㄴ-ㄱ

[11 ~ 12] 다음 글을 읽고 물음에 답하시오.

　　불교는 부처의 열반 후 몇 세기에 걸쳐 교리와 실천 방법을 둘러싸고 여러 갈래로 분화되었다. 이 가운데 ⊙<u>대승불교</u>(大乘佛教)와 ⓒ<u>소승불교</u>(小乘佛教)는 교단이 발전하는 과정에서 생겨난 주요 구분으로, ⓒ<u>후자</u>는 자신만의 해탈을 우선시하는 경향이 두드러졌고, ⓔ<u>전자</u>는 보다 폭넓은 중생 구제와 보살행을 강조했다. 소승불교라는 명칭이 비하적 뉘앙스를 지닌다는 지적에 따라, 현대에는 주로 '테라와다불교'라는 표현을 사용한다.
　　테라와다불교는 남방불교라고도 불리며, 주로 스리랑카와 동남아시아 지역에 전파되었다. 초기 불교의 전통을 고수하면서 계율과 선정(禪定)을 중시하며, 개인 수행을 통한 열반에 초점을 맞춘다. 반면 대승불교는 ⓜ<u>북방불교</u>로도 알려져 중국·한국·일본 등 동북아시아 지역에서 번성했으며, 보살이 되어 중생과 함께 깨달음에 이르겠다는 이타적 이상을 핵심으로 삼았다. 이는 '모든 존재가 함께 구원받아야 한다'는 강한 공동체적 윤리를 내포한다.
　　오늘날 두 불교 전통은 교리 해석과 의례, 수행 방식 등의 차이에도 불구하고, 모두 부처의 근본 가르침을 공유한다는 점에서 상호 존중을 지향한다. ⓗ<u>테라와다불교</u>는 초기 경전의 엄격한 전승을 통해 불교 본연의 가르침을 보존해 왔다는 평가를 받고, 대승불교는 중생 구제를 위한 다양한 사상과 방편을 발전시켜 현대인에게 폭넓은 신행 문화를 제시하고 있다. 이러한 다양성은 불교가 시대와 지역에 맞춰 꾸준히 변모하고 수용되며, 동시에 공통된 해탈의 길을 제시한다는 점을 확인하게 해 준다.

11. 윗글에서 추론한 내용으로 가장 적절한 것은?
① 테라와다불교는 동북아시아 지역에서 번성하였다.
② 이타적 이상과 강한 공동체 윤리를 내포한 불교 분파는 보살행을 강조하였다.
③ 소승불교와 대승불교는 많은 공통점에도 불구하고 서로 배타적인 입장을 지향한다.
④ 초기 불교 전통을 고수하는 북방불교는 개인의 열반에 초점을 둔다.

12. 윗글의 ⊙ ~ ⓗ 중 지시하는 바가 같은 것끼리 짝지은 것은?
① ⊙, ⓒ
② ⓒ, ⓔ
③ ⓒ, ⓜ
④ ⓔ, ⓗ

13. 다음 명제가 모두 참일 때, 빈칸에 들어갈 명제로 가장 적절한 것은?

　○ 어제 비가 내리지 않았다면 나는 친구를 만났을 것이다.
　○ ＿＿＿＿＿＿＿＿＿＿＿＿＿＿＿＿＿＿＿＿＿＿＿＿＿
　○ 결론: 그러므로 내가 친구를 만나지 않았다면 어제는 피곤한 날이었다.

① 어제 비가 내렸다면, 어제는 피곤한 날이었다.
② 어제가 피곤한 날이 아니었다면, 어제는 비가 내렸다.
③ 어제 내가 친구를 만났다면, 어제는 비가 내리지 않았다.
④ 어제 내가 친구를 만나지 않았다면, 어제는 비가 내리지 않았다.

14. ⊙을 평가한 내용으로 적절한 것만을 〈보기〉에서 모두 고르면?

　　최근 한 심리학 저널에서 매일 일정 시간 명상을 실천할 경우, 뇌의 편도체 반응이 안정화되어 스트레스와 불안이 유의미하게 감소한다는 ⊙<u>가설</u>이 제시되었다. 이에 따르면 실제로 명상 프로그램을 8주 이상 체계적으로 수강한 집단에서 뇌파 검사상 스트레스 해소와 관련된 알파파가 증가하고, 자가 보고 설문에서도 스트레스 수준이 현저히 낮아졌다고 한다.
　　하지만 일부 전문가들은 명상을 위한 시간 확보나 환경 조성 자체가 이미 참가자들의 생활 습관 전반에 긍정적 영향을 끼친 결과일 수 있다는 회의적 입장을 내놓았다. 예컨대 대조군 실험에서, 편안한 음악을 감상하거나 가벼운 달리기 동작 등을 활용한 그룹도 명상 그룹과 유사한 수준의 스트레스 감소를 보였다는 보고가 있기 때문이다.

〈보 기〉
ㄱ. 매일 명상 대신 밤마다 편안한 음악을 듣거나 SNS 소통을 한 그룹에서 명상 집단과 달리 긴장 완화 효과가 보고되지 않았다면 ⊙은 약화된다.
ㄴ. 번아웃 증상을 완화하기 위한 심리치료 프로그램 중 명상이 포함된 집단이, 명상이 포함되지 않은 집단보다 불안 검사 점수에서 통계적으로 유의미한 개선을 보인 경우, ⊙은 강화된다.
ㄷ. 매일, 한 번에 15분가량 명상을 실천하도록 한 실험에서, 6주 후 대상자들의 스트레스 호르몬인 코르티솔 수치와 알파파가 감소하였다면 ⊙은 약화된다.

① ㄱ
② ㄱ, ㄴ
③ ㄴ, ㄷ
④ ㄱ, ㄴ, ㄷ

15. 다음 글을 바탕으로 이해한 것이 적절하지 않은 것은?

　　단어의 의미에 대한 이론은 크게 성분 분석 이론과 원형 이론으로 나뉜다. 성분 분석 이론은 단어 간의 관계보다 단어를 이루는 의미 성분에 초점을 두어 분석하는 방법이다. 의미 성분은 의미가 유사한 다른 단어와 변별할 수 있는 성분이다. 가령, '남자', '여자'는 종 차원으로는 '인간'이며 성별 차원에서 '남성'과 '여성'으로 나뉜다. 단어를 정의하기 위해 의미 성분을 대괄호([ ])에 넣고, '±'로 이분법적인 성질을 나타내면 '남자'는 [+인간] [+남성], '여자'는 [+인간] [−남성]으로 표시할 수 있다.
　　'원형 이론'에서는 자연 범주가 원형적 보기와 주변적 보기로 이루어져 있다고 보고, 원형적 보기를 기준으로 단어의 의미를 파악한다. 이때 '원형'이란 정의하려는 대상의 자연 범주 중 그를 대표할 수 있는 가장 전형적이고 중심적인 보기를 의미한다. 예를 들어, '새'의 범주에서 '참새'는 원형적 보기이고, '펭귄'은 주변적 보기이다. 이는 단어의 용법에서도 마찬가지이다. 가령, '책을 보다'의 '보다'는 원형적 보기이지만 '시도해 보다'의 '보다'는 주변적 보기이다. 원형적 보기는 주변적 보기보다 의미 확인 시간이 적게 걸리며 더 먼저 습득된다.

① '소년'은 '소녀'와 [±남성]의 성분에서만 의미 차이를 보인다.
② '고모'는 '외삼촌'과 [±남성] 외의 성분에서도 의미 차이를 보인다.
③ '꽃'의 범주에서 '장미'는 원형적 보기이고 '사프란'은 주변적 보기이다.
④ '나는 집에 간다'와 '책을 다 읽어 간다'의 '가다'는 모두 원형적 보기이다.

[16 ~ 17] 다음 글을 읽고 물음에 답하시오.

언어와 사고의 관계는 오랫동안 ⓣ논쟁의 대상이 되어 왔다. 러시아 언어학자 비고츠키는 언어와 사고가 별개로 발달하다 특정 시기 이후 교차하며 사고가 언어화된다고 주장하며, 이를 네 단계로 나누어 설명했다.

첫 번째는 원시적 언어 단계로, 만 2세까지 언어와 사고가 ⓛ독립적으로 발달하는 시기이다. 이 단계에서 언어는 울음과 같은 정서적 표현이나 단순한 단어 사용으로 나타난다. 두 번째는 외적 언어 단계로, 만 2세경 시작되어 타인과 의사소통이 가능해지는 단계이다. 아동은 문법적 이해 없이도 문장을 만들어 사용하며, 사회적 의사소통이 가능해진다.

세 번째는 자기중심적 언어 단계로, 만 3 ~ 6세 사이에 자신의 ⓒ사고 과정을 혼잣말로 표현하며 문제를 해결하는 데 도움을 주는 언어이다. 이는 타인과의 의사소통을 위한 외적 언어와 달리 내적 언어와 기능적으로 유사하다. 비고츠키는 자기중심적 언어가 소멸하지 않고 내적 언어로 발전한다고 보았다.

마지막으로 내적 언어 단계는 만 7세 이후 나타나며, 아동이 머릿속에서 언어를 사용해 논리적으로 사고하고 문제를 해결하는 단계이다. 내적 언어는 외적 언어와 상호 작용하며 유사해진다. 이 단계에서 사고는 언어화되어 더욱 ⓔ정교해진다.

16. 윗글에서 추론한 내용으로 적절하지 않은 것은?
① 비고츠키에 따르면 언어와 사고가 별개로 발달하다 만 7세 이후 사고가 언어화된다.
② 비고츠키에 따르면 만 5세의 아동은 사회적 의사소통이 가능하다.
③ 비고츠키에 따르면 만 2세의 아동은 자신의 사고 과정을 혼잣말로 표현하는 언어를 사용한다.
④ 비고츠키에 따르면 내적 언어 단계에서 내적 언어는 외적 언어와 상호 작용하며 유사해진다.

17. ⓣ~ⓔ과 바꿔 쓸 수 있는 유사한 표현으로 적절하지 않은 것은?
① ⓣ: 논란
② ⓛ: 종속적
③ ⓒ: 생각
④ ⓔ: 치밀

18. (가)~(다)를 전제로 할 때 빈칸에 들어갈 결론으로 가장 적절한 것은?

(가) 사람이 과도한 업무를 맡거나, 대인관계에서 갈등을 겪는다.
(나) 과도한 업무를 맡으면, 수면 시간이 줄어들고 불안이 높아진다.
(다) 대인관계에서 갈등을 겪으면, 자존감이 낮아지고 불안이 높아진다.
따라서 ☐

① 사람들의 수면 시간이 줄어들고 자존감이 낮아진다.
② 사람들의 수면 시간이 줄어든다.
③ 사람들의 자존감이 낮아진다.
④ 사람들의 불안이 증가한다.

19. 갑~병의 주장을 분석한 내용으로 적절한 것만을 <보기>에서 모두 고르면?

갑: 만약 기업이 단순히 이윤을 추구하여 수익만을 목표로 한다면, 노동 착취나 환경 파괴 같은 문제가 발생할 것이다. 기업이 자율적으로 사회적 책임을 다하지 않는다면, 정부가 규제를 통해 기업 활동을 통제해야 한다. 규제가 없으면 앞서 언급한 문제들이 해결되지 않을 것이기 때문이다.

을: 기업의 본질적인 목적은 이윤 창출이며, 사회적 책임을 강요하는 것은 시장 경제의 원리를 해칠 수 있다. 기업이 자유롭게 경쟁할 수 있어야 혁신과 발전이 가능하므로 정부는 기업의 자율성을 최대한 보장해 주어야 한다. 정부가 기업을 법적으로 규제한다면, 시장 경제에 자율성이 사라질 것이며 기업의 경쟁력이 약화될 것이다.

병: 기업의 사회적 책임이 중요하다는 것은 맞지만, 강제로 부과하는 것은 신중해야 한다. 기업이 자발적으로 사회적 책임을 다하면 좋겠지만, 무조건적인 의무화는 기업의 경쟁력을 약화시킬 수도 있다. 따라서 정부는 기업이 사회적 책임을 다하도록 장려하되, 시장의 자율성을 유지할 수 있는 균형점을 찾아야 한다.

<보 기>
ㄱ. 기업의 사회적 책임에 대해 갑과 을의 의견은 대립한다.
ㄴ. 을과 병은 모두 기업 자율성을 절대적으로 보장해야 한다고 생각한다.
ㄷ. 정부가 기업의 사회적 책임을 강력하게 규제하는 법률을 제정한다면, 갑과 병은 찬성할 것이고 을은 반대할 것이다.

① ㄱ
② ㄴ
③ ㄱ, ㄷ
④ ㄴ, ㄷ

20. 다음 글을 읽고 알 수 있는 것으로 가장 적절한 것은?

육가계(六歌系) 연시조는 여섯 수가 하나의 틀로 창작된 시조나 2의 배수로 이루어진 시조를 의미한다. 이는 중국 송나라 문천상의 「육가(六歌)」를 본받아 김시습이 칠언 고시의 형태로 「동봉육가」를 지은 데서 비롯되었다.

16세기 육가계 시조들은 사림파와 훈구파의 대립으로 인해 상처 입은 선비의 모습이 많이 등장했다. 이후 17세기 작품에는 성리학적 세계관이 반영된 강호가 주로 등장했고, 18세기에는 17세기에 사라졌던 16세기 풍의 속세 비판이 다시 나타났다.

18세기 대표 육가계 시조는 권구의 「병산육곡」이다. 그는 영남 남인인 이현일의 손녀 사위여서, 장희빈과 함께 무너진 남인들의 모습은 그에게 충격을 주었다. 하지만 그것이 「병산육곡」의 창작 계기인지는 알려지지 않았다. 그는 이 시조에서 부귀와 빈천을 대비시키며, 속세와 단절된 강호에 묻혀 지내는 삶을 골랐다. 그리고 자신이 살고 있는 강호를 '태공'으로 표현했는데, 태공은 성리학적 우주의 이념이 나타나는 공간이다. 한편 '낙화 광풍'이라는 자연 현상을 통해 당쟁으로 인한 현실에 대한 비판적 인식을 드러냈다. 이처럼 이 작품에는 성리학적 이념과 함께 이상을 펼치지 못하고 강호에 틀어박혀야 했던 갈등이 드러난다.

① 최초의 육가계(六歌系) 연시조는 「동봉육가」이다.
② 육가계(六歌系) 연시조들은 총 6수나 12수로만 이루어져 있다.
③ 17세기 육가계 연시조는 속세에 대한 비판이 주를 이뤘다.
④ 「병산육곡」은 권구가 처조부가 몰락한 모습에 충격받아 지 시조이다.

국 어

1. <공공언어 바로 쓰기 원칙>에 따라 수정한 것으로 적절하지 않은 것은?

┌─ <공공언어 바로 쓰기 원칙> ─┐
○ 주어와 서술어의 호응
  - ㉠ 능동과 피동의 관계를 정확하게 사용함.
○ 생략된 내용 제시하기
  - ㉡ 필요한 문장 성분이 생략되지 않도록 함.
○ 중복 오류 삼가기
  - ㉢ 중복되는 표현을 사용하지 않음.
○ 부사어와 서술어의 호응
  - ㉣ 부사어와 서술어의 관계를 정확하게 사용함.

① "이번 총회에서 운영 위원 ○○○명이 선출되었다."를 ㉠에 따라 "이번 총회에서 운영 위원 ○○○명이 선출하였다."로 수정한다.
② "그녀는 애인에게 선물하였다."를 ㉡에 따라 "그녀는 애인에게 꽃을 선물하였다."로 수정한다.
③ "텔레비전은 정보와 오락을 제공하는 도구로서 꼭 필요한 필수품으로 여겨진다."를 ㉢에 따라 "텔레비전은 정보와 오락을 제공하는 도구로서 필수품으로 여겨진다."로 수정한다.
④ "사업은 별로 생각해 본 적이 있습니다."를 ㉣에 따라 "사업은 별로 생각해 본 적이 없습니다."로 수정한다.

2. 다음 글을 읽고 밑줄 친 단어와 합성어의 종류를 구분한 것이 적절하지 않은 것은?

합성어는 실질적인 의미를 나타내는 중심 부분인 어근이 둘 이상 결합하여 만들어진 단어이다. 합성어는 의미에 따라 병렬 합성어, 종속 합성어, 융합 합성어로 나눌 수 있다.
먼저, 병렬 합성어는 두 단어나 어근이 본래의 의미를 가지고 대등한 자격으로 연결된 합성어이다. 예를 들어, '마소'는 '말'과 '소'를 아울러 이르는 말로, 두 단어가 본래의 의미를 가지고 대등하게 연결된 경우이다.
종속 합성어는 두 단어나 어근이 본래의 의미를 유지하지만, 서로 주종(主從) 관계로 연결된 합성어이다. '물걸레'는 '물에 축여서 쓰는 걸레 또는 물에 축인 걸레'라는 뜻이므로 '물'과 '걸레'가 서로 주종 관계로 연결된 경우이다.
마지막으로 융합 합성어는 두 단어나 어근이 본래의 의미가 없어지고 완전히 융합하여 전혀 새로운 의미를 만들어 내는 합성어를 의미한다. 가령, '주야(晝夜)'라는 단어는 '밤과 낮을 아울러 이르는 말'로 쓰일 경우에는 대등 합성어로 분류할 수 있지만, '쉬지 아니하고 계속함'이라는 뜻으로 쓰일 때에는 완전히 융합하여 전혀 새로운 의미를 만들어 낸 경우이므로 융합 합성어로 분류한다.

① 마을 앞뒤로 맑은 개울이 흐른다. - 병렬 합성어
② 어제 간만에 운동을 했더니 팔다리가 쑤신다. - 병렬 합성어
③ 그는 주머니에서 손수건을 꺼내어 눈물을 닦았다. - 종속 합성어
④ 구청에서는 춘추로 1년에 두 번씩 위생 검사를 실시한다. - 융합 합성어

3. 다음 글을 참고하여 ㉠에 사용된 관점을 고르면?

작품 감상의 관점은 크게 내재적 관점과 외재적 관점으로 구분된다. 내재적 관점은 작품을 독립된 세계로 보고 오직 작품의 내적 요소를 토대로 하여 작품을 이해하려는 관점으로, 인물, 표현, 작중 상황 등에 초점을 맞추어 작품을 감상한다.
외재적 관점은 다시 표현론적 관점, 반영론적 관점, 효용론적 관점으로 구분된다. 표현론적 관점은 작품을 작가의 체험, 사상, 감정 등을 표현한 것으로 보는 관점으로, 작가의 성장 환경, 학력, 종교, 사상 등을 고려하며 작품을 감상한다. 반영론적 관점은 문학 작품을 현실의 반영이라고 보는 관점으로, 작품의 내용을 현실과의 관계 속에서 해석하고 감상한다. 효용론적 관점은 문학 작품이 독자에게 미치는 효용을 중시하는 관점이다. 독자가 얻는 교훈이나 감동이 무엇인지를 중점적으로 살피며 감상한다.

┌─ <보 기> ─┐
이문구의 『관촌수필』은 전통 농촌 사회의 변화와 해체 과정을 사실적으로 묘사한 작품이다. ㉠이문구는 자신의 유년 시절 기억과 아버지에 얽힌 경험을 작품에 녹여내었다. 또한 서정적이면서도 사실적인 문체, 회고적 시점, 연작 형식의 구성은 작가가 전하고자 하는 정서를 더욱 선명하게 전달한다. 즉 『관촌수필』은 단순한 농촌 회고담을 넘어, 작가의 개인적 경험과 시대적 변화를 반영한 작품으로, 전통과 근대화의 충돌 속에서 인간과 공동체의 의미를 탐구하는 문학적 성취를 이룬다.

① 내재적 관점
② 표현론적 관점
③ 반영론적 관점
④ 효용론적 관점

4. 다음 글의 ㉠~㉣ 중 어색한 곳을 찾아 가장 적절하게 수정한 것은?

불화란 불경에 나오는 장면을 그림으로 표현한 것을 일컫는다. ㉠고려의 귀족들은 불화를 후손들에게 전해주면 대대로 복을 받을 수 있다고 믿었다. 이 때문에 귀족들 사이에서 승려로부터 불화를 구입하여 걸어두는 행위가 유행처럼 번지게 되었다. ㉡귀족들이 승려들에게 주문한 불화는 다양했다. 극락의 모습을 표현한 불화도 있었고 중생의 고통을 덜어주고자 열반에 들어가기를 거부하는 보살을 그린 것도 있었다. 부처를 소재로 한 불화도 많았다. 그런데 ㉢부처는 어떤 승려가 그렸는지에 따라 다양하게 표현되었기 때문에 부처를 소재로 한 불화에는 예외 없이 관음보살과 같은 보살이 부처와 함께 등장했다. 뿐만 아니라 불화는 당시 고려 사회의 분위기를 반영하기도 하였다. 가령 불화는 대개 위아래 2단으로 구성되어 있었는데 윗단에는 부처, 아랫단에는 보살이 그려져 있었다. 미술사학자들은 이러한 배치 구도가 ㉣고려의 신분 사회를 나타낸다고 해석하였다.

① ㉠: 고려의 귀족들은 불화를 잘 그리는 사람만이 열반에 이를 수
② ㉡: 귀족들은 승려들에게 비싼 값을 지불하여 불화를 주문하였다
③ ㉢: 승려들은 부처만 단독으로 그리지는 않았기 때문에
④ ㉣: 승려들의 뛰어난 미적 감각을 드러낸다고 해석하였다

5. 다음 글의 중심 내용으로 가장 적절한 것은?

> 우리 조선은 지성으로 대국을 섬기고 한결같이 중화의 제도를 존숭해 왔는데, 지금까지 글을 같이하고 법도를 같이하였다가 이제 언문을 창제하시니 보고 듣기에 놀라움이 있습니다. 역대로 중국에서는 우리나라에 기자(箕子)가 남긴 풍속이 간직되어 있다 하고, 우리나라의 문물과 예악의 융성을 중화에 견주어 말하기도 하였습니다. 그런데 이제 따로 언문을 만드는 것은 중국을 버리고 스스로 오랑캐와 같아지려는 것으로서, 어찌 문명에 큰 흠집을 내는 것이 아니오리까! 진실로 언문을 배운 자가 관리가 되어 현달한다면, 후진이 모두 이를 보고 생각하기를 28자의 언문으로도 족히 출세할 수 있다고 여길 것이니, 무엇 때문에 애써서 성리학을 궁구하려 하겠습니까?

① 중화의 법도와 풍속을 받아들여야 한다.
② 우리 고유의 문물과 예악을 발전시켜야 한다.
③ 성리학을 통해 관리를 선발하고 시험해야 한다.
④ 언문을 창제하는 것은 부작용을 야기할 수 있다.

6. 다음 글의 ㉠과 ㉡에 들어갈 말을 적절하게 나열한 것은?

> 순자는 성악설을 주장해 같은 유가 내에서 맹자의 성선설과 대립각을 세웠다. 그에 따르면 인간은 태어날 때부터 사적 욕구와 이기심을 지니고 있으며, 이를 방치하면 갈등과 혼란을 초래한다고 보았다. 따라서 순자는 이런 '악한 본성'을 교화하고 다스리기 위해 인위적 수양과 예(禮)·악(樂) 등의 제도가 필수적이라고 강조했다. 사람들의 욕망을 방치하면 탐욕과 다툼이 생기므로, (㉠).
> 순자는 성악설을 주장하였지만 그렇다고 인간을 교화 불가능한 존재로 본 것은 아니다. 그가 강조한 것은 후천적 학습과 노력이었다. 성악설은 '본성이 악하니 교화해야 한다'는 논리를 갖추고 있으며, 이는 상벌이 아닌, 예·악 제도의 실천과 교육, 인위적 수양을 통해 바람직한 인간상에 이를 수 있다는 확신에서 비롯되었다. 그는 군주나 스승이 올바른 예법을 제정·지도해, 모든 개인이 욕망을 조절하고 서로 간의 질서를 확립하도록 이끌어야 한다고 주장했다.
> 결국 순자는 (㉡). 그리고 그의 사상은 한비자와 같은 법가 사상가들에게도 큰 영향을 주어, 국가 통치 구조를 설계하는 데 적극 활용되었다. 이러한 점에서 볼 때, 결국 순자의 성악설은 인간 본성에 대한 냉정한 통찰과 함께, 후천적 수양의 필요성과 예제(禮制)의 정당성을 강하게 역설한 유가 전통의 한 흐름으로써 주목받는다.

① ㉠: 상벌을 통해 사회가 추구해야 할 바를 명확히 하고, 분명한 법으로 갈등을 예방해야 한다는 것이다
㉡: 맹자와 달리 인간 본성을 부정적으로 파악했지만, 동일한 유가의 틀 안에서 '인(仁)·예(禮)' 실천을 중시했다
② ㉠: 예의 규범을 통해 서로가 추구해야 할 바를 명확히 하고 갈등을 예방해야 한다는 것이다
㉡: 맹자와 달리 인간 본성을 부정적으로 파악했지만, 동일한 유가의 틀 안에서 '인(仁)·예(禮)' 실천을 중시했다
③ ㉠: 예의 규범을 통해 서로가 추구해야 할 바를 명확히 하고 갈등을 예방해야 한다는 것이다
㉡: 맹자와 달리 인간 본성을 부정적으로 파악하였으며, 법가적 사상에 기반하여 '법도(法度)' 실천을 중시했다
④ ㉠: 상벌을 통해 사회가 추구해야 할 바를 명확히 하고, 분명한 법으로 갈등을 예방해야 한다는 것이다
㉡: 맹자와 달리 인간 본성을 부정적으로 파악하였으며, 법가적 사상에 기반하여 '법도(法度)' 실천을 중시했다

7. ㉠을 평가한 내용으로 적절한 것만을 〈보기〉에서 모두 고르면?

> 뇌 인지과학 연구진의 최근 논문에서 "어린 시절 표음문자를 학습할 때는 주로 음운 인식과 관련된 브로카 영역과 베르니케 영역이 발달하고, 표의문자를 학습할 때는 시각 처리를 담당하는 후두엽의 활성도가 상대적으로 더 높게 나타난다"고 주장했다. 이는 표음문자와 표의문자의 학습 차이가 뇌 발달에 의미 있는 영향을 준다는 ㉠<u>가설</u>을 뒷받침하는 결과이다.
> 그러나 다른 학자들은 단순히 문자 체계가 다르다는 이유로 이러한 차이가 발생했다고 보기에는 무리가 있으며, 문자 사용 빈도, 배경지식, 문화적 맥락 등의 요인이 더 크게 작용할 수 있다고 반박한다. 예를 들어 표음문자와 표의문자 모두를 사용하는 이중언어 사용자 집단에서, 특정 영역의 뇌 활성도가 한쪽 문자에만 고유하게 나타나지 않았다는 실험 결과도 보고된 바 있다.

─〈보 기〉─

ㄱ. 표음문자를 사용하는 집단이 표의문자 집단보다 음운 인식 과제에서 더 높은 정확도를 보였고, 뇌 영상에서 브로카 영역의 활성도가 컸다는 연구 결과는 ㉠을 강화한다.
ㄴ. 표의문자를 주로 활용하는 문화권에서 시각적 변별 과제를 진행했을 때, 해당 집단의 후두엽 처리 속도가 표음문자 문화권보다 통계적으로 유의미하게 높았다는 연구 결과는 ㉠을 약화한다.
ㄷ. 표의문자와 표음문자를 모두 학습한 이중언어 사용자가 두 문자를 사용할 때 나타나는 신경 활성 패턴이 유사하다는 연구 결과는 ㉠을 강화한다.

① ㄱ
② ㄱ, ㄴ
③ ㄴ, ㄷ
④ ㄱ, ㄴ, ㄷ

8. 다음 글의 전개 순서로 가장 적절한 것은?

> ㄱ. 결별을 먼저 요구한 쪽은 '과학'을 옹호하는 이들이었다.
> ㄴ. 또한 그들은 형이상학적 영역은 유추일 뿐 진정한 진리의 가치를 담지 못한다고 주장하였다.
> ㄷ. 여기서 관찰은 다른 상황에서도 지속적으로 반복되어야 하고, 그러한 경우에만 그 관찰이 정당하다고 보았다.
> ㄹ. 18세기 후반, 오늘날 '철학과 과학의 결별'이라고 부르는 사건이 발생했다.
> ㅁ. 그들은 진리에 이르는 유일한 길은 경험적 관찰로부터의 귀납에 기초한 이론화라고 주장했다.
> ㅂ. 따라서 그들은 관찰이 아닌 형이상학적 영역에 기반을 둔 철학을 거부하였다.

① ㄹ-ㄱ-ㅂ-ㅁ-ㄷ-ㄴ
② ㄹ-ㄱ-ㅁ-ㄷ-ㄴ-ㅂ
③ ㄱ-ㅁ-ㄷ-ㄴ-ㄹ-ㅂ
④ ㄹ-ㅁ-ㄷ-ㄱ-ㅂ-ㄴ

[9~10] 다음 글을 읽고 물음에 답하시오.

온라인 쇼핑몰에서 사용하고 있는 추천 시스템은 고객의 성향과 기호를 파악하여 고객이 원할 것으로 예상되는 상품에 대한 자료와 정보를 제공함으로써 고객의 구매 의사 결정을 지원하는 정보 시스템이다. 대표적 추천 시스템인 '협업 필터링'은 모든 사용자들의 사용 기록을 입력하고 그 가운데 불필요한 정보를 필터링한다. 이후 특정 상품에 대해 선호도가 유사한 특성을 지닌 다른 사용자가 어떤 상품을 선호했는지 파악해서 상품을 추천해 주는 기술이다. 이는 상품을 기준으로 하는 아이템 기반 필터링과 사용자를 기준으로 하는 사용자 기반 필터링으로 ㉠나눌 수 있다. 그중 사용자 기반 필터링 기술이 주로 적용된다.

'사용자 기반 필터링'에서는 사용자들의 성별, 나이, 직업 등을 바탕으로 유사도를 판별하고, 이를 기반으로 유사도가 높은 동질 집단을 '이웃 집단'으로 상정한 뒤, 이웃 집단의 제품 구매 이력을 비교하여 공통적으로 좋아하는 상품이나 유사한 항목을 사용자에게 추천한다. 유사도는 추천 대상이 되는 사용자와 다른 사용자들의 구매 이력을 비교하였을 때 같은 물건을 구매하거나 선호하는 물건이 같을수록 높다.

9. 윗글의 내용에 부합하지 않는 것은?
① 아이템 기반 필터링과 사용자 기반 필터링 모두 상품을 추천하기 위한 기술이다.
② 이웃 집단은 유사도가 높은 동질 집단으로, 그 기준에는 성별, 나이 등이 있다.
③ 추천 시스템은 해당 쇼핑몰의 특성과 운영 목적을 토대로 고객의 구매 의사 결정을 돕는다.
④ 유사도를 높이는 방법으로 각 사용자가 같은 물건을 구매하도록 하는 방법이 있다.

10. 문맥상 ㉠의 의미와 가장 가까운 것은?
① 형제란 한 부모의 피를 나눈 사람들이다.
② 고향 친구와 이야기를 나누는 일은 언제나 즐겁다.
③ 보건소를 찾는 환자를 두 가지 부류로 나눌 수 있다.
④ 이익금을 모두에게 공정하게 나누어야 불만이 생기지 않는다.

[11~12] 다음 글을 읽고 물음에 답하시오.

㉠향거리선제(鄕居吏選制)는 전한(前漢) 한무제(漢武帝) 시기에 도입된 관료 등용 제도로, 지방 관리나 유력 인사가 지역 내 유능한 인물을 '효렴(孝廉)'으로 추천하면, 중앙 정부가 그를 관리로 선발하는 방식이다. 효렴은 부모에게 효도하고 청렴결백한 인물을 의미했으며, ㉡이 방식을 통해 왕실이나 권세가의 추천에만 의존하지 않고 폭넓은 계층에서 인재를 발굴하고자 했다. 이에 따라 지방 자치와 중앙 권력이 상호 보완적으로 작용하면서, 보다 안정적이고 효율적인 통치 구조를 마련하고자 하는 것이 한무제의 의도였다.

㉢이 제도가 시행되면서 기존의 귀족·호족 중심 인사 체계를 보완해, 학식과 인품을 겸비한 평민 출신들이 관리가 될 수 있는 길이 열렸다. 특히 유교가 통치 이념으로 확립되자, 유학적 덕목을 체화한 인물들이 대거 관직에 진출하였다. 이는 군현 단위에서 치밀하게 신뢰할 만한 인물을 추천하고, 중앙에서 시험이나 관리를 통해 검증받도록 하는 과정으로 이어졌다. 그 결과, 지방 엘리트와 중앙 조정이 긴밀히 연결되면서 국가 운영의 전문성과 효율성이 높아졌다.

그러나 (가)제도의 특성상 특정 가문이나 지역 세력이 자국 인물만을 추켜세우는 등, 부정부패 가능성도 완전히 배제할 수 없었다. 그럼에도 이는 후대 중국 왕조가 인재를 선발하는 ㉣제도를 발전시키는 데 중요한 참고 사례가 되었으며, 동아시아 관료 체계 형성에도 적지 않은 영향을 미쳤다. 결국 향거리선제는 중앙집권 강화와 민본 사상의 확장을 동시에 실현하려는 한무제의 의지를 구체화한 정책으로, 전통적인 귀족 세력을 넘어 광범위한 계층에서 관리를 등용함으로써 제국 통치 기반을 다지는 데 기여했다.

11. 윗글에서 추론한 내용으로 가장 적절한 것은?
① 효렴에 추천되기 위해서는 시험을 통과해야 했다.
② 향거리선제에도 불구하고 평민은 관리가 될 수 없었다.
③ 향거리선제는 일부 부정부패 가능성이 있음에도 불구하고 전한의 통치 기반을 다지는 데 기여했다.
④ 지방 엘리트와 중앙 조정의 긴밀한 연결로 인해 효렴 제도가 악용되기도 하였다.

12. ㉠~㉣ 중 문맥상 (가)에 해당하는 의미로 사용되지 않은 것은?
① ㉠
② ㉡
③ ㉢
④ ㉣

13. <지침>에 따라 <개요>를 작성할 때 ㉠~㉣에 들어갈 내용으로 적절하지 않은 것은?

<지 침>
- 서론은 중심 소재의 개념 정의와 문제 제기를 1개의 장으로 작성할 것.
- 본론은 제목에서 밝힌 내용을 2개의 장으로 구성하되 각 장의 하위 항목끼리 대응되도록 작성할 것.
- 결론은 기대 효과와 향후 과제를 1개의 장으로 작성할 것.

<개 요>
- 제목: 가정 내 소통 부족의 원인과 해결 방안
Ⅰ. 서론
  1. 가정 내 소통 부족의 정의
  2. ㉠
Ⅱ. 가정 내 소통 부족의 원인
  1. ㉡
  2. 감정 표현 및 공감 능력 부족으로 인한 거리감 형성
Ⅲ. 가정 내 소통 부족의 해결 방안
  1. 스마트폰·TV 사용 시간 조절을 통한 직접적인 소통 시간 활성화
  2. ㉢
Ⅳ. 결론
  1. 가정 내 원활한 소통을 통한 건강한 가족 관계 형성
  2. ㉣

① ㉠: 소통 부족이 초래하는 가족 관계 및 사회적 문제
② ㉡: 디지털 기기 사용 증가로 인한 직접적인 대화 시간 감소
③ ㉢: 가족 내 의사소통 개선을 위한 심리적 지원 시스템 마련
④ ㉣: 가족 구성원 간 신뢰 및 애착 형성으로 정서적 안정 증대

14. 다음 글의 ㉠과 ㉡에 대한 평가로 옳지 않은 것은?

정부가 정보 보안 정책을 추진할 때는 기술 표준화, 민간 투자 유도, 개인정보 보호 의식 교육이라는 세 가지 요소를 중요하게 고려해야 한다. 기술 표준화는 각종 시스템과 장비 간 호환성을 높이는 것이며, 민간 투자 유도는 민간 차원에서도 실질적인 보안 수준을 높이도록 장려하는 것을 의미한다. 개인정보 보호 의식 교육은 개인과 조직 구성원이 보안 위험을 인지하고 안전 수칙을 실천하도록 하는 데 필수적이다. ㉠이 세 요소 모두를 충족해야만 정보 보안 정책이 성공할 수 있지만, ㉡이 세 요소가 모두 충족되었다고 해서 반드시 정책이 성공한다고 보장할 수는 없다.

① 개인정보 보호 의식 교육이 시행되지 않은 모든 국가의 정보 보안 정책이 실패하였다면, ㉠은 강화된다.
② 민간 차원의 보안 수준이 높은 모든 국가에서 정보 보안 정책이 성공하였다면, ㉡은 강화된다.
③ 시스템과 장비 간 호환성이 낮은 국가에서도 정보 보안 정책이 성공한 사례가 있다면, ㉠은 약화된다.
④ 세 요소를 모두 충족한 국가의 정보 보안 정책이 항상 성공하였다면, ㉡은 약화된다.

15. 다음 글을 읽고 이해한 내용으로 가장 적절한 것은?

고전 소설과 현대 소설은 같은 소설이지만, 여러 가지 측면에서 근본적인 차이점을 지니고 있다. 가장 큰 차이점은 인물의 성격이다. 고전 소설 주인공의 성격은 대체로 상투적이다. 이들은 영웅적 인물로, 모든 면에서 완벽하고 착하고 슬기로우며 용맹하면서 잘생긴 이 인물이 여러 작품에 등장한다. 또한 그들은 평면적 성격을 지녔는데, 그들은 개과천선을 모르는 악인처럼 처음 주어진 성격이 이야기의 전개 과정에서 변하지 않는다. 이와 달리 현대 소설 속 인물들은 대부분 평범하다. 그들은 결점이 많기도 하지만, 사회적인 의미를 띠고 있는 경우가 많으며 개성적 성격을 지녔다.

구성의 측면에서도 차이가 있다. 고전 소설의 경우, 사건 전개는 우연성이 강하며 초자연적인 요소에 의존하여 실제보다 더 극적이다. 하지만 현대 소설은 실제로 있을 법하다고 느끼게 하는 개연성을 매우 중시한다. 따라서 사건 전개 과정 중 나오는 내용들은 모두 사실적이고 인과 관계도 분명해야 한다.

마지막으로 형상화하는 주제의 성격에서도 차이가 있다. 조선 시대에 창작된 소설은 당대의 가장 상식적인 윤리였던 충효와 정절을 절대적 가치로 존중한다. 이처럼 고전 소설은 관습적 도덕관을 따른다. 반면 현대 소설은 관습적 제도와 가치에 대해 의문을 제기하고, 그에 관한 문제를 실존적으로 탐구한다. 다시 말하자면, 현대 소설은 문제적 인물과 상황을 통해 인간이나 인생의 의미를 탐구하고 그 시대의 아픔을 드러낸다는 것이다. 현대 소설에서 리얼리즘이 중심 문제가 되는 것이 바로 이 때문이다.

① 고전 소설의 주인공들은 착하고 슬기로우며 개성적 성격을 지녔다
② 고전 소설 속의 영웅적 인물은 악인과 달리 성격이 변하지 않는다
③ 현대 소설의 사건 전개는 고전 소설에 비해 우연의 정도가 약하다
④ 고전 소설에서는 당대의 상식적 윤리에 대해 의문을 제기한다.

16. (가)와 (나)를 전제로 결론을 이끌어 낼 때, 빈칸에 들어갈 말로 가장 적절한 것은?

(가) 시험을 보지 않으면 공무원이 될 수 없다.
(나) ☐
따라서, 시험을 본 어떤 사람은 정직하다.

① 어떤 공무원은 정직하다.
② 모든 공무원은 정직하지 않다.
③ 시험을 본 모든 사람은 정직하지 않다.
④ 시험을 보지 않은 어떤 사람은 정직하다.

[17 ~ 18] 다음 글을 읽고 물음에 답하시오.

인도의 카스트 제도는 사제인 브라만, 왕족과 무사에 해당하는 크샤트리아, 농민과 상인 계급인 바이샤, 하인 계급의 수드라로 구성된 네 가지 기본 계층을 중심으로, 출생에 따라 사회적 지위와 직업이 결정되는 고도로 고착화된 신분 제도이다. 이러한 신분 제도는 고대 베다 시대부터 시작되어 이후 힌두교의 교리와 결합함으로써 인도 사회 ㉠전반에 깊이 자리 잡았으며, 각 계층은 엄격한 관습과 금기를 통해 일상생활은 물론 결혼, 직업 선택 등에서도 ㉡제한을 받았다.

이러한 제도는 사회 안정과 위계질서를 유지하는 기능을 했지만, 동시에 개인의 능력이나 노력과 무관하게 삶이 결정되는 문제를 야기했다. 특히 하위 계층인 수드라나 그보다 아래로 ㉢분류된 불가촉천민 계층은 극심한 차별과 빈곤에 시달릴 수밖에 없었다.

현대 인도에서는 도시화와 경제 성장, 교육 보급 등을 통해 카스트 제도에 대한 인식이 서서히 변하고 있다. 법률상 평등 보장과 함께, 하위 계층을 지원하기 위한 쿼터 제도를 도입하여 불가촉천민 등 취약 계층의 사회 진출 기회를 넓히려는 움직임도 이어지고 있다. 그럼에도 불구하고 농촌 지역이나 보수적인 관습이 뿌리 깊은 곳에서는 여전히 차별이 ㉣잔존하고 있으며 수천 년 넘게 지속되어 온 관습과 종교적·문화적 요소가 얽혀 있기 때문에, 카스트 문제는 인도 사회가 해결해야 할 핵심 과제로 남아 있다.

17. 윗글에서 추론한 내용으로 가장 적절한 것은?
① 카스트 제도는 힌두교에서 비롯되었다.
② 인도에서는 계급이 다른 경우 혼인이 금지된다.
③ 카스트 제도는 사회에 기여하고 인재를 양성할 수 있다.
④ 현대 인도에서는 아직까지도 카스트 제도의 문제가 남아 있다.

18. ㉠ ~ ㉣과 바꿔쓸 수 있는 유사한 표현으로 적절하지 않은 것은?
① ㉠: 전체에
② ㉡: 규제를
③ ㉢: 분할된
④ ㉣: 남아

19. 괄호 안에 들어갈 문장으로 가장 적절한 것은?

차이로 인해 갈등이 발생하는 경우가 있다. 이때 '모두스 비벤디'의 원칙이 필요하다. 모두스 비벤디의 정치는 이웃들에게 어떻게 살아야 하는가를 권위적으로 가르치지 않고 상대방을 최대한 존중하는 정치이다. 정의에 대해 사람들이 가지고 있는 인식은 모두 다르다. 따라서 이에 대한 사회적 합의를 강요하면 파국으로 이어질 수 있다. 정의는 평화에 의해 보호되어야 한다. 모두스 비벤디의 정치가 중시하는 규칙은 서로 존중하며 평화롭게 공존할 수 있도록 하는 것이다. 이 규칙의 정당성은 ( )

① 평화로운 공존이 아니면 정의도 불가능하다는 데 있다.
② 정의에 대한 사회적인 합의가 필요하다는 데 있다.
③ 힘의 균형을 위한 심판과 조정의 필요성에 있다.
④ 의견을 교류하고 소통하여 평화를 추구하는 데 있다.

20. 다음 글의 내용을 참고할 때, ㉠~㉢의 예로 적절하지 않은 것은?

하나의 문장 내에서 주어와 서술어의 관계가 한 번 이루어진 것을 ㉠홑문장이라고 하고, 두 번 이상 이루어진 것을 겹문장이라고 한다. 겹문장은 이어진문장과 안은문장으로 나누어진다. 두 개의 절이 나란히 결합하여 하나로 이어진 문장을 ㉡이어진문장이라고 하고, 하나의 절이 다른 문장 속에 들어가서 하나의 문장 성분 역할을 하고 있을 때 이 전체의 문장을 ㉢안은문장이라고 한다.

① ㉠: 나는 나만의 삶을 나만의 방식으로 산다.
② ㉠: 친구 따라 강남 간다.
③ ㉡: 어제는 하늘도 흐렸고 바람도 불었다.
④ ㉢: 엄마가 나에게 "시험이 언제부터니?"라고 물으셨다.

국 어

1. <공공언어 바로 쓰기 원칙>에 따라 수정한 것으로 적절하지 않은 것은?

   ─── <공공언어 바로 쓰기 원칙> ───
   ○ 시간을 나타내는 말과 서술어의 호응
     - ㉠ 시제에 맞추어 서술어의 형태를 적절하게 사용함.
   ○ 중복 오류 삼가기
     - ㉡ 중복되는 표현을 사용하지 않음.
   ○ 부사어와 연결 어미의 호응
     - ㉢ 부사어와 연결 어미의 관계를 명확하게 표현함.
   ○ 어문 규범 지키기
     - ㉣ '도구, 수단'을 나타낼 때는 '로써'를, '지위, 신분, 자격'을 나타낼 때는 '로서'를 씀.

   ① "다음 주 월요일이 나의 첫 출근 날이다."를 ㉠에 따라 "다음 주 월요일이 나의 첫 출근 날이었다."로 수정한다.
   ② "많은 사람들이 소녀 가장에게 따뜻한 온정을 보내왔다."를 ㉡에 따라 "많은 사람들이 소녀 가장에게 온정을 보내왔다."로 수정한다.
   ③ "만약 내일 비가 오니까 집에 있어야지."를 ㉢에 따라 "만약 내일 비가 온다면 집에 있어야지."로 수정한다.
   ④ "말로서 천 냥 빚을 갚는다고 한다."를 ㉣에 따라 "말로써 천 냥 빚을 갚는다고 한다."로 수정한다.

2. 다음 글을 참고할 때, 합성어의 의미 형성 방식이 다른 것끼리 묶인 것은?

   합성어는 의미상의 분류에 따라 대등 합성어, 종속 합성어, 융합 합성어로 나눌 수 있다. 우선 대등 합성어는 앞 성분과 뒤 성분이 본래의 의미를 가지고, 앞 성분과 뒤 성분이 대등한 자격으로 연결된 합성어이다. 예를 들어 '남녀'는 '남자와 여자'를 아울러 이르는 말로, '남'과 '녀'가 대등한 자격으로 연결된 합성어이다. 다음으로 종속 합성어는 앞 성분과 뒤 성분이 본래의 의미를 유지하지만, 앞 성분이 뒤 성분을 수식하는 합성어이다. 예를 들어 '돌다리'는 '돌'과 '다리'가 '돌로 만든 다리'로, '돌'이 '다리'를 수식하는 합성어이다. 마지막으로 융합 합성어는 앞 성분과 뒤 성분이 본래의 의미를 잃어버리고 새로운 의미로 사용되는 합성어이다. 예를 들어, '춘추(春秋)'는 '어른의 나이를 높여 이르는 말'로 의미가 바뀌어 쓰이는 합성어이다.

   ① 피땀 – 강산
   ② 앞뒤 – 오가다
   ③ 손수레 – 물걸레
   ④ 쇠사슬 – 작은집

3. 다음 글을 참고하여 ㉮에 해당하는 것을 고르면?

   현대 시에는 자신에 대해 묘사하고 표현하는 경우가 있다. 이 경우 시인은 자기 자신을 시적 대상으로 삼으면서 반성과 성찰을 통해 참된 자신의 모습을 찾고, 자신을 다른 대상에 빗대어 형상화하기도 한다. 이때 시인은 자신을 객체화하여 나타내고 그것을 관찰하며 시상을 전개하여 자신의 존재 가치를 드러낸다. 이때, ㉮자신을 객체화하는 매개체를 사용하여 그것을 바라보는 사람의 모습을 비추면서 그 사람의 내면을 성장하게 한다.

   ─── <보 기> ───
   파란 녹이 낀 ㉠구리거울 속에 / 내 얼굴이 남아 있는 것은
   어느 ㉡왕조(王朝)의 유물(遺物)이기에 / 이다지도 욕될까.

   나는 나의 ㉢참회(懺悔)의 글을 한 줄에 줄이자.
    — 만 이십사 년 일 개월을 / 무슨 기쁨을 바라 살아왔던가.

   내일이나 모레나 그 ㉣어느 즐거운 날에
   나는 또 한 줄의 참회록(懺悔錄)을 써야 한다.
    — 그때 그 젊은 나이에
   왜 그런 부끄런 고백(告白)을 했던가.

   밤이면 밤마다 나의 거울을
   손바닥으로 발바닥으로 닦아 보자.

   그러면 어느 운석(隕石) 밑으로 홀로 걸어가는
   슬픈 사람의 뒷모양이 / 거울 속에 나타나 온다.

   – 윤동주, 「참회록」 –

   ① ㉠   ② ㉡
   ③ ㉢   ④ ㉣

4. 다음 글의 ㉠~㉣ 중 어색한 곳을 찾아 가장 적절하게 수정한 것은?

   갑: 나는 행복이 만족이라는 심리적 상태에 근거한다고 본다. ㉠동일한 상황에 있더라도 누군가는 더 행복하기도 하고 덜 행복하기도 한 것을 보면 나의 주장이 옳다는 사실을 알 수 있다.
   을: 아니다. 행복은 도덕적인 삶과 목표를 같이 한다는 점에서 도덕적인 삶을 사는 것을 의미한다. 그 이유는 다음과 같다. 목표에는 규범적인 목표와 비규범적인 목표가 있으며 규범적인 목표란 전체 생이 마감되는 순간에만 그 달성 여부가 결정될 수 있는 목표를 의미한다. 그리고 ㉡도덕적인 삶은 행복의 필수 조건이므로 도덕적인 삶과 행복은 같다.
   병: ㉢행복이 심리적 상태에 근거한다는 갑의 주장에 반대한다. 나의 근거는 이렇다. 만약 행복이 심리적 상태라면 도덕적으로 악한 자 역시 행복을 성취할 수 있을 것이다. 예컨대 자신의 만족을 위해 잔악한 행동을 일삼는 악당은 도덕적 표준에 어긋나지만 우리는 그를 행복한 사람이라고 보아야 한다. 하지만 ㉣행복한 사람은 필연적으로 모두 도덕적인 사람이므로 도덕적으로 타락한 사람을 행복하다고 할 수 없다.

   ① ㉠: 행복을 느끼기 위해서는 필요한 조건이 충족되어야만 한다는 사실을 통해
   ② ㉡: 행복과 도덕적인 삶은 모두 규범적인 목표에 해당하므로
   ③ ㉢: 행복은 도덕적인 삶을 사는 것을 의미한다는 을의 주장에
   ④ ㉣: 도덕성을 지키기 위해서는 행복을 포기할 수밖에 없으므로

5. 다음 글의 논지로 가장 적절한 것은?

'논어'는 철학적이고 고전적인 가치를 지닌 위대한 책이다. 수많은 학자들이 논어를 해석하고 주석을 달았는데, 그중에서도 주희의 주석이 특히 유명하다. 이 주석은 유명한 만큼 장점도 많지만 문제 또한 없지 않다. 지금으로부터 800년이라는 세월이 떨어져 있어 현대인의 관념과 다소 거리가 있기 때문이다. 그의 눈에 비친 공자의 모습은 다소 엄숙하다. 공자를 완전한 인간, 즉 성인의 한 전형으로 보기 때문이다. 이처럼 공자를 우리와 아주 다른 인간으로 상정하는 것은 우리 시대에 논어를 제대로 읽는 방법이 아니다. 과거의 주석만이 아니라 현대의 다양한 해설도 참고하면서 나름의 공자의 모습을 그려 보려고 시도해야 한다. 이를 위해서는 몇 마디 말을 던지고 나서 침묵하고 있는 듯한 공자에게 말을 해 보는 것도 필요하다. 그리고 저 먼 옛날의 공자의 가르침과 현재 자신의 삶 사이에 가로놓인 시간의 강물을 바라보아야 한다. 공자를 너무 높이 치켜세우거나 '찬란한' 과거에 기대어 현재에 대해 비분강개하지도 말고, 나와 공자, 과거와 현재의 양극단 사이에서 균형을 잡으려고 노력해야 하며 그 방법을 찾아야 한다.

① 고전의 다양한 해석에 귀를 기울여야 한다.
② 오늘날에 맞는 새로운 방법으로 논어를 읽어야 한다.
③ 현대인에게 논어가 주는 가치에 주목해야 한다.
④ 논어의 고전적 가치를 다시 평가해야 한다.

6. 다음 글의 ㉠과 ㉡에 들어갈 말을 적절하게 나열한 것은?

마르크스가 사용한 '프롤레타리아' 개념은, 자본주의 사회에서 생산 수단을 소유하지 못하고 오직 자신의 노동력을 판매함으로써 생계를 유지하는 노동자 계급을 가리킨다. 그에 따르면 자본가와 프롤레타리아 사이에는 (㉠). 자본가는 생산 수단을 바탕으로, 노동자의 노동력을 사들여 상품을 생산·판매해 잉여가치를 획득하고, 생산 수단이 없는 노동자는 임금만을 받으며 실제 노동 성과에 비해 착취당한다고 보는 것이다. 이러한 구조에서 프롤레타리아는 점점 더 빈곤해지고, 자본주의 모순이 심화됨에 따라 스스로의 계급적 처지를 자각하게 된다고 마르크스는 주장했다.

마르크스 이론에서 프롤레타리아 계급은 역사 발전의 열쇠를 쥐고 있다. 자본주의가 발전할수록 생산력은 크게 향상되지만, 임금 노동자는 잉여가치를 빼앗기는 구조에 묶여 빈곤과 소외를 겪는다. 이때 (㉡), 궁극적으로 자본주의 체제를 전복해 프롤레타리아 혁명을 이룰 수 있다는 전망이 '공산당 선언' 등에서 제시된다. 즉 프롤레타리아가 자본주의 내부 모순을 폭로하고, 모든 생산 수단을 공유화하는 과정을 주도함으로써 새로운 사회 질서를 창출하는 주체가 된다는 것이다.

① ㉠: 생산 효율성에 있어 본질적 대립이 존재한다
  ㉡: 자본가와의 계급투쟁을 통해 의식을 혁명적으로 고양하고
② ㉠: 생산 수단 소유 여부에 따른 본질적 대립이 존재한다
  ㉡: 자본가와의 계급투쟁을 통해 의식을 혁명적으로 고양하고
③ ㉠: 생산 수단 소유 여부에 따른 본질적 대립이 존재한다
  ㉡: 자본가와의 협력을 통해 기존 체제하에서 생산 수단을 공유하고
④ ㉠: 생산 효율성에 있어 본질적 대립이 존재한다
  ㉡: 자본가와의 협력을 통해 기존 체제하에서 생산 수단을 공유하고

7. ㉠을 평가한 내용으로 적절한 것만을 <보기>에서 모두 고르면?

고대 로마 시기, 북아프리카 지역은 제국의 주요 곡창지대 역할을 맡았다. 그러나 시간이 흐르며 이 지역의 비옥했던 농경지는 서서히 황폐해졌다. 전통적으로 많은 학자들은 기후 변화에 따른 강수량 감소와 사막화 진행이 북아프리카 농경지 몰락의 결정적 원인이라고 설명한다.

특히 3세기 무렵부터 지속된 가뭄과 강우 패턴의 변화, 그리고 사하라 사막의 확장이 천천히 남쪽에서부터 북상하여 경작지를 잠식했다는 것이다. 또한, 과도한 방목·경작도 사막화 속도를 가속화했다는 지적이 제기된다.

반면 일각에서는 로마 제국 말기 혹은 이슬람 세력 등장 전후의 정치·사회적 동요, 세금 수탈과 인프라 붕괴, 무역로 변경 등 인위적 요인을 더 중시한다. ㉠의 주장에 따르면, 기후와 별개로 제국 통치 구조 및 무역 시스템 변화와 농업 인프라 관리의 실패가 북아프리카 농경지의 직접적인 몰락 요인이었다.

─ <보 기> ─

ㄱ. 지중해 무역로가 변화해 북아프리카 생산물의 시장이 크게 축소되었고, 이로 인해 농업 기반이 황폐화되었다는 경제사학적 분석은 ㉠을 강화한다.
ㄴ. 과거 기상자료를 분석한 결과, 북아프리카 지방의 강수량이 3세기 중반 이후 급감했으며 이 시기와 북아프리카 농경지 쇠퇴 시기가 일치한다는 연구 결과는 ㉠을 약화한다.
ㄷ. 로마 제국이 북아프리카에서 철수한 뒤 유지·보수를 담당하던 관개 수로망이 방치되어, 염분 축적 등 토질 악화가 가속화되었다는 고고학 보고서는 ㉠을 강화한다.

① ㄱ
② ㄱ, ㄴ
③ ㄴ, ㄷ
④ ㄱ, ㄴ, ㄷ

8. '정치에서 대중의 수동성'이라는 주제를 드러낼 수 있도록 ㉠~㉤을 논리적으로 알맞게 배열한 것은?

㉠ 대중은 그 스스로가 목적적으로 그리고 논리적으로 행동할 수는 없다.
㉡ 선거의 투표에서 대표자를 선출할 경우에도 흔히 대중이 선택의 자유를 완전히 갖는다기보다는 일정한 기구와 절차와 조직에 의해서 제약을 받거나 또는 그 의사와는 반대로 아주 제약된 조건 아래서 뽑지 않을 수 없는 것이다.
㉢ 지배나 행정과 같은 정치적 행위에는 특별한 훈련과 능력을 필요로 하는데 대중에게는 그것이 없다.
㉣ 보통 때는 생계를 꾸려나가는 데 모든 정력을 소비하기 때문에 정치 문제를 검토하고 실천할 만큼의 여유를 갖지 못하고 그럴만한 야심도 없다.
㉤ 따라서 민주주의에서는 국민 주권이 이념적 전제가 되지만 현실의 정치 과정에서 국민의 자기 지배 또는 자치라는 것을 글자 그대로 실현시킨다는 것은 기술적으로나 조직적으로 불가능하다.

① ㉠-㉢-㉣-㉤-㉡
② ㉠-㉣-㉡-㉤-㉢
③ ㉢-㉠-㉣-㉡-㉤
④ ㉢-㉡-㉣-㉠-㉤

[9 ~ 10] 다음 글을 읽고 물음에 답하시오.

식품 동결법은 크게 네 가지로 나뉜다. 먼저 송풍동결법은 선반 위에 식품을 올리고 열이 ㉠통하지 않는 냉동실 내에서 영하 30~40℃의 공기를 송풍시켜 동결하는 방법이다. 이 방법은 경제적이며 크기와 모양에 관계없이 모든 식품에 적용할 수 있다는 장점이 있으나, 포장을 하지 않은 식품은 탈수가 일어날 수 있다. 유동층동결법은 비교적 작고 모양이 균일한 식품을 연속적으로 벨트 위에 올려놓고 냉동 장치를 통과하는 동안 동결이 이루어지게 하는 것이다. 이 방법은 열전달 속도를 높이고 탈수를 적게 할 수 있는 이점이 있다. 접촉식동결법은 냉각된 금속판 사이에 식품을 넣고 상하로 빈틈없이 밀착시켜 동결하는 방법이다. 이 냉동법은 전도에 의한 열 이동으로 냉각이 되는 것으로, 동결 장치가 차지하는 면적이 작은 이점이 있다. 마지막으로 액체질소를 이용한 급속동결법은 액체질소가 기화하면서 주위에서 증발 잠열을 흡수하는 방식을 이용한 것이다. 이 동결법을 이용하면 동결할 대에 물이 얼음으로 상(相)의 변화가 일어나는 영하 1℃에서 영하 5℃ 사이의 온도 구간인 '최대빙결정생성대'를 통과하는 시간을 짧게 함으로써 식품의 물리적·화학적인 변화를 최소화할 수 있다.

9. 윗글을 이해한 내용으로 적절하지 않은 것은?
   ① 유동층동결법은 송풍동결법과 달리 식품을 이동시키며 동결하는 방법이다.
   ② 송풍동결법으로 식품을 동결시킬 때 포장을 먼저 하면 식품의 탈수를 줄일 수 있다.
   ③ 접촉식동결법에서 금속판이 식품에 완전히 밀착되지 않으면 동결이 제대로 되지 않을 수 있다.
   ④ 동결하려는 식품이 '최대빙결정생성대'를 통과하는 시간이 길수록 식품의 현재 상태를 최대한 유지할 수 있다.

10. 문맥상 ㉠의 의미와 가장 가까운 것은?
    ① 나는 학교에서 독서가로 통한다.
    ② 그 사람에게 그런 식은 안 통한다.
    ③ 김 박사는 정보 과학에 환히 통한 권위자이다.
    ④ 바람이 잘 통하는 곳에 빨래를 널어야 잘 마른다.

[11 ~ 12] 다음 글을 읽고 물음에 답하시오.

그리스어로 ㉠'지혜로운 사람'을 의미하는 소피스트는 기원전 5세기경 고대 그리스에서 활동한 지식인 집단으로, 말과 논리를 통해 설득하는 기술을 가르쳐 주고 보수를 받았다. 이들은 ㉡궤변학파로 불리기도 하였는데, 이는 그들이 진리보다 이익을 우선하는 모습을 보이기도 하였기 때문이다.

소크라테스는 외면상으로는 (가)소피스트와 같은 시기에 활동하며 철학적·윤리적 문제를 논의했지만, 그들의 가르침 방식과 사상적 지향에서 분명한 차이를 보였다. 소크라테스는 자신이 '무지(無知)'함을 인지하는 과정, 즉 "너 자신을 알라"라는 명제로 대표되는 반성적 태도를 중시했다. ㉢그는 대화를 통해 상대의 무지를 드러내고, 참된 지식에 도달하게 만드는 산파술 기법을 사용했는데, 이는 단순히 논쟁에서 이기는 기술이 아닌, 내면의 진리를 탐구하는 과정에 초점이 맞춰져 있었다.

따라서 소피스트들이 수사학을 통한 상대방 설득을 핵심으로 삼았다면, 소크라테스는 '진리의 추구와 영혼의 돌봄'을 궁극 목적으로 삼았다. 그는 변론술로서의 말솜씨가 아니라, 진정한 덕(德)과 지혜를 발견하기 위한 문답법을 강조했다. 이로 인해 소크라테스는 당대 아테네 시민들에게 소피스트와 혼동되었으나, 그 '목적'과 '방법'이 근본적으로 다름을 보여 주었다. 결국 ㉣그들이 형식적 지식과 웅변을 가르치는 역할을 맡았다면, 소크라테스는 지식의 본질과 올바른 삶의 의미를 탐구하는 철학자로서 이후 서양 사상사의 기틀을 마련하는 결정적인 역할을 했다.

11. 윗글에서 추론한 내용으로 가장 적절한 것은?
    ① 소피스트는 수사학을 통해 진리를 탐구하는 것을 목표로 하였다.
    ② 산파술을 활용한 소크라테스는 상대방의 무지를 지적하여 논쟁을 승리로 이끌었다.
    ③ 소피스트의 웅변술은 이후 서양 사상사의 기틀이 되었다.
    ④ 소크라테스는 사상적 지향의 분명한 차이에도 불구하고 때로는 소피스트로 혼동되었다.

12. ㉠~㉣ 중 문맥상 (가)에 해당하는 의미로 사용되지 않은 것은?
    ① ㉠
    ② ㉡
    ③ ㉢
    ④ ㉣

13. <지침>에 따라 <개요>를 작성할 때 ㉠~㉣에 들어갈 내용으로 적절하지 않은 것은?

─────<지 침>─────
○ 서론은 중심 소재의 개념 정의와 문제 제기를 1개의 장으로 작성할 것.
○ 본론은 제목에서 밝힌 내용을 2개의 장으로 구성하되 각 장의 하위 항목끼리 대응되도록 작성할 것.
○ 결론은 기대 효과와 향후 과제를 1개의 장으로 작성할 것.

─────<개 요>─────
○ 제목: 지방대학 위기의 원인과 극복 방안
Ⅰ. 서론
  1. 지방대학 위기의 정의
  2. ㉠
Ⅱ. 지방대학 위기의 원인
  1. 정부 교육 정책의 수도권 쏠림 현상으로 인한 재원 부족
  2. ㉡
Ⅲ. 지방대학 위기 극복 방안
  1. ㉢
  2. 지역 내 기업과 협력을 통한 인턴 및 실습 기회 확대
Ⅳ. 결론
  1. 지방대학 활성화를 통한 지역균형 발전 도모
  2. ㉣

① ㉠: 지방대학 위기가 초래하는 사회·경제적 문제
② ㉡: 지역산업과의 연계 부족으로 인한 취업률 저조
③ ㉢: 온라인 교육 프로그램 확대를 통한 대학 경쟁력 제고
④ ㉣: 지속 가능한 교육환경 조성을 위한 정책적·사회적 전략 수립

4. 다음 글의 ㉠과 ㉡에 대한 평가로 옳은 것은?

정부가 탄소 중립 실현을 위해 환경 규제와 함께 중소기업을 대상으로 설비 교체·연구개발(R&D) 보조금을 확대하고 있다. 이로 인해 ㉠<u>탄소 배출 저감 기술이 새로 개발되고, 대체에너지 기반의 생산 공정으로 전환하는 기업들이 나타나면서 친환경 산업 분야가 성장할 것이라는 기대가 나타난다.</u>
그러나 ㉡<u>이러한 R&D·설비 전환에 필요한 초기 투자 비용이 상당하여, 정부 지원을 받지 못하거나 일부만 받게 된 기업들은 생산 비용 부담이 크게 늘고, 그로 인한 가격 경쟁력 하락을 우려하고 있다.</u> 또한 규제로 인한 중소기업들의 단기적 침체 가능성을 지적하는 목소리도 커지고 있다.

① 탄소 배출 저감 기술 개발로 인해 전통 제조업이 활성화되었다면, ㉠은 약화된다.
② 정부 지원을 받은 기업 중에서도 규제로 인한 생산 비용 부담이 증가한 기업이 존재한다면, ㉡은 약화된다.
③ 보조금 확대로 국가 재정이 악화되었지만, 국내 친환경 산업이 급속히 성장하였다면, ㉠은 강화된다.
④ 정책 시행 이후 단기적으로 중소기업의 매출액이 증가하였다면, ㉡은 강화된다.

15. 다음 글을 읽고 이해한 내용으로 가장 적절한 것은?

소설이 본격적으로 창작된 중세 후기에 개성에의 자각이 이루어지면서 낭만적 사랑에 대한 관심도 커졌다. 그러나 여전히 '남녀칠세부동석'과 같은 윤리적 규범이나 신분 제도가 존재했다. 이러한 제약 덕분에 소설에서 장애에 맞서 애정을 이루기 위해 노력하는 주인공들의 모습이 그려질 수 있었다.
이 시기 애정 소설의 주인공들은 자신의 욕망을 이루기 위해 노력하는 사람 중 한 명이자, 봉건적 이념이나 신분 제도 등을 기반으로 하는 세계에 맞서는 사람 중 한 명이기도 하였다. 조선 시대는 여전히 신분 제도로부터 벗어나지 못했기에, 이로 인해 비극으로 마무리되는 작품이 나오기도 했으나, 「춘향전」처럼 주인공들이 애정 성취에 성공하는 작품이 나오기도 하였다.
근대에 접어들면서 신분 제도는 법적으로 폐지되었지만, 관습적으로는 상당 기간 지속되었다. 그래서 현대 소설에서도 신분이 주인공들의 애정 실현을 막는 장애물로 나오는 작품들이 창작되었다. 그러나 현대 소설에서는 전쟁과 같은 역사적 사건, 이념적 대립, 경제적 계층 갈등 등의 문제가 더해져 남녀 간의 애정 문제가 더 복잡한 양상을 띠게 된다. 그럼에도 현대 소설의 인물들은 자신들의 사랑을 이루기 위해 더 적극적으로 행동한다. 이 과정에서 인물들의 희생이 따르기도 하지만, 애정의 성취는 자아의 실현이라는 의미를 얻으며 문학적 성취를 얻게 된다.

① 중세 후기에는 낭만적 사랑에 대한 관심이 증가하면서 개성에 대한 자각이 이루어졌다.
② 조선 시대 애정 소설의 주인공들은 신분 제도와 같은 장애를 극복하고자 했으나 모두 비극적인 결말을 맞았다.
③ 근대 이후 신분 제도가 완전히 사라지게 되면서, 애정 소설에서는 더 이상 신분 제도가 장애물로 작용하지 않았다.
④ 현대 소설에서는 이념적 대립과 경제적 계층 갈등이 애정 실현을 방해하며, 주인공들은 더욱 적극적으로 사랑을 이루려 한다.

16. (가)와 (나)를 전제로 결론을 이끌어 낼 때, (나)에 추가로 들어가야 하는 전제는?

(가) 어떤 권리를 소유할 수 있으려면 그 권리와 관련된 욕망을 가질 수 있어야 한다.
(나)

따라서, 자신을 개별존재로서 파악할 수 있는 존재만이 생명에 대한 권리를 가질 수 있다.

① 생명과 관련된 욕망을 보유한 존재는 자신을 개별존재로서 파악할 수 있다.
② 자신을 개별존재로서 파악할 수 없는 존재는 어떠한 권리도 가질 수 없다.
③ 자신을 개별존재로서 파악할 수 있는 존재는 욕망을 가질 수 있는 능력이 있다.
④ 생명에 대한 권리를 가질 수 있는 존재만이 생명과 관련된 욕망을 가질 수 있다.

[17 ~ 18] 다음 글을 읽고 물음에 답하시오.

중국 고대 주나라는 기원전 11세기경 주 무왕이 은(殷) 왕조를 멸망시키고 ㉠세운 왕조이다. 주나라의 초기 시기를 '서주(西周)'라고 부르는데, 이 시기에는 봉건제를 기반으로 하여 왕실과 제후국 간의 ㉡밀접한 관계가 유지되었다.

서주의 정치 제도는 예(禮)와 악(樂)을 통한 통치, 혈연과 혼인 관계로 제후를 묶는 봉건 제도 등을 특징으로 한다. 그러나 시간이 지나면서 봉건 체계가 느슨해지고, 중앙 왕실의 권위는 약화되었다. 특히 기원전 8세기경 견융(犬戎) 등의 이민족이 침입하여 서주의 수도가 함락되면서 주나라는 수도를 동쪽으로 옮기게 되었다. 이 시점부터 주 왕실은 낙읍(洛邑)에서 새로운 체제를 갖추었는데, 이를 이전과 구분하여 '동주(東周)' 시기라고 부르며 이때부터 춘추전국시대가 본격화되었다.

동주 시기의 주 왕실은 명목상으로만 천자의 권위를 유지하였고, 사실상 각 제후국이 독자적으로 세력을 키우고 서로 경쟁하는 국면이 펼쳐졌다. 춘추전국시대 동안 제후국들은 세력 ㉢확장을 위해 끊임없이 전쟁을 벌였으며, 결국 주 왕실은 형식적인 지위를 유지하다가 기원전 256년 진(秦)에 의해 멸망했다. 그럼에도 주나라가 확립한 예악과 봉건 제도, 그리고 '천명(天命)' 사상은 이후 중국 역대 왕조의 통치 원리와 사회 질서에 지대한 영향을 ㉣끼치며 동아시아 문화 전반에 큰 유산을 남겼다.

17. 윗글에서 추론한 내용으로 가장 적절한 것은?
① 은 왕조가 멸망한 이후, 낙읍을 중심으로 주나라 왕조가 세워졌다.
② 주나라는 천명사상을 확립하였으며, 이민족에게 수도를 함락당하기도 하였다.
③ 동주 시기는 서주 시기보다 천자의 권위가 강화되었다.
④ 춘추전국시대가 본격화되며 예악을 통한 통치와 봉건 제도가 확산되었다.

18. ㉠~㉣과 바꿔쓸 수 있는 유사한 표현으로 적절하지 않은 것은?
① ㉠: 건립한
② ㉡: 가까운
③ ㉢: 확정을
④ ㉣: 미치며

19. 괄호 안에 들어갈 문장으로 가장 적절한 것은?

어떤 회사에서 서비스 분야를 담당하는 직원 중에서 경영학을 전공한 사람은 한 명도 없다. 반면에 이 회사의 광주 지사에 근무하는 직원들 중 약 3분의 1은 경영학을 전공하였다. 이상의 정보로부터 우리는 (   )는 사실을 알 수 있다. 어떻게 그렇게 말할 수 있을까? 이 회사의 광주 지사에 근무하면서 경영학을 전공한 사람 가운데 아무나 한 사람을 골라 '갑'이라고 하자. 그렇다면 갑은 서비스 분야를 담당하는 사람이 아님이 분명하다. 갑이 서비스 분야를 담당하는 직원이라면 'A사의 서비스 분야를 담당하는 직원 중에 경영학을 전공한 사람은 한 명도 없다'는 전제와 모순되기 때문이다.

① 광주 지사에는 서비스 분야 담당인 직원이 있다.
② 광주 지사에는 서비스 분야 담당이 아닌 직원이 있다.
③ 광주 지사에서 경영학을 전공한 사람 중에 서비스 분야 담당인 직원이 있다.
④ 광주 지사에서 경영학을 전공하지 않은 사람 중에 서비스 분야 담당이 아닌 직원이 있다.

20. <보기>는 관형절에 대한 내용이다. <보기>의 (나)와 같은 문장에 해당하는 것이 아닌 것은?

─< 보 기 >─
다른 문장 속에 들어가 하나의 성분처럼 쓰이는 홑문장을 안긴문장이라고 한다. 안긴문장 가운데 문장 속에서 관형어 역할을 하는 것이 '관형절'이다. 관형절은 관형사형 어미 '-(으)ㄴ', '-는', '-(으)ㄹ', '-던'이 붙어 만들어진다.
관형절은 크게 두 종류로 나누어 볼 수 있다.
(가) <u>그가 서울을 출발했다는</u> 소식을 들었다.
(나) <u>어머니께서 만드신</u> 김치가 가장 맛있다.
(가)의 밑줄 친 관형절은 문장의 필수 성분인 주어, 목적어, 서술어 등을 완전하게 갖추고 있으며, 수식하는 명사 '소식'의 구체적인 내용을 설명하고 있다. (나)의 밑줄 친 관형절은 이것의 수식을 받는 명사와 동일한 성분이 관형절의 일부로 포함된다. 그래서 관형절에서 그 부분이 생략된다. (나)의 경우, '김치를'이 생략되었다.

① 낙엽이 떨어지는 광경이 슬프구나.
② 엄마가 내가 읽던 만화책을 가져가셨다.
③ 한국인의 따뜻한 마음을 안고 돌아갑니다.
④ 한영이가 그린 풍경화가 대회에서 1등으로 뽑혔다.

국 어

1. <공공언어 바로 쓰기 원칙>에 따라 <공문서>의 ㉠~㉣을 수정한 것으로 적절하지 않은 것은?

─ <공공언어 바로 쓰기 원칙> ─
○ 대등한 것끼리 접속할 때는 구조가 같은 표현을 사용할 것.
○ 중복되는 표현을 삼갈 것.
○ 주어와 서술어를 호응시킬 것.
○ 필요한 문장 성분이 생략되지 않도록 할 것.

─ <공문서> ─
노년학연구원

수신 ○○시청 어르신복지과
(경유)
제목 어르신 복지 정책 개선을 위한 자문회의 참석 안내

1. ㉠어르신 복지 지원과 고령사회 대응 정책 발전을 위해 일하시는 귀 기관의 노고에 감사드립니다.
2. 본원은 국내에 ㉡하나뿐이고 유일한 노인학 관련 법인으로서 노인 삶의 질 증진에 대한 ㉢연구가 진행되고 있습니다.
3. 체계적인 노년 정책 기반을 구축하고 실효성 있는 복지 지원 방안을 연구하여 ㉣복지 정책을 제공하기 위해 자문회의를 개최하니 귀 기관의 직원께서는 참석해 주시기를 바랍니다.

① ㉠: 어르신 복지 지원과 고령사회 대응 정책을 발전시키기 위해
② ㉡: 유일한
③ ㉢: 연구를 진행하고 있습니다
④ ㉣: 어르신들에게 복지 정책을 제공하기 위해

2. 밑줄 친 단어가 ㉠과 ㉡에 해당하는 예가 아닌 것은?

'아침'의 '아'와 '침'과 같이 하나의 종합된 음의 느낌을 주는 말소리의 단위를 음절이라고 한다. 음절의 끝 자음이 그 뒤에 오는 자음과 만날 때, 어느 한쪽이 다른 쪽 자음을 닮아서 그와 비슷한 성질을 가진 자음이나 같은 소리로 바뀌기도 하고, 양쪽이 서로 닮아서 두 소리가 다 바뀌기도 한다. 이러한 현상을 자음 동화라고 한다. 우리말의 대표적인 자음 동화 현상으로 비음화와 유음화가 있다.
먼저, ㉠비음화는 받침으로 쓰이는 파열음(ㄱ, ㄷ, ㅂ)이 비음(ㄴ, ㅁ)의 영향을 받거나, 유음(ㄹ)이 비음(ㅁ, ㅇ)의 영향을 받거나 혹은 파열음(ㄱ, ㄷ, ㅂ)이 유음(ㄹ)의 영향을 받아 일어나는 현상이다. 이때 파열음(ㄱ, ㄷ, ㅂ)은 각각 비음 'ㅇ, ㄴ, ㅁ'으로 바뀌며, 유음(ㄹ)은 비음 'ㄴ'으로 바뀐다. 한편, ㉡유음화는 'ㄴ'이 앞이나 뒤에 위치한 유음 'ㄹ'의 영향으로 발음이 'ㄹ'로 바뀌어서 소리 나는 현상이다.

① ㉠: 그는 대접째로 들어서 국물[궁물]을 후루룩 마셨다.
② ㉠: 그는 결단력[결딴녁]이 부족해서 망설이는 일이 많다.
③ ㉡: 이 칼은 오래되어서 칼날[칼랄]이 무디다.
④ ㉡: 그는 방에 돌아와서 난로[날:로]에 불을 지폈다.

3. 다음 글을 바탕으로 언어의 특성과 그 예시를 연결한 것이 적절하지 않은 것은?

소쉬르는 시간의 흐름에 따라 언어가 변화한다고 하였다. 이를 언어의 역사성이라 한다. 이 외에도 언어의 특성에는 언어의 내용인 '의미'와 그것을 나타내는 형식인 '말소리' 사이의 관계가 필연적이지 않다는 자의성, 말소리와 의미는 사회의 인정을 통해 관습적으로 결합되어 있어 그 결합은 개인이 함부로 바꿀 수 없는 약속이라는 사회성, 언어를 통해 연속적인 대상이나 개념을 분절적으로 인식하게 된다는 분절성 등이 있다.

① 언어의 역사성: 과거에는 '어리다'가 '어리석다'라는 의미였지만 현재는 '나이가 적다'라는 뜻으로 쓰인다.
② 언어의 자의성: 인간은 상상의 산물인 '유니콘, 악마, 천사'를 언어로 만들어 낼 수 있다.
③ 언어의 사회성: 원어로는 '셀룰러폰'이라 하지만, 우리 사회에서는 '핸드폰'이라는 말이 더 널리 쓰인다.
④ 언어의 분절성: '뺨, 턱, 이마' 사이에 정확한 구획이 있는 것이 아니지만 우리는 이를 나누어서 지칭한다.

4. 다음 글을 논리적인 순서에 맞게 배열한 것은?

과학적 지식이 추상화·전문화되면서, 일상적인 상식으로 현대 과학 지식이 정당화될 수 없는 상황이 전개되었다.
ㄱ. 논리 실증주의는 과학 이론의 발전이 논리적 추론 형식에 따라 합리적으로 전개되므로 과학적 지식을 정당화할 수 있다고 보았다.
ㄴ. 이처럼 논리 실증주의자들은 과학의 발전이 과학이론의 누적으로 세계에 대한 정보가 확대되는 과정이라고 보았다.
ㄷ. 전자의 예로는 뉴턴 이론이 아인슈타인 이론으로 발전한 경우를, 후자의 예로는 천동설이 배척되고 지동설로 대체될 경우를 들 수 있다.
ㄹ. 과학적 지식이 일상적 상식에 의해 정당화되지 못한다면, 과학적 진리를 어떻게 이해해야 하는가?
ㅁ. 이전의 이론이 새로운 이론과 논리적으로 상충되지 않는다면 이전의 이론은 새로운 이론으로 포섭되지만, 상충될 경우 이전의 이론은 배척된다.

① ㄱ-ㄹ-ㅁ-ㄷ-ㄴ
② ㄹ-ㅁ-ㄱ-ㄴ-ㄷ
③ ㄹ-ㄱ-ㅁ-ㄷ-ㄴ
④ ㄹ-ㄱ-ㅁ-ㄴ-ㄷ

5. 다음 빈칸에 들어갈 말로 가장 적절한 것은?

이번 주에 A, B, C, D 4명은 각기 다른 종류의 책을 읽기로 했다.

○ C가 역사서와 소설을 읽었다면, D는 에세이를 읽지 않았다.
○ A와 B 중 적어도 한 명은 시집을 읽었다.
○ D는 에세이를 읽었다.
○ A가 시집을 읽었다면, C가 역사서와 소설을 읽었다.

이를 통해 B가 (   )을/를 읽었다는 것을 알 수 있다.

① 소설
② 시집
③ 에세이
④ 역사서

6. 다음 글을 읽고 이해한 내용으로 적절하지 않은 것은?

> 소설의 인물은 작품 속에 등장하여 사건을 일으키고 진행하며 마무리하는 주체를 말한다. 작품 속 '인물'은 구체적인 사람이지만, '성격'은 그 사람만이 지니고 있는 특유의 성질을 의미한다. '소설의 인물'은 이 두 개를 상호 보완하는 의미이다.
> 소설에서 인물의 성격을 제시하는 방법은 직접적 제시와 간접적 제시로 나뉜다. 먼저 직접적 제시는 인물의 특색이나 특성을 서술자가 직접 요약하여 설명하는 방법이다. 이는 서술자가 인물의 성격이나 심리를 분석하여 설명해 주기 때문에 '분석적 방법', '해설적 방법', '말하기(telling)'라고 한다. 서술 시간이 절약되어 사건 전개의 속도가 빠르지만, 서술자의 설명과 판단이 일방적으로 제시되기 때문에 독자의 상상력이 제한된다.
> 간접적 제시는 인물의 대화와 행동을 통해 인물의 성격을 보여주는 방법이다. 인물의 대화와 행동을 보여 줌으로써 인물의 특성을 간접적으로 드러내고 인물에 대한 해석을 독자에게 맡기기 때문에 '극적 방법', '장면적 방법', '보여주기(showing)'라고도 한다. 인물의 성격이 생생히 드러나고 독자가 나름대로 인물을 해석할 수 있지만, 사건 전개가 느려진다는 단점과 서술자의 견해를 드러내는 데는 한계가 있다.

① '소설의 인물'은 소설 속 '인물'과 '성격'을 상호 보완하는 개념이다.
② 사건 전개 속도는 간접적 제시보다 직접적 제시가 더 빠를 것이다.
③ 직접적 제시와 달리 간접적 제시는 서술자의 견해 파악이 어렵다.
④ 직접적 제시와 간접적 제시 모두 인물에 대한 정보가 제시되어 있으므로 독자의 상상력이 제한된다

7. 다음 글의 ㉠~㉣ 중 어색한 곳을 찾아 가장 적절하게 수정한 것은?

> 같은 양의 70도 물과 50도 물을 얼렸을 때 70도의 물이 먼저 어는 현상의 원인에 대해 세 가지 주장이 존재한다. 첫 번째로 이는 물의 대류로 설명할 수 있다. 전체적으로 온도가 같던 물이라도 ㉠물이 얼 때에는 외부와 접촉한 곳의 온도가 먼저 내려간다. 이러한 온도 차는 물 내부에 흐름을 만들어 내는데 이를 대류라 한다. 대류 현상이 나타나면 물이 섞여 온도 차이가 작아지고 물의 온도가 빨리 내려가게 되는데 ㉡이 현상은 따뜻한 물일수록 더 활발하게 일어난다. 따라서 차가운 물보다 따뜻한 물이 더 빨리 얼게 되는 것이다. 두 번째로 물 분자의 활동성을 통해 설명할 수 있다. ㉢물 분자가 활동하기 위한 조건은 매우 까다로우며 물 분자는 따뜻할수록 활발하게 활동한다. 이에 따라 따뜻한 물의 양은 차가운 물의 양보다 적어지게 되고 더 빨리 얼게 된다. 세 번째로 용해기체를 통해 설명할 수 있는데 용해기체가 많을수록 어는점이 더 많이 떨어진다. ㉣용해기체는 따뜻한 물보다 차가운 물에 더 많이 녹아 있기 때문에 차가운 물의 어는점은 상대적으로 낮다. 이로써 따뜻한 물이 먼저 얼게 된다.

① ㉠: 물이 담겨 있는 용기에 따라 어는 속도는 상이하다
② ㉡: 이 현상이 일어나기 위해서는 충분한 양의 물이 있어야 한다
③ ㉢: 물 분자의 활동성은 물의 증발 가능성을 높이며
④ ㉣: 용해기체는 차가운 물보다 따뜻한 물에 더 많이 녹아 있기 때문에

8. <지침>에 따라 <개요>를 작성할 때 ㉠~㉣에 들어갈 내용으로 적절하지 않은 것은?

> <지 침>
> ○ 서론은 중심 소재의 개념 정의와 문제 제기를 1개의 장으로 작성할 것.
> ○ 본론은 제목에서 밝힌 내용을 2개의 장으로 구성하되 각 장의 하위 항목끼리 대응되도록 작성할 것.
> ○ 결론은 기대 효과와 향후 과제를 1개의 장으로 작성할 것.

> <개 요>
> ○ 제목: 직장 내 스트레스의 원인과 해결 방안
> Ⅰ. 서론
> 1. 직장 내 스트레스의 정의
> 2. ㉠
> Ⅱ. 직장 내 스트레스의 원인
> 1. ㉡
> 2. 성적 압박과 책임 과부하로 인한 심리적 압박
> Ⅲ. 직장 내 스트레스 해결 방안
> 1. 업무 배분의 합리화 및 업무 지원 시스템 강화
> 2. ㉢
> Ⅳ. 결론
> 1. 직장 내 스트레스 감소를 통한 직원의 직무 만족도 향상
> 2. ㉣

① ㉠: 직장 내 스트레스가 개인과 조직에 미치는 영향
② ㉡: 과중한 업무와 불합리한 업무 배분
③ ㉢: 효과적인 소통을 위한 교육 및 프로그램 도입
④ ㉣: 직장 내 스트레스를 관리하기 위한 관리 시스템 도입

9. 다음 글의 ㉠과 ㉡에 대한 평가로 적절하지 않은 것은?

> ㉠보편적 복지는 모든 국민에게 동일한 혜택을 제공함으로써 국민의 생활 전반을 향상시키고 사회적 통합을 촉진한다. 스웨덴, 노르웨이 등과 같은 복지 선진국은 보편적 복지를 통해 높은 삶의 질과 사회적 연대를 유지하고 있다. 보편적 복지는 단기적인 비용이 크지만, 장기적으로는 경제 성장에 기여하고 복지 비용을 절감하는 효과가 있다. ㉡특정 계층만을 대상으로 한 선별적 복지는 사회적 낙인 효과를 초래할 수 있으며, 국민 간의 갈등을 심화시킬 수 있다.

① 교육과 의료의 보편적 복지가 노동력의 질을 높이고, 장기적으로 경제 성장에 기여한 사례는 ㉠을 강화한다.
② 국가가 운영하는 연금 제도 때문에 조기 은퇴자가 증가하였고 이것이 결국 사회적 혼란을 일으켰다면 이는 ㉠을 약화한다.
③ 복지 신청자에 대한 사회적 낙인이 심해지면서, 도움을 필요로 하는 사람들이 지원을 포기하는 경우 발생하였다면, 이는 ㉡을 강화한다.
④ 선별적 복지가 보편적 복지에 비해 사회적 약자를 더욱 효과적으로 지원한다는 경제협력개발기구(OECD) 보고서는 ㉡을 약화한다.

[10~11] 다음 글을 읽고 물음에 답하시오.

조선 후기의 대표적인 실학 사상가인 정약용은 유학의 경전을 현실 사회에 적용해야 한다는 문제의식을 바탕으로 '경세치용'에 주목하였다. 그는 정치·경제·사회·문화 등 다양한 분야에서 개혁 방안을 ㉠제시하였으며, 백성의 생활 개선과 국가 발전을 위한 실용적 학문이 중요하다고 보았다. 이를 위해 형이상학적인 유학보다는 실제 현장에서 얻은 지식과 경험이 중요하다고 보았으며, 이를 바탕으로 당시 조선 사회의 구조적 모순에 대해 날카롭게 비판하였다.

정약용은 유배 생활 중에도 「목민심서」를 비롯한 수많은 저술을 남겼다. 「목민심서」는 지방 관리가 갖춰야 할 덕목과 행정 능력을 구체적으로 제시한 책으로, 백성을 위한 선정을 ㉡강조한다. 이 외에도 재정·군사 제도를 비롯해 행정 조직 전반에 대한 개혁안을 담은 「경세유표」, 형법과 재판 제도의 문제점을 지적하며 인간적인 법 집행을 주장한 「흠흠신서」 등을 남기기도 했다. 이러한 저술들은 조선 후기 사회를 현실적으로 ㉢분석하고, 실증적 방법론을 동원했다는 점에서 실학사상의 정수를 보여 준다.

정약용의 실학사상은 당시 사회의 불합리한 제도와 부패를 개선하고, 민생 안정을 통해 국가를 부강하게 만드는 것을 목표로 하였다. 그의 업적은 후대에 큰 영향을 끼쳤으며 인간 중심의 정치, 합리적 제도 설계, 그리고 현실적인 학문의 중요성을 일깨운 그의 주장은 근대적 개혁 사상의 토대를 ㉣마련하는 데 크게 기여하였다.

10. 윗글에서 추론한 내용으로 가장 적절한 것은?
① 정약용은 실용적인 학문을 강조하며 조선 사회 구조를 비판하였다.
② 정약용은 행정 조직 전반에 대한 개혁안을 담은 저술로 인해 유배를 가게 되었다.
③ 정약용은 국가 발전을 위해 유학의 실제적 탐구가 중요하다고 보았다.
④ 실학사상으로부터 조선 후기 정치 개혁이 일어나게 되었다.

11. ㉠~㉣과 바꿔쓸 수 있는 유사한 표현으로 적절하지 않은 것은?
① ㉠: 내놓았으며
② ㉡: 재언한다
③ ㉢: 검토하고
④ ㉣: 갖추는

12. 빈칸에 들어갈 내용으로 가장 적절한 것은?

일부 유럽 국가와 일본 등 주요 선진국들의 경기가 침체되자, 자국에서 유리한 투자 기회를 찾지 못한 투자가 또는 기업가들이 중국을 비롯한 동남아시아 국가에 많은 자본을 투자했다. 당시 일부 경제학자들은 중국이 장차 경제적·정치적 초강대국이 되어 세계에 위협이 될 것이라 예측했다. 그럼에도 불구하고 일본, 유럽의 투자가들은 여기에 개의치 않고 많은 투자를 했다. 여기서도 알 수 있듯이 (   )

① 투자 결정은 경기의 침체 여부에 달려 있는 것이다.
② 동남아시아 경제는 전망이 매우 밝다는 것이다.
③ 자본가들에게 자국의 영원한 번영은 부차적인 목표에 불과한 것이다.
④ 투자가들은 이익을 위해 투자 대상 국가와 긴밀하게 협조하는 것이다.

13. ㉠을 평가한 내용으로 적절한 것만을 〈보기〉에서 모두 고르면?

한나라가 기원전 108년에 고조선을 멸망시킨 뒤 설치한 네 개의 군, 즉 낙랑(樂浪)·임둔(臨屯)·진번(眞番)·현도(玄菟)를 통틀어 '한사군(漢四郡)'이라 부른다. 대다수의 학자들은 한사군, 특히 낙랑군의 중심지가 고조선 내부인 한반도 북부의 평양 지역에 있었다고 본다. 기원전 1세기 무의 무덤 양식, 한나라계 도장·동전 등의 유물이 현재의 평양 대동강 유역 일대에서 다수 발견되었기 때문이다.

그러나 일부 연구자는 낙랑군 및 한사군의 중심지가 실제로는 한반도 밖의 요동 지역에 있었으며, 고고학적 근거와 문헌 기록이 모두 ㉠평양설을 충분하게 뒷받침하지 못한다고 주장한다. 예컨대 역사서들에 나타나는 지명·거리 기록을 해석하면, 낙랑군의 위치가 평양이 아니라 요동 부근이어야 한다는 반론이 제기되기도 한다.

〈보 기〉
ㄱ. 고려의 역사서 「삼국사기」의 초기 기록에서, 고구려가 대동강 유역의 낙랑(樂浪)군 지역을 침공하여 빼앗았다는 언급이 발견되었다면 ㉠은 강화된다.
ㄴ. 요동 지방에서 낙랑(樂浪)이라고 새겨진 기와 조각이 잇달아 출토되었다면 ㉠은 강화된다.
ㄷ. 낙랑군이 고조선의 국경과 맞닿은 한나라 내에 설치된 군사 요충지였다는 역사서들의 기록은 ㉠을 강화한다.

① ㄱ
② ㄱ, ㄴ
③ ㄴ, ㄷ
④ ㄱ, ㄴ, ㄷ

14. 갑~병의 주장을 분석한 내용으로 적절한 것만을 〈보기〉에서 모두 고르면?

갑: 저작권은 인간의 창조적 사고와 감정을 반영한 결과물에 부여되는 권리이다. 인공지능(AI)은 스스로 창작 의도를 가지지 않고, 단순히 데이터를 분석하고 조합하는 과정을 수행할 뿐이므로, 인간의 창작 행위와 같게 취급할 수 없다.

을: 저작권의 핵심은 창작 과정이 아니라 창작 결과이다. 인공지능이 창작한 작품이 인간의 작품과 다를 바 없이 독창성을 갖춘다면, 저작권을 인정하지 않을 이유가 없다.

병: 만약 AI 창작물에 저작권을 인정한다면, 그 권리는 누구에게 귀속되어야 하는지의 문제가 발생한다. AI 개발자, AI를 사용한 사용자, AI 자체 중 누구에게 권리를 부여해야 할지 명확하지 않으며, 이는 법적 혼란을 초래할 가능성이 크다. 따라서 이를 인정해서는 안 된다.

〈보 기〉
ㄱ. 인공지능의 창작물의 저작권 인정 여부에 대해 갑과 을의 주장은 대립한다.
ㄴ. 인공지능의 창작물의 저작권 인정 여부에 대해 을과 병의 주장은 대립한다.
ㄷ. 인공지능의 창작물의 저작권 인정 여부에 대해 병과 갑의 주장은 대립한다.

① ㄱ
② ㄷ
③ ㄱ, ㄴ
④ ㄴ, ㄷ

[15 ~ 16] 다음 글을 읽고 물음에 답하시오.

변신 모티프란 인간이 다른 인간이나 동식물, 광물 등으로 바뀌거나 그 반대로 바뀌는 이야기의 요소를 말한다. 이는 매우 광범위하게 퍼져 있어 동서양의 서사 문학에서 찾아볼 수 있다. 우리나라의 경우 건국 신화인 (가)「단군 신화」에서 찾아볼 수 있다. 이 신화에서 곰은 환웅에게 사람이 될 수 있게 해달라고 빌었다. 그러자 환웅은 쑥과 마늘을 주면서 백 일 동안 햇빛을 보지 않는 시험을 부여하였다. 이 시험을 이겨 낸 곰은 인간으로 변하여 아들을 낳았는데, 그 아들이 바로 단군이다.

서사 문학에 나타나는 변신의 양상은 변신체에 따라 ㉠인간 변신형, ㉡동물 변신형, 식물 변신형, 광물 변신형으로 나뉜다. 예를 들어,「쥐둔갑 설화」는 동물이 인간으로,「나무꾼과 선녀 설화」는 인간이 동물로,「며느리밥풀꽃 설화」는 인간이 식물로,「장자못 전설」은 인간이 바위로 바뀐다. 이때 변신의 방법으로는 ㉢약물이나 목초의 복용, 추방과 소외, 껍데기 벗기 등이 있다.

변신 이야기 중에는 통과 의례의 구조를 지닌 경우도 있다. 통과 의례란 인간이 새로운 장소나 지위로 옮겨갈 때 행하는 의식으로, 이는 세 단계로 나뉜다. 첫 단계는 분리 과정으로서 이전의 존재를 버리는 상징적 죽음으로 이루어진다. 이때 ㉣상징적 죽음의 의식은 격리된 장소에서 시련이나 시험을 거치는 방식으로 이루어진다. 다음 단계는 전이 과정으로, 이때 존재는 중간적 성격을 띤다. 마지막 단계에서는 집단에 복귀하는 의례를 통해 새로운 사회적 지위를 얻은 사실을 공인받는다.

15. 윗글을 읽고 이해한 내용으로 가장 적절한 것은?
① 변신 모티프는 광범위하게 퍼져 있지만, 동양의 서사 문학에서만 찾아볼 수 있다.
② 「나무꾼과 선녀 설화」에 나타나는 변신의 양상은 식물 변신형에 해당한다.
③ 격리된 장소에서 시련을 거치는 방식은 통과 의례의 두 번째 단계이다.
④ 인간은 통과 의례를 통해 새로운 사회적 지위를 얻을 수 있다.

16. ㉠ ~ ㉣ 중 (가)의 특징을 모두 고른 것은?
① ㉠, ㉡
② ㉡, ㉢
③ ㉠, ㉢, ㉣
④ ㉡, ㉢, ㉣

17. (가)와 (나)를 전제로 할 때 빈칸에 들어갈 결론으로 가장 적절한 것은?

(가) 행사에 참석하는 사람은 모두 커피 쿠폰을 받는다.
(나) 커피 쿠폰을 받지 않은 사람 중 일부는 A사 신입사원이다.
따라서 (㉠   )

① 행사에 참석한 사람 중 일부는 A사 신입사원이다.
② 커피 쿠폰을 받지 않은 사람은 모두 A사 신입사원이다.
③ 행사에 참석하지 않은 사람 중 일부는 A사 신입사원이 아니다.
④ A사 신입사원 중 일부는 행사에 참석하지 않은 사람이다.

[18 ~ 19] 다음 글을 읽고 물음에 답하시오.

칸트가 말하는 인식은 대상과 직접적이며 즉각적으로 관계하는 경험의 방식인 직관에서부터 시작된다. 칸트의 직관은 감각적 경험에서 이루어지므로 감각 직관이라 할 수 있다. 이 감각 직관을 수행하는 마음의 능력이 감성이며, 감성이 대상으로부터 받아들인 감각 직관의 내용이 현상이다. 인식의 다음 단계는 다양한 감각 직관을 개념화하는 것으로, 칸트는 이 역할을 오성이 한다고 했다. 오성이 다양한 현상들을 통합하고 판단하여 인식을 이룬다는 것이다. 칸트는 오성에도 선천적 형식이 있다고 보고, 이를 범주라고 했다. 오성이 다양한 현상들을 범주 아래에 포섭하여 판단하고 개념화된 지식을 이룬다고 본 것이다.

그런데 감각 직관과는 무관한 오성이 어떻게 현상들에 적합한 범주를 적용하는 것일까? 칸트는 상상력이 이를 수행한다고 보았다. 이미지를 만드는 상상력이 현상들을 모아서 오성에 전달하며, 그에 따른 적절한 범주의 한계를 말해 준다. 예를 들어, 상상력이 컵의 이미지로 '둥글다'는 현상을 모아 오성에 전달하고, 관계의 유형에 속한 '실체'라는 범주로 한계를 정해 주면, 오성은 그 현상을 개념화해서 '컵은 둥글다'라는 판단을 ㉠내리게 되는 것이다.

18. 윗글의 내용으로 적절하지 않은 것은?
① 오성은 다양한 현상을 통합해서 판단한다.
② 칸트가 말하는 직관은 감각적 경험 안에서 이루어진다.
③ 오성은 대상과 직접적이고 즉각적으로 관계함으로써 감각 직관을 수행한다.
④ 상상력이 없다면 오성이 현상들에 적합한 범주를 적용하기 어려울 수 있다.

19. 문맥상 ㉠의 의미와 가장 가까운 것은?
① 재판관은 회사 측에서 임금을 지급하라는 판결을 내렸다.
② 그는 병원 앞에 내리자마자 병실을 향해 마구 뛰었다.
③ 차내의 공기가 탁해서 유리문을 내렸다.
④ 어젯밤에 함박눈이 내렸다.

20. 다음 글의 논지로 가장 적절한 것은?

메스트랄은 강아지와 산책 중 엉겅퀴 씨앗이 강아지 몸에 붙어 있는 것을 보고 영감을 얻어 우리가 흔히 '찍찍이'라고 부르는 벨크로 테이프를 고안했다.
이처럼 쓸모 있는 물건을 개발하거나, 이미 만들어진 물건을 개선하려는 연구자의 노력은 거창한 것에서 출발하지 않는다. 오히려 발명은 단순한 관찰에서 시작된 경우가 많다. 태양 아래 새로운 것이 없듯이, 연구 과제 역시 하늘에서 뚝 떨어지는 것이 아니다.

① 과학은 자연에 대한 끝없는 관찰에 따른 인식의 결과이다.
② 종교 없는 과학은 오만이며, 과학 없는 종교는 맹신이다.
③ 과학은 진리를 찾아내기 위한 수단이다.
④ 과학은 훈련되고 조직화된 상식이다.

국 어

1. <공공언어 바로 쓰기 원칙>에 따라 <공문서>의 ㉠~㉣을 수정한 것으로 적절하지 않은 것은?

<공공언어 바로 쓰기 원칙>
○ 대등한 것끼리 접속할 때는 구조가 같은 표현을 사용할 것.
○ 목적어와 서술어를 호응시킬 것.
○ 주어와 서술어를 호응시킬 것.
○ 필요한 문장 성분이 생략되지 않도록 할 것.

<공문서>
청소년정책연구원
수신 ○○시청 아동청소년과
(경유)
제목 청소년 보호 및 복지 강화를 위한 자문회의 참석 안내

1. ㉠청소년을 보호하고 복지 강화를 위해 일하시는 귀 기관의 노고에 감사드립니다.
2. 본원은 청소년 정책 관련 법인으로서 ㉡청소년 복지와 유해환경 향상을 위해 노력하고 있습니다.
3. ㉢체계적인 청소년 보호 시스템을 구축되고 효과적인 복지 정책을 마련하기 위해 ㉣개최하니 귀 기관의 직원이 참석해 주시기를 바랍니다.

① ㉠: 청소년을 보호하고 복지를 강화하기 위해
② ㉡: 청소년 복지와 유해환경 예방에
③ ㉢: 체계적인 청소년 보호 시스템을 구축하고
④ ㉣: 자문회의를 개최하니

2. 다음 글의 언어관과 관계 있는 것끼리 묶인 것은?

어떤 언어학자는 언어가 사고방식을 결정한다고 주장한다. 이 주장에 따르면, 특정 언어를 모국어로 쓰는 사람들은 자연이나 문화 현상에 대해 자신들만의 방식으로 해석하거나 개념을 정하기도 한다.
예를 들면, 한국인은 무지개를 7가지 색이라고 인식하는데, 이는 한국어 색채어로는 7가지로 표현되기 때문이다. 또한 아프리카에서는 무지개를 3가지 색으로 인식하는데, 이는 색채어가 그만큼 적기 때문이다. 하지만 실제로 무지개는 200가지가 넘는 색으로 이루어져 있다. 만약 이 모든 색을 지칭할 수 있는 색채어가 있다면, 우리도 무지개의 모든 색을 분명하게 인식할 수 있을 것이다. 따라서 우리가 살아가는 이 세계는 객관적인 세계라기보다는 언어라는 렌즈에 굴절된 주관적인 세계라고 할 수 있다.

<보 기>
ㄱ. 언어는 시대에 따라 사용하는 사람들이 바뀌므로 변화한다.
ㄴ. 언어는 사회 구성원 사이의 의사소통을 매개하며 언어 정책의 영향을 받는다.
ㄷ. 인간은 객관적인 세계에 살고 있는 것이 아니라, 언어를 매개로 해서 살고 있다.
ㄹ. 사회는 언어 공동체로, 언어는 그 언어의 사용자들을 하나의 공동체로 묶어 주는 구실을 한다.

① ㄱ, ㄴ ② ㄱ, ㄹ ③ ㄴ, ㄷ ④ ㄷ, ㄹ

3. 다음 밑줄 친 단어 중 '첨가'가 일어나는 것은?

• 교체: 어떤 음운이 수적인 변화 없이 다른 음운으로 바뀌는 현상
• 첨가: 없던 음운이 새롭게 덧붙는 현상
• 축약: 인접한 두 음운이 합쳐져서 제3의 음운으로 바뀌는 현상
• 탈락: 어떤 음운이 단순히 없어지는 현상

변동 전	변동 후	변동 전	변동 후
XaY	→ XbY(교체)	XY	→ XaY(첨가)
XabY	→ XcY(축약)	XaY	→ XY(탈락)

① 뒤뜰에서 닭[닥] 몇 마리가 모이를 쪼아 먹고 있었다.
② 국밥[국빱]을 한 그릇씩 먹어 그들은 배가 든든했다.
③ 이모가 조카에게 입학[이팍] 기념으로 선물을 사주었다.
④ 잔칫상을 두고도 속이 좋지 못해 눈요기[눈뇨기]만 하다 왔다.

4. 다음 글의 전개 순서로 가장 적절한 것은?

토지 사유제의 정당성을 자본주의에서 찾는 학자들은 토지의 절대적이고 배타적인 소유권을 인정할 수 없다고 하면서 자본주의에 대한 도발이라며 반발한다.

ㄱ. 물론 토지 사유제를 당연하게 여기는 사람들이 이런 사례들을 토지 공공성을 인정해야만 하는 당위의 근거로서 받아들이는 것은 아니다.
ㄴ. 그들은 오히려 토지의 공공성 강조가 사회주의적 발상이라고 비판한다.
ㄷ. 토지가 일반 재화나 자본에 비해 지닌 근본적인 차이는 무시하고 말이다.
ㄹ. 이들은 토지 공유제를 시행하였거나 토지의 공공성을 인정했음에도 불구하고 자본주의의 경제를 모범적으로 발전시켜 온 사례이다.
ㅁ. 과연 자본주의 경제는 토지 사유제 없이 성립할 수 없는 것일까? 싱가포르, 홍콩, 대만, 핀란드 등의 사례는 위 물음에 직접적인 답변을 제시한다.

① ㄱ-ㅁ-ㄹ-ㄴ-ㄷ
② ㄷ-ㅁ-ㄹ-ㄱ-ㄴ
③ ㄹ-ㄷ-ㅁ-ㄴ-ㄱ
④ ㅁ-ㄹ-ㄱ-ㄷ-ㄴ

5. 다음 빈칸에 들어갈 말로 가장 적절한 것은?

갑, 을, 병, 정 4명은 각기 다른 식물을 기르고 있다.

○ 갑과 병 중 적어도 한 명은 알로에를 기른다.
○ 을이 선인장과 난초를 기르면, 정은 로즈마리를 기르지 않는다.
○ 정은 로즈마리를 기른다.
○ 병이 알로에를 기른다면, 을이 선인장과 난초를 기른다.

이를 통해 갑이 (   )을/를 기른다는 것을 알 수 있다.

① 난초
② 선인장
③ 알로에
④ 로즈마리

6. 다음 글을 읽고 이해한 내용으로 적절하지 않은 것은?

우리의 삶에는 슬픔과 괴로움이 동반된다. 이는 부정적인 외적 상황에서 비롯된 것일 수도, 정신적 고뇌에서 비롯된 것일 수도 있다. 그러나 그 감정들이 우리의 삶에 부정적인 결과만 낳는 것은 아니다. 슬픔을 통해 감정의 깊이를 더하기도, 괴로움을 겪으며 올바른 삶의 방향을 찾아가기도 하기 때문이다.

시적 주체의 감정을 담아내는 서정시의 요점은, 주체가 마주하고 있는 부정적인 상황에 대한 해결 방안을 찾기보다 자신의 감정을 직시하는 것에 있다. 주체는 부정적인 상황에서 도망가거나 거기에 빠지지 않고 그것을 내면의 확장 혹은 심화의 계기로 수용하면서, 자신의 감정을 담담하고 절실하게 노래한다.

박재삼의 「한(恨)」에서 화자는 삶과 죽음 사이의 경계로 인해 자신의 사랑을 실현하지 못해 서러워 하지만, 이를 통해 사랑의 감정이 자신의 전(全) 존재에 해당하는 무게를 가진 것임을 깨닫게 된다. 이를 통해 화자는 상대를 이해하고 그의 전 존재와 결합하는 더 큰 사랑을 소망할 수 있게 된다. 천양희의 「마음의 수수밭」의 경우, 화자를 괴롭히던 고뇌가 없었다면 삶을 살아가는 새로운 자세나 내면적 고양의 경험을 얻는 힘들었을 것이다. 따라서 화자는 자신의 고뇌를 똑바로 보고 이를 현실 속에서 극복하려는 태도를 통해 마음의 평온을 얻게 된 것이다.

① 슬픔은 감정의 깊이를 더하므로 인간의 삶에 부정적인 결과만 낳는다.
② 서정시의 주체는 부정적 상황을 내면 확장의 계기로 받아들인다.
③ 「한」의 화자는 자신에게 닥친 부정적 상황에 빠지지 않고 오히려 깨달음을 얻었다.
④ 「마음의 수수밭」의 화자는 부정적 상황에 대한 자신의 감정을 직시하고 이를 극복하고자 하였다.

7. 다음 글의 ㉠~㉣ 중 어색한 곳을 찾아 가장 적절하게 수정한 것은?

㉠<u>WTO 설립협정을 통해 총의 제도는 관행적으로 운영되기 시작하였다.</u> 즉, 이 협정은 회원국 간의 의견 격차가 심하여 의사를 결정하기 어려운 경우에 표결을 거치지 않고 의장이 상정한 타협안을 그대로 채택한다는 내용을 문서로써 명시하고 있는 것이다. 그러나 회원국의 수가 확대되고 이해관계가 첨예해지면서 현실적으로 총의가 이루어지기 어려워졌다. 이로 인해 ㉡<u>새로운 무역협정의 체결이 지연되었으며 무역자유화는 저해되고 있다.</u> 그리고 이러한 문제를 해결하기 위해 '임계질량 복수국간 무역협정'이라는 새로운 방식이 모색되었다.

'임계질량 복수국간 무역협정 방식'이란 WTO 체제 밖에서 무역협정을 맺되 협정에 따른 혜택은 WTO 체제 내에 보편적으로 적용하여 무역자유화를 촉진하는 방식이다. 이에 따라 ㉢<u>채택된 협정의 혜택은 WTO 모든 회원국에 적용된다.</u>

㉣<u>다만 이 협정에는 일정한 조건이 요구된다.</u> 가령 협정이 적용되는 품목의 무역량은 해당 품목의 전 세계적인 무역량의 90% 이상을 차지하여야 한다.

① ㉠: WTO 설립협정은 관행적으로 유지되던 총의 제도를 명문화하였다
② ㉡: 무역협정 체결이 자유로워졌으며 무역자유화는 촉진되고 있다
③ ㉢: 채택된 협정의 혜택은 협정 당사국에만 부여된다
④ ㉣: 그리고 모든 국가는 협정의 주체가 될 수 있다

8. <지침>에 따라 <개요>를 작성할 때 ㉠~㉣에 들어갈 내용으로 적절하지 않은 것은?

<지침>
○ 서론은 중심 소재의 개념 정의와 문제 제기를 1개의 장으로 작성할 것.
○ 본론은 제목에서 밝힌 내용을 2개의 장으로 구성하되 각 장의 하위 항목끼리 대응되도록 작성할 것.
○ 결론은 기대 효과와 향후 과제를 1개의 장으로 작성할 것.

<개요>
○ 제목: 외국인 한국어 학습자의 발음 오류 원인과 교육 방안
Ⅰ. 서론
  1. 외국인 한국어 학습자의 발음 오류 정의
  2. ㉠
Ⅱ. 외국인 한국어 학습자의 발음 오류의 원인
  1. ㉡
  2. 한국어 발음 오류에 대한 피드백 부족
Ⅲ. 외국인 한국어 학습자의 발음 교육 방안
  1. 한국어 발음의 근본적인 원리와 음운론 교육
  2. ㉢
Ⅳ. 결론
  1. 한국어 발음 오류 해결을 통한 한국어 학습 효과 증대
  2. ㉣

① ㉠: 외국인 한국어 학습자의 발음 오류에 따른 의사소통 장애의 증가
② ㉡: 한국어의 음운적 특성에 대한 이해 부족
③ ㉢: 자동화된 한국어 발음 피드백 시스템 구축
④ ㉣: 한국어 의사소통 능력 향상

9. 다음 글의 ㉠과 ㉡에 대한 평가로 올바른 것은?

신제품 개발을 평가할 때는 시장 트렌드 반영, 기술적 완성도, 팀워크를 살펴본다. 시장 트렌드 반영은 소비자 니즈와 최신 기술을 반영했느냐, 기술적 완성도는 제품 설계 및 기능이 경쟁 제품과 비교했을 때 더 우수한가, 팀워크는 연구개발, 디자인, 마케팅, 생산팀 등 모든 팀이 제품의 문제점과 해결책을 공유하며 성과를 창출했느냐를 따진다. ㉠<u>이 세 요소 모두에서 목표를 달성하는 것은 신제품 개발이 성공적이기 위해 필수적이다.</u> 하지만 ㉡<u>이 세 요소 모두에서 목표를 달성했다고 해서 신제품 개발이 성공한 것은 아니다.</u>

① 지금까지 성공한 신제품 개발이, 시장 트렌드 반영, 기술 완성도, 그리고 팀워크 모두에서 목표를 달성하였다면, ㉠은 강화된다.
② 성공하지 못한 개발 중 시장 트렌드 반영, 기술적 완성도, 그리고 팀워크 중 하나 이상에서 목표를 달성하는 데 실패한 사례가 있다면, ㉠은 약화된다.
③ 시장 트렌드 반영, 기술적 완성도, 그리고 팀워크 중 하나 이상에서 목표를 달성하는 데 실패했지만 성공한 신제품 개발이 있다면, ㉡은 강화된다.
④ 시장 트렌드 반영, 기술적 완성도, 그리고 팀워크 모두에서 목표를 달성했지만 성공하지 못한 신제품 개발이 있다면, ㉡은 약화된다.

[10 ~ 11] 다음 글을 읽고 물음에 답하시오.

　　사유 재산 제도하에서는 누구나 자신의 재산을 자유롭게 ㉠처분할 수 있다. 그러나 기부와 같이 어떤 재산이 대가 없이 넘어가는 무상 처분 행위가 행해졌을 때는 그 당사자인 무상 처분자와 무상 취득자의 의사와 무관하게 그 결과가 번복될 수 있다. 무상 처분자가 사망하면 상속이 ㉡개시되고, 그의 상속인들이 유류분을 ㉢돌려받을 수 있는 권리인 유류분권을 행사할 수 있기 때문이다. 이때 무상 처분자는 피상속인이 되고 그의 권리와 의무는 상속인에게 이전된다.
　　유류분은 피상속인의 무상 처분 행위가 없었다고 가정할 때 상속인들이 상속받을 수 있었을 이익 중 법으로 보장된 부분이다. 만약 상속인이 피상속인의 자녀 한 명뿐이면, 상속받을 수 있었을 이익의 1/2만 보장된다. 상속인들이 상속받을 수 있었을 이익은 상속 개시 당시에 피상속인이 가졌던 재산의 가치에 이미 무상 취득자에게 넘어간 재산의 가치를 더하여 ㉣놓는다. 유류분은 상속인들이 기대했던 이익을 보호하기 위한 것이기 때문이다.

10. 윗글을 읽고 알 수 없는 사실은?
① 유류분권은 상속인이 아닌 사람에게는 인정되지 않는다.
② 상속인은 상속 개시 전에 무상 취득자에게 유류분권을 행사할 수 없다.
③ 피상속인에게 자녀가 없을 경우, 무상 취득자의 이익은 피상속인에게 자녀가 있는 경우보다 적게 보장된다.
④ 무상으로 취득한 재산에 대한 권리는 무상 취득자 자신의 의사와 상관없이 제한될 수 있다.

11. ㉠~㉣과 바꿔쓸 수 있는 유사한 표현으로 적절하지 않은 것은?
① ㉠: 처리할
② ㉡: 시작되고
③ ㉢: 대여할
④ ㉣: 산정한다

12. 문맥에 비추어 볼 때 ㉠에 들어갈 말로 가장 적절한 것은?

　　역사상 동양 사회의 본류는 공자의 가르침, 곧 유가였는데, 중국의 한 무제가 강력한 중앙 집권 국가를 만들기 위해 유학을 국교로 삼으면서 노자의 철학은 뒤로 밀리게 되었다. 공자는 나라를 가정과 같다고 하면서 백성은 아버지를 따르듯 임금을 따라야 하고, 임금은 자식을 돌보듯 백성을 돌보아야 한다고 했는데, 이때부터 임금은 아버지와 동등한 지위에 있는 강력한 지도자로 변해가기 시작했다. 이에 반해 지방 귀족들은 오히려 '아무것도 하지 않음으로써 모든 것을 한다.'라는 노자의 주장을 추종하면서 (㉠)는 주장을 폈다. 하지만 역사는 결국 한 무제의 손을 들어 주었고, 결국 노자의 사상은 장자의 가르침과 섞여 노장(老莊) 철학, 도가라는 이름으로 비주류의 삶 속에 철학으로 흘러 들어가게 되었다.

① 임금은 귀족들을 대신하여 모든 지방을 동등하게 다스리도록 해야 한다
② 임금은 강력한 통치력을 바탕으로 귀족들과 주종 관계를 유지해 나가야 한다
③ 임금은 억지로 간섭하려 하지 말고 귀족들의 지배를 그대로 내버려 두어야 한다
④ 임금은 덕을 실천하는 정치를 하고 귀족들은 임금을 아버지를 대하듯 섬겨야 한다

13. ㉠을 평가한 내용으로 적절한 것만을 〈보기〉에서 모두 고르면?

　　최근 환경단체들은 가축 사육이 배출하는 온실가스, 특히 메탄(CH_4)이 전 세계 온실가스 배출량에서 상당한 비중을 차지한다고 지적한다. 이들은 가축 사료 재배와 목초지 확보 과정에서 발생하는 산림 훼손, 물 소비량 증가, 질소 비료 사용 등으로 인한 토양·수질 오염 문제도 심각하다며, 육식 제한이 환경 보호에 크게 기여한다고 주장한다.
　　한편 일부 연구자는 가축 사육의 이점도 간과해서는 안 된다고 말한다. 예를 들어 곡물 재배가 어려운 토지를 방목지로 활용해 식량 생산 총량을 늘릴 수 있으며, 축산을 통한 생태계 순환 효과 또한 무시할 수 없다고 주장한다. 이처럼 육식이 자연환경에 악영향만 미친다고 보기 어렵다는 ㉠주장도 제기되고 있다.

〈보 기〉
ㄱ. 축산 산업이 발전할수록 지역의 토지 활용도가 올라가고, 식량 생산 총량도 증가한다는 연구 결과는 ㉠을 강화한다.
ㄴ. 목축 목적으로 운영되던 방목지를 숲 복원 지대로 전환하자, 해당 지역의 생물 다양성이 크게 회복되었다면 ㉠은 강화된다.
ㄷ. 비옥도가 낮은 토지에서는 가축을 기르며 유기비료를 생산하고, 비옥한 식용 곡물 생산지는 온전히 보전함으로써 전체 농업 생태계가 균형을 이루는 사례는 ㉠을 약화한다.

① ㄱ　　② ㄱ, ㄴ　　③ ㄴ, ㄷ　　④ ㄱ, ㄴ, ㄷ

14. 갑 ~ 병의 주장을 분석한 내용으로 적절한 것만을 〈보기〉에서 모두 고르면?

갑: 공공장소에서의 흡연 금지 정책은 국민 건강을 보호하는 데 효과적이다. 간접흡연은 폐암, 심혈관 질환 등의 위험을 증가시킨다. 연구에 따르면, 공공장소 흡연 금지 정책이 시행된 이후 관련 질병의 발생률이 감소하였다고 한다.
을: 모든 흡연 금지 정책의 주목적은 국민들의 건강을 보호하는 것이다. 하지만 정책 시행 이후 실시한 설문 조사에 따르면, 이 정책은 실질적으로 흡연율을 낮추지 못하였을 뿐만 아니라 오히려 불법적인 흡연을 유발하였다. 흡연자들은 실외에서 흡연할 수 있는 공간이 마땅치 않다고 답변했다. 또한, 흡연 공간 부족으로 인해 흡연자들은 규칙을 무시하고 숨어서 흡연하는 경우가 많아졌고, 골목길이나 건물 화장실에서 몰래 흡연하게 되었다고 답변했다.
병: 공공장소에서의 흡연 금지 정책은 환경 보호에도 효과적이다. 담배꽁초는 전 세계에서 가장 많이 버려지는 쓰레기 중 하나이며 환경 오염의 주요인으로 밝혀졌다. 공공장소에서 흡연을 금지한 이후 길거리의 담배꽁초 쓰레기가 줄어들었고, 이로 인해 거리와 공원이 더욱 깨끗해졌을 뿐만 아니라 대기질도 좋아졌다는 조사 결과도 있다.

〈보 기〉
ㄱ. 공공장소 흡연 금지 정책이 실효성이 있는지에 대해 갑과 을의 주장은 대립한다.
ㄴ. 공공장소 흡연 금지 정책이 실효성이 있는지에 대해 을과 병의 주장은 대립한다.
ㄷ. 공공장소 흡연 금지 정책이 실효성이 있는지에 대해 병과 갑의 주장은 대립한다.

① ㄱ, ㄴ　　② ㄱ, ㄷ　　③ ㄴ, ㄷ　　④ ㄱ, ㄴ, ㄷ

[15 ~ 16] 다음 글을 읽고 물음에 답하시오.

> 판소리 사설에서는 부정적 인물과 상황을 그리면서 그것을 ㉠작가가 추구하는 이상과 대조시켜 형상화한다. 이때 부정적 인물과 상황은 작가의 이상과 대비됨으로써, 왜곡되며 희화화된다. 예컨대「흥보가」는 놀보와 작가의 이상을 대조함으로써 그들의 부정적인 행동과 태도를 실감 나게 비판한다. 반면 긍정적 인물인 (가)흥보는 부정적 인물과 대비되며, ㉡작가의 이상이 투영된 인물로 나타난다.
> 풍자는 현실이 부정적 인물이나 상황에 의한 것임을 폭로하는 것으로, 부정적 대상에 대해 비꼬거나 웃으면서 표현하는 것을 뜻한다. 이때 희화화의 방법이 사용되는데, 이 방법은 ㉢해학에서도 사용된다. 이는 왜곡된 환경에서 고통받는 인물에 대한 동정을 드러낸다는 점에서 풍자와 구별된다.「흥보가」는 부정적 인물에 대한 풍자와 긍정적 인물에 대한 해학이 곁들여진 양상을 보인다. 이 양상을 통한 희화화는 작가의 기준에서 볼 때, 상황이 너무 터무니없음을 드러낸 것이다.
> 풍자는 대체로 ㉣아이러니(반어), 기지, 조롱 등에 의해 이루어진다. 그중「흥보가」에는 관찰자의 관점에서 인지되는 상황의 아이러니가 사용되었다. 이 사설에서는 관찰자가 인물들의 운명을 지켜보는 동안 착한 사람은 못 살지만, 악한 사람은 잘 살고 있는 상황이 전개된다. 따라서「흥보가」는 관찰자에게 놀보에게는 공격적인 웃음을, 흥보에게는 동정과 연민의 웃음을 유발하게 한다.

15. 윗글을 읽고 이해한 내용으로 가장 적절한 것은?
① 판소리 사설 속 긍정적 인물은 작가의 이상과 대비되는 존재이다.
② 희화화의 방법은 왜곡된 환경에서 고통받는 인물에 대한 동정을 드러내지 않는다.
③ 「흥보가」는 반어를 활용하여 현실이 부정적 인물이나 상황에 의한 것임을 폭로하고 있다.
④ 관찰자는「흥보가」에서 작가의 이상과 대비되는 인물을 통해 동정과 연민의 웃음을 짓는다.

16. ㉠ ~ ㉣ 중 (가)의 특징을 모두 고른 것은?
① ㉠, ㉢
② ㉡, ㉢
③ ㉠, ㉢, ㉣
④ ㉡, ㉢, ㉣

17. (가)와 (나)를 전제로 할 때 빈칸에 들어갈 결론으로 가장 적절한 것은?

> (가) 아픈 사람은 모두 병원에 간다.
> (나) 아픈 사람 중 일부는 조퇴한다.
> 따라서 (㉠   )

① 조퇴한 사람은 모두 아프다.
② 조퇴한 사람 중 일부는 병원에 간다.
③ 병원에 가지 않은 사람은 모두 조퇴하지 않는다.
④ 병원에 가지 않은 사람 중 일부는 조퇴하지 않는다.

[18 ~ 19] 다음 글을 읽고 물음에 답하시오.

> 베이즈주의는 확률을 통해 결론을 얼마나 신뢰할 수 있는지 판단하여 추론의 합리성을 담보한다. 베이즈주의는 어떤 사건이 이미 발생했는데 이 사건이 일어난 이유가 무엇인지 불확실한 상황을 식으로 나타낸 것인 '사후 확률'을 통해 결론의 신뢰도를 구한다. 그리고 관측자가 이미 알고 있는 사건에서 나온 확률을 '사전 확률'이라 한다.
> 사전 확률과 조건부 확률을 이용하여 사후 확률을 ㉠구하는 베이즈 정리는 과거의 경험과 현재의 증거를 토대로 어떤 사건의 확률을 추론하는 체계이다. 0부터 1까지의 값을 갖는 확률은 신뢰도를 의미한다. 따라서 확률이 클수록 신뢰도도 높아져, 확률이 1이면 가설은 참이라 추론한다. 이 신뢰도를 '확률적 적합성'이라고 하는데, 이는 시간의 흐름을 고려하지 않는 공시적인 의미만 담고 있다. 그런데 시간의 흐름에 따라 새로운 사건을 경험하게 되면 이 경험에 의해 신뢰도가 달라진다. 이러한 시간의 흐름을 고려한 신뢰도를 '조건화'라고 한다. 베이즈주의는 관찰자가 가진 증거가 조건화로 주어진 가설에 대한 신뢰도를 증가시키면 이 가설은 강한 정도로 믿으면 되고, 신뢰도를 감소시키면 약한 정도로 믿으면 된다고 본다.

18. 윗글의 내용에 부합하지 않는 것은?
① 베이즈 정리에서 시간이 지나 새로운 사건을 경험해 신뢰도가 달라지는 것을 '조건화'라 부른다.
② 베이즈주의는 추론의 합리성 담보를 위해 확률을 사용한다.
③ 베이즈 정리는 사전 확률과 조건부 확률을 이용해 사후 확률을 구한다.
④ 증거가 신뢰도를 감소시키면 신뢰해서는 안 되는 결론이다.

19. 문맥상 ㉠의 의미와 가장 가까운 것은?
① 그는 주인에게 양해를 구하였다.
② 어머니는 세간을 팔아서 먹을 것을 구해 오시곤 했다.
③ 홍수로 피해 입은 수재민을 구하기 위한 모금 운동을 펼쳤다.
④ 옆집 진돗개는 주인을 위험에서 구하기 위해 달려들었다.

20. 다음 글의 주제로 가장 적절한 것은?

> 회화나 조각과 같은 공간 예술과 달리, 음악은 시간이 흐르면서 사라지는 음을 쉽게 기억하기 위한 방법이 필요하다.
> 르네상스 시대의 다성 음악 양식에서는 입체적 효과를 주기 위한 방법으로 '모방'을 선택했다. 이때 모방은 돌림노래와 비슷한 방식으로 구현된다. 소프라노의 노래에 뒤이어 알토가 시간차를 두고 같은 선율로 시작하는 반복을 적용하는 것이다.
> 바로크 시대로 들어서면 성악 음악을 구현할 때 모방은 더 이상 효과적인 기법이 아니었다. 음악가들은 화성을 중시해서, 여러 성부의 음악을 연주하기보다 화성 반주에 맞추어 하나의 선율을 반복하여 노래하는 짜임새를 선호하게 되었다.
> 고전 시대에도 반복이 악곡의 형식을 결정하는 요소로 사용된다. 론도 형식은 악장의 주제를 주기적으로 반복하는 사이사이에 이와 대조되는 새로운 주제들을 삽입하는 방식이다.

① 반복이 없는 음악은 예술이라고 볼 수 없다.
② 공간 예술보다 미적 특성이 뛰어난 음악을 보호하자.
③ 각각의 시대에서 반복은 음악 구성의 기초가 된다.
④ 다양한 예술에서 활용하는 반복을 음악에서 활용해야 한다.

국 어

1. 〈공공언어 바로 쓰기 원칙〉에 따라 수정한 것으로 적절하지 않은 것은?

   ─────〈공공언어 바로 쓰기 원칙〉─────
   ○ 정확한 용어 선택하기
     - ㉠ 문맥에 맞는 정확한 어휘를 사용할 것.
   ○ 대등한 것끼리 접속
     - ㉡ '-고', '-며', '-와', '-과' 등으로 접속되는 말에는 구조가 같은 표현을 사용함.
   ○ 어문 규범 지키기
     - ㉢ 연월일 뒤에 마침표를 쓸 때는 '일'을 나타내는 숫자 뒤에도 마침표를 찍음.
   ○ 외국어 번역 투 삼가기
     - ㉣ '~에 있어서'는 우리말에는 자연스럽지 않은 과도한 피동 표현이므로 '~에 대하여', '~에서' 등으로 수정해야 함.

   ① "응시자 여러분들은 기간 안에 서류를 제출해 주십시오."를 ㉠에 따라 "응시자 여러분들은 기간 안에 서류를 접수해 주십시오."로 수정한다.
   ② "주권을 수호하고 평등 보장을 위해 노력하겠습니다."를 ㉡에 따라 "주권 수호와 평등 보장을 위해 노력하겠습니다."로 수정한다.
   ③ "20○○. 1. 4일 이후 통합 기관을 추가할 예정이다."를 ㉢에 따라 "20○○. 1. 4. 이후 통합 기관을 추가할 예정이다."로 수정한다.
   ④ "이는 품질에 있어서 세계 최고라고 불리는 것이다."를 ㉣에 따라 "이는 품질 면에서 세계 최고라고 불리는 것이다."로 수정한다.

2. 다음 글의 ㉠과 ㉡에 대한 평가로 올바른 것은?

   정부가 공공 보건 정책을 추진하는 경우 의료 인프라 확충, 필수 예방접종 확대, 건강보험 보장성 강화라는 세 가지 요소를 핵심으로 삼아야 한다. 의료 인프라 확충은 적시에 적절한 치료를 받을 수 있도록 의료 서비스 공급 능력을 개선하는 것을, 필수 예방접종 확대는 감염병의 확산을 사전에 차단하고, 집단 면역을 형성하여 전체 인구의 건강 수준을 향상시키는 것을 목적으로 한다. 건강보험 보장성 강화는 개인의 의료비 부담을 낮추어 전반적인 의료 접근성을 높이는 것을 의미한다. ㉠의 세 요소 모두를 충족하는 것은 공공 보건 개선을 위해 필수적이지만, ㉡세 요소가 모두 충족되었다고 해서 반드시 공공 보건 개선이 성공한다는 보장은 없다.

   ① 의료 인프라 확충이 미흡하지만, 건강보험 보장성 강화만으로 성공적인 보건 개선 사례가 있다면, ㉠은 강화된다.
   ② 세 요소를 모두 충족한 국가에서만 공공 보건 개선에 성공하였다면, ㉠은 약화된다.
   ③ 세 요소 모두에서 충족하였음에도 공공 보건 개선에 실패한 경우가 있다면, ㉡은 강화된다.
   ④ 필수 예방접종을 확대한 어떤 국가에서 공공 보건 개선이 이뤄졌다면, ㉡은 약화된다.

3. 다음 글의 내용으로 적절한 것은?

   '외래어 표기법'의 총론 제1항은 "외래어는 국어의 현용(現用) 스물네 개의 자모만으로 적는다."이다. 이는 국어에 없는 외국어 소리를 적기 위해 별도의 문자를 만들지 않겠다는 것이다.
   제2항은 "외래어의 1음운은 1기호로 적는다."이다. 외국어의 한 소리는 늘 일정하게 한글로 적어야 예측할 수 있다. 가령, 'family'에서는 'f'를 '훼밀리'로, 'film'에서는 '필름'이라고 적는다면 'f'의 소리가 달라져 언중이 기억할 때 부담을 줄 것이다. 이를 막기 위해 늘 한 가지 기호로만 적는다는 것이다.
   제3항은 "외래어의 받침에는 'ㄱ, ㄴ, ㄹ, ㅁ, ㅂ, ㅅ, ㅇ'만을 적는다."이다. 현대 국어의 음절 끝소리에는 일곱 가지 소리만 실현되므로 일곱 개의 홑받침만 허용한다는 것이다. 가령, '커피숖, 슈퍼마켙'은 '커피숍, 슈퍼마켓'로 적어야 올바르다.
   제4항은 "파열음 표기에는 된소리를 쓰지 않는 것을 원칙으로 한다."이다. 무성 파열음 [p, t, k]는 영어, 독일어에서는 거센소리 'ㅍ, ㅌ, ㅋ'에 가깝게 들리고, 프랑스어, 스페인어에서는 된소리 'ㅃ, ㄸ, ㄲ'에 가깝게 들린다. 이처럼 어떤 소리에 가깝게 들리는가에 따라 거센소리로 적어야 할 언어와 된소리로 적어야 할 언어를 일일이 구분할 수 없으니 통일하여 모두 거센소리로 적도록 하였다. 따라서 'Paris'는 '파리'라고 적는다.
   한편, sh[ʃ]는 뒤따르는 모음과 합쳐서 '샤, 섀, 셔, 셰, 쇼, 슈, 시'로 적는다. 어말에서는 '잉글리시'처럼 '시'로, 자음 앞에서는 '아인슈타인'처럼 '슈'로 각각 적는다. 마지막으로, 파찰음 표기에서는 '죠, 쥬, 져, 쵸, 챠, 츄, 쳐'를 쓰지 않는다. 따라서 '비젼, 쥬스'가 아니라 '비전, 주스'라고 적어야 한다.

   ① 외래어를 표기할 때 새로운 문자가 필요하다면 새로운 문자를 만들 수 있다.
   ② 외래어를 표기할 때 같은 음운이라도 발음에 따라 표기가 달라질 수 있다.
   ③ 외래어의 파열음을 표기할 때에는 된소리를 사용하지 않는다.
   ④ 외래어를 표기할 때 'sh[ʃ]'는 어떠한 경우에도 '시'라고 적는다.

4. 다음 글의 ㉠~㉣ 중 어색한 곳을 찾아 가장 적절하게 수정한 것은?

   조선 시대에는 국왕 부모의 제사를 국가의례로 거행했다. ㉠그리고 제사는 매년 왕왕에 의해 직접 거행되는 것이 원칙이었다. 그런데 이 원칙은 영조 시대부터 무너지기 시작했다. 영조는 선조의 후궁이자 원종을 낳은 인빈 김 씨의 제사를 직접 국가의례로 거행했다. ㉡영조의 뒤를 이은 정조와 순조 역시 사당을 세워 국가의례로써 후궁인 생모의 제사를 지냈다. 이에 따라 후궁의 사당은 점차 늘어났지만 그 위치가 제각각이어서 관리가 어려웠다. 이를 해결하기 위해 ㉢순종은 사당을 모두 육상궁 경내로 옮기고 제사를 지내게 하였다. 1910년에 일본이 대한제국의 국권을 ㉣강탈했으나 이 사당들 제사는 유지되었다. 일제 강점기에는 고종의 후궁이자 영친왕의 생모인 엄 씨의 사당이 세워졌으며 육상궁 경내에 자리 잡게 되었다. 이로써 육상궁 경내에서는 후궁을 모신 7개의 사당의 제사가 이뤄졌다.

   ① ㉠: 하지만 국왕의 생모가 후궁이라면 그에 대한 제사는 국가의례로 간주하지 않는 것이 원칙이었다
   ② ㉡: 그러나 영조의 뒤를 이은 정조와 순조는 국왕을 낳은 후궁에 대한 사당 설립을 금지하였다
   ③ ㉢: 순종은 후궁의 사당을 전국 8도에 분산하여 설립하였다
   ④ ㉣: 강탈하여 이 사당들에 대한 제사를 금지시켰다

5. 다음 글의 ㉠~㉡에 들어갈 말을 적절하게 나열한 것은?

> 시조는 고려 말부터 전승된 우리 고유의 정형시로, 대체로 초장·중장·종장의 3장으로 구성되며, 각각의 장 안에서 정해진 음수율을 지키되, 운율과 율격을 조절해 시적 표현을 펼친다. 시조의 내용은 자연을 예찬하는 것부터 현실 정치의 풍자까지 다양하며, 간결하면서도 함축적인 언어로 깊은 정취를 자아낸다.
> 시조는 크게 '평시조', '엇시조', '사설시조'로 구분된다. 평시조는 시조 중 가장 전통적인 형태로, 정형화된 음수율을 엄격히 지킨다. 초장이 3·4·3(4)·4, 중장이 3·4·4(3)·4, 종장이 3·5·4·3조와 같이 형성되는데, 이를 통해 초장과 중장의 음수율은 유사하고 종장에서 변화를 주는 형태라는 것을 알 수 있다. 엇시조는 어긋난 시조라는 뜻으로 3장 중 한 곳 이상이 평시조보다 1음보(3~4음절) 정도 더 긴 형태로 나타난다. 한편 사설시조는 말 그대로 사설이 길어져, 초장이나 중장이 제한 없이 길어진 시조이다. 조선 중기 이후 발달한 것으로, 설명과 묘사가 풍부하여 산문적 성질을 띤다는 것이 특징이다.
> 정몽주의 '단심가'는 정형화된 율격에 따라 쓰인 (㉠)로, 이를 통해 역성혁명을 제안한 이방원에게 넌지시 거절의 의사를 표현하였다. 반면, 작자 미상의 시조 '개를 여라믄이나 기르되'는 원망스러운 개를 제재로 하여 임을 그리는 안타까운 마음을 드러내는 (㉡)이다. 이 시조는 과장된 표현과 의태어 등을 통해 감정을 풍부하게 드러내고 있으며, 중장에 임에 대한 그리움을 자세히 묘사하여 산문처럼 길어졌다는 특징이 있다.

	㉠	㉡
①	사설시조	엇시조
②	엇시조	평시조
③	평시조	사설시조
④	사설시조	평시조

6. 다음 글의 ㉠에 들어갈 내용으로 가장 적절한 것은?

> 사회생물학에서는 도덕성과 이타성을 행동과 동기 둘 다의 차원에서 종종 같은 것으로 간주하곤 한다. 첫째로 도덕성이란 언제나 우리를 타인을 위해 자기 이익을 희생하는 방향으로 작동하도록 요구한다는 것이고, 둘째로 이타적 욕구에 의해 행동하는 것은 도덕적 원리로 행동하는 것과 같다는 것이다. 그런데 만약 (㉠) '도덕성=이타성'이라는 주장은 약화될 것이다. 이에 도덕 원리로 인해 일어나지 않는 이타성의 예시로 부모의 자식을 향한 헌신을 생각해볼 수 있다. 부모가 어떠한 개인의 욕망을 투영한 것이 아니라 아이들의 행복만을 위해서 헌신하고 물질과 시간 등을 베푼다면 부모의 자식 사랑은 이타성의 사례로 볼 수 있다. 이처럼 부모는 이타적 욕구를 어떤 도덕성의 체계에 근거하지 않았지만 가지고 있다. 그리고 이러한 심리적 이타성은 도덕성의 핵심인 일반성 혹은 보편화 가능성이 없기에 도덕성과 본질적으로 다름을 알 수 있다.

① 도덕 원리가 기저가 되지 않고 이타적 행위를 한다면
② 이타적 행위가 도덕성에 근거하고 있음을 귀납적으로 증명하면
③ 도덕성이 타인에게 자기희생적 행위를 언제나 요구하는 것은 아니라는 점을 인정하면
④ 이타성과 도덕성이 보편화 가능성이 없음을 고려하면

7. 다음 글의 내용으로 적절하지 않은 것은?

> 세종은 한글이 한자를 대신할 수 있을 것이라고 생각하지 않았을 것이다. 왜냐하면 한글이 창제된 이후 한글은 공식 문자로서는 여러 용도로 쓰였지만 한자의 지위에는 큰 영향을 주지 않았다. 이를 통해 세종은 한글이 한자를 대신할 수 있을 것이라고 생각하지 않았다는 것과 한자와 한글의 역할을 다르게 보았을 것임을 알 수 있다.
> 그 당시에 한글은 교육의 중추였던 한문을 교육하는 데에 적극적으로 활용되었다. 「천자문」이나 「훈몽자회」와 같은 분류어휘집을 보면 한자의 아래에 한글로 뜻과 소리가 적혀 있음을 볼 수 있다. 또한 한글로 번역된 한문 경전은 표준적인 해석을 통해 한문 학습을 할 수 있는 참고서의 역할을 했다.
> 한글은 외국어 교육에서도 적극적으로 활용되었다. 발음 사전인 「사성통해」에는 한글로 중국어 발음이 표시되어 있었고, 학습자들은 이를 통해 정확한 중국어 발음을 익혔다. 중국의 책에는 한자로 한자의 발음이 표시되어 있었기 때문에 조선 사람들이 중국의 책을 통해 정확한 중국어 발음을 구현하는 것은 어려웠다.
> 또한 한글은 백성을 교화하기 위한 수단으로도 사용되었다. 조선 시대는 효와 충이 사회 질서의 근본 이념이었다. 이러한 사상을 백성들에게 주입시키는 것을 교화라고 하는데, 15세기가 왕을 중심으로 한 전제 군주 사회였고 유교 이념이 새로운 사회 질서였던 것을 인식한다면, 교화는 백성들을 유교 이념 체제에 순응하게 하는 아주 중요한 일이었던 것이다. 이러한 것들을 통해 한글은 교화의 효과를 극대화하기 위한 수단이었음을 알 수 있다.

① 세종은 한글과 한자의 용도를 다르게 생각하였다.
② 한글 창제 이후 한글은 한자를 학습하는 데에 사용되었다.
③ 한글이 외국어 교육에도 활용되었지만, 중국어의 발음을 정확하게 구현하지는 못했다.
④ 한글은 백성들이 유교 이념 체제에 순응하게 하는 데에 도움을 주었다.

8. 다음의 내용이 참일 때, 반드시 참이라고 할 수 있는 것은?

> ㉠ 책을 쓰기 위한 집중력이 부족하다면, 시를 쓰기 위한 집중력도 부족하다.
> ㉡ 책을 쓰기 위한 집중력이 부족할 때에만 연구를 진행하기 위한 집중력이 부족하지 않다.
> ㉢ 시를 쓰기 위한 집중력이 부족하다.
> ㉣ 연구를 진행하기 위한 집중력과 시를 쓰기 위한 집중력이 모두 부족한 것은 아니다.

① 책을 쓰기 위한 집중력만 부족하지 않다.
② 연구를 진행하기 위한 집중력은 부족하다.
③ 책을 쓰기 위한 집중력과 시를 쓰기 위한 집중력은 모두 부족하다
④ 책을 쓰기 위한 집중력이 부족하지 않다면, 연구를 진행하기 위한 집중력도 부족하지 않다.

[9 ~ 10] 다음 글을 읽고 물음에 답하시오.

　사단칠정 논쟁은 조선 중기 성리학의 핵심 ㉠쟁점으로, 이황과 기대승이 인간의 도덕 감정인 '사단(四端)'과 일상적 감정인 '칠정(七情)'의 관계를 어떻게 해석해야 하는지 두고 벌인 학술 논쟁이다. 두 학자는 성리학적 심성론을 정교화하는 과정에서 각기 다른 ㉡시각을 제시하며, 조선 유학에 새로운 방향성을 부여했다.
　이황은 사단을 본연지성인 이(理)의 발현으로, 칠정은 기질지성인 기(氣)와 밀접한 것으로 보아 사단을 순선한 도덕 감정으로, 칠정을 일상적 욕구나 감정으로 구분했다. 반면 기대승은 사단과 칠정 모두 이(理)와 기(氣)가 결합해 나타난 현상이라고 보고, 이황의 구분이 ㉢지나치게 절대적이라고 비판하였다.
　두 학자는 서신을 주고받으며 상호 비판과 보완을 ㉣거듭했고, 이를 통해 조선 성리학은 더욱 심도 있는 이론 체계를 갖출 수 있었다. 사단칠정 논쟁은 이후 퇴계학파와 고봉학파를 비롯한 여러 학문적 흐름에 큰 영향을 미쳤으며, 조선 유학이 독자적 사고 체계를 확립하는 중요한 토대를 마련한 논쟁으로 평가된다.

9. 윗글에서 추론한 내용으로 가장 적절한 것은?
① 이황은 기대승과 달리 이와 기를 다른 것으로 보았다.
② 기대승은 사단 또한 선하지 않을 수 있다고 보았다.
③ 동일한 사상적 배경에도 불구하고 이황과 기대승은 서로의 의견을 배척하였다.
④ 조선 유학은 사단칠정 논쟁을 기반으로 독자적인 체계를 확립하였다.

10. ㉠~㉣과 바꿔쓸 수 있는 유사한 표현으로 적절하지 않은 것은?
① ㉠: 논점으로
② ㉡: 식견을
③ ㉢: 과도하게
④ ㉣: 되풀이했고

[11 ~ 12] 다음 글을 읽고 물음에 답하시오.

　의식이란 자기 자신을 스스로 그려 보는 능력, 자신의 이미지를 스스로 ㉠창조할 수 있는 능력이다. 내가 생각하는 나 자신, 즉 자아상은 내 의식의 허락하에 존재하는 모습이다. 이때 곰곰이 자신에 대해 고찰한다면 자아가 가진 진짜 모습에 다가갈 수 있다. 반대로 의식을 제대로 할 수 없는 사람은 스스로 어떤 사람인지 정확하게 인지할 수 없다. 예를 들어 심각한 자폐증 환자의 경우 자아상 자체를 만들어 낼 수 없을뿐더러 자기가 누구인지도 인지하지 못한다. 그는 잠을 자는 사람과 마찬가지로 자기 자신이 누구인지에 대해 궁금해하지도 않고 알지도 못한다. 달리 말해, 자신을 되돌아보는 반성적인 의식은 자신의 ㉡개선할 점을 파악한 후 자아상을 (가)만들어 내는 과정이자 동시에 능력이다.
　이러한 반성적 의식으로 우리는 수동적으로 상황을 받아들이는 하나의 물건에 그치는 것이 아니라 능동적으로 욕망하는 개인이 될 수 있다. 자기 성찰의 의미 역시도 바로 이것에 있다. 스토아학파를 비롯한 몇몇 고대 그리스의 철학 학파들은 '지혜를 ㉢구축하는 자'들에게 하루의 삶 동안 자기의 목적에 조금이라도 더 도달하였는지, 혹은 멀어졌는지를 혼자 조용히 깊게 생각해 보길 권장했다. 고대 그리스 시대 이후 기독교는 자기 성찰을 종교적 수련법으로 사용하고 있다. 이때 교부 철학자들은 그리스 철학자들이 ㉣고안한 명상을 수행하는 사람의 특징을 밝혔고, 이는 복음의 복된 지혜의 이데아가 무엇인지 인식하는 데 의식을 주로 둬야 한다는 주장으로 이어졌다.

11. 윗글을 읽고 알 수 있는 내용으로 옳지 않은 것은?
① 의식은 스스로를 그리는 능력이기에 의식이 흐릿하면 자아상을 제대로 생성하지 못할 수 있다.
② 의식이 정상적인 사람이더라도 자아상은 실제 자아와 다를 가능성이 있다.
③ 몇몇 고대 그리스 철학파는 조용히 깊게 성찰하는 것이 능동적으로 욕망하는 것에 도움이 된다고 주장했다.
④ 기독교는 고대 그리스 철학자들과 성찰에 대한 입장을 달리해 명상보다 복음에 대한 갈망이 더 중요한 것이라 보았다.

12. 윗글의 ㉠~㉣ 중 문맥상 (가)의 의미와 가장 가까운 것은?
① ㉠
② ㉡
③ ㉢
④ ㉣

13. ㉠을 평가한 내용으로 적절한 것만을 〈보기〉에서 모두 고르면?

오스만 제국의 쇠퇴 원인을 설명할 때, 오랫동안 군사·경제적 낙후가 주요한 역할을 했다는 가설이 일반적으로 받아들여져 왔다. 서유럽이 해상 무역망을 확장하고 근대적 산업과 화포 기술을 발전시키는 동안, 오스만 제국은 변화에 뒤처져 영토 방어와 재정 운영 모두에서 한계를 드러냈다는 것이다.

그러나 최근에는 교역로 변화나 무기 발전이 아니라, 제국 내부의 정치·외교적 요인이 쇠퇴를 가속화했다는 ㉠<u>가설</u>이 제기되고 있다. 예컨대 중앙정부와 지방 세력 간의 알력, 관료 조직의 부정부패, 유럽 각국과의 외교적 마찰 등이 복합적으로 작용하여 결국 오스만 제국이 쇠퇴하게 되었다는 것이다.

〈보 기〉
ㄱ. 지방 총독과 군벌이 중앙정부의 명령에 불복종하고, 탈세나 지역 독립 움직임이 빈번했다는 문헌 기록은 ㉠을 강화한다.
ㄴ. 서유럽 국가와의 동맹 제의를 거부해 오스만 제국이 외교 고립을 자초했다는 기록은 ㉠을 강화한다.
ㄷ. 서유럽에서 발달한 무기 제조 기술과 산업 기반을 오스만 제국은 제때 수용하지 못했고, 이것이 국방력 후퇴를 불러왔다는 연구 결과는 ㉠을 강화한다.

① ㄱ
② ㄱ, ㄴ
③ ㄴ, ㄷ
④ ㄱ, ㄴ, ㄷ

14. 다음 글을 바탕으로 이해한 것이 적절하지 않은 것은?

동일 형태의 단어가 문장에서의 역할에 따라 다양한 품사로 혼용되어 사용되는 경우가 있는데, 이를 '품사 통용(通用)'이라고 한다. 예를 들어 "마라톤을 좋아하는 사람 다섯이 대회에 참가했다."에서의 '다섯'은 뒤에 조사가 붙으므로 수사이지만 "마라톤을 좋아하는 다섯 사람이 대회에 참가했다."에서의 '다섯'은 뒤의 체언을 수식하므로 관형사이다.

품사 통용을 하는 단어가 어떤 품사로 쓰였는지 판단하려면 예문이 필요하다. 예를 들어, 조사와 의존 명사로 통용하는 '뿐'은 조사일 때는 앞말에 붙여 쓰지만, 의존 명사일 때는 띄어 쓴다. 이때, '만큼'과 '대로'는 '뿐'과 같은 방식을 적용하여 구분한다. 또한 부사와 명사로 통용하는 '어제'와 같은 시간 표현은 용언을 직접 꾸미면 부사, 조사와 결합하여 쓰이면 명사로 본다. 의존 명사와 복수 접미사로 통용하는 '들'의 경우 두 종류 이상의 사물을 나열하는 경우에는 의존 명사이고 하나의 사물에 결합하는 경우에는 복수 접미사이다.

① '귤을 일곱 조각 먹었다.'의 '일곱'은 관형사이다.
② '네가 원하는 대로 해라.'의 '대로'는 의존 명사이다.
③ '오늘은 기다리던 내 생일이다.'의 '오늘'은 명사이다.
④ '바구니에 배들과 사과들이 있다.'의 '들'은 의존 명사이다.

15. 갑~병의 주장을 분석한 내용으로 적절하지 않은 것만을 〈보기〉에서 모두 고르면?

갑: 기후 변화는 현재 인류가 직면한 가장 심각한 문제이다. 하지만 사람들은 그 중요성을 제대로 인식하지 못하고 있다. 교육을 통해 기후 변화의 원인과 결과를 가르치면, 환경 보호에 대한 경각심을 높이고 지속 가능한 생활 방식을 실천하도록 유도할 수 있다. 예를 들어, 플라스틱 사용 줄이기, 에너지 절약, 대중교통 이용 등은 작은 행동이지만, 기후 위기를 완화하는 데 큰 영향을 미칠 수 있다.

을: 기후 변화 교육을 받아도 실제로 사람들이 실천하는 것은 별개의 문제이다. 기후 변화 문제는 교육을 통해 해결할 수 있는 문제가 아니다. 개인이 아무리 노력해도 기업과 정부 차원에서 정책을 바꾸지 않으면 기후 변화는 막을 수 없다. 오히려 기후 변화 교육에 자원을 투자하는 것보다, 신재생 에너지 개발이나 탄소 감축 정책을 강화하는 것이 더 효과적이다. 학생들이 환경을 생각하는 것도 중요하지만, 교육보다 실질적인 변화가 우선되어야 한다.

병: 기후 변화는 단순한 환경 문제가 아니라, 과학적이고 복잡한 사회적 문제이다. 이를 교육하면 과학적 사고력과 문제 해결 능력을 키울 수 있다. 또한, 기후 변화는 앞으로 우리 사회에 큰 영향을 미칠 것이므로, 미래 세대가 이에 대비할 수 있도록 교육을 제공하는 것이 필수적이다. 기후 변화로 인해 산업과 직업 구조도 바뀌고 있는데, 이런 변화를 미리 교육하면 학생들이 더 나은 미래를 준비할 수 있다.

〈보 기〉
ㄱ. 기후 변화 교육의 필요성에 대해 갑과 을의 주장은 대립한다.
ㄴ. 기후 변화 교육의 필요성에 대해 을과 병의 주장은 대립한다.
ㄷ. 기후 변화 교육의 필요성에 대해 병과 갑의 주장은 대립한다.

① ㄱ
② ㄷ
③ ㄱ, ㄴ
④ ㄴ, ㄷ

16. 다음 글을 논리적인 순서에 맞게 배열한 것은?

법률의 규정과 계약의 내용이 어긋날 때 어떤 것이 우선 적용되어야 하는가, 법적 불이익은 없는가 등의 문제가 발생한다.

ㄱ. 따라서 당사자들이 사법에 속하는 법률의 규정과 어긋난 내용으로 계약을 체결한 경우에 계약 내용이 우선 적용된다.
ㄴ. 사법은 원칙적으로 임의 법규이므로, 사법으로 규정한 내용에 대해 당사자들이 계약으로 달리 정하지 않았다면 법률의 규정이 적용된다.
ㄷ. 사법(私法)은 개인과 개인 사이의 재산, 가족 관계 등에 적용되는 법으로서 이 법의 영역에서는 '계약 자유의 원칙'이 적용된다.
ㄹ. 이처럼 법률상으로 규정되어 있더라도 당사자가 자유롭게 계약 내용을 정할 수 있는 법률 규정을 '임의 법규'라고 한다.

① ㄹ-ㄷ-ㄱ-ㄴ
② ㄷ-ㄹ-ㄱ-ㄴ
③ ㄹ-ㄴ-ㄷ-ㄱ
④ ㄷ-ㄱ-ㄹ-ㄴ

[17~18] 다음 글을 읽고 물음에 답하시오.

패러디는 기존의 작품을 비판적으로 수용하기 위해 의도적으로 재구성하는 기법이다. 패러디는 아리스토텔레스의 『시학』에 나올 만큼 기원이 오래된 용어이다. 서양에서는 ㉠호메로스의 「일리아스」를 패러디한 ㉡히포낙스의 시가 그 시초이다. 우리도 이를 고대 시가에서 찾을 수 있는데, ㉢「구지가」와 유사한 통사 구조로 지어진 ㉣「해가」가 그 예이다.

문학 작품은 독자에 의해 읽히고 다시 해석된다. 특히 독자가 문학 작품의 주제에 동의할 수 없거나 다른 관점을 지닐 경우, 독자는 자신의 시각에서 작품을 쓰고자 한다. 그러므로 패러디의 기본 태도는 비판 정신에 있다. 한편 패러디는 기존의 작품을 활용한다는 점에서 작가의 생각을 효율적으로 표현할 수 있는 방법이다. 원작이 문학사적으로 가치 있고 잘 알려진 작품일수록, 패러디는 창작의 가치를 인정받기 쉽다.

패러디는 원작과의 관계를 전제한다는 점에서 표절과 유사해 보이지만 패러디는 원작과의 공통점을 의도적으로 부각한다는 점에서 차이를 보인다. 패러디 작가는 원작의 소재, 구조 등을 활용하여 작품을 쓴다. 이는 독자가 원작과의 관계를 고려하면서 자신의 작품을 패러디로 읽게 하고자 한 것이다. 한편, 패러디는 원작과의 차이를 강조하기도 한다. 패러디 작가가 비판적 의식을 바탕으로 원작을 재구성하면서 드러나는 차이는 패러디 작품의 예술성을 평가하는 기준이 된다. 이러한 특성은 김춘수의 「꽃」과 이를 패러디한 오규원의 「꽃의 패러디」에서 잘 드러난다.

17. 윗글을 읽고 이해한 내용으로 적절하지 않은 것은?
① 패러디는 동서양의 문학에서 두루 쓰인 기법이었다.
② 패러디 작품이 잘 알려진 작품이면 원작의 가치를 인정받기 쉽다.
③ 패러디와 달리 표절은 원작과의 공통점을 의도적으로 부각하지 않는다.
④ 오규원의 「꽃의 패러디」는 원작을 재구성하면서 원작과의 차이점을 강조한 작품이다.

18. 윗글의 ㉠~㉣ 중 의미가 유사한 것끼리 짝지은 것은?
① ㉠, ㉡
② ㉠, ㉢
③ ㉢, ㉣
④ ㉡, ㉢, ㉣

19. 다음 개요의 빈칸에 들어갈 내용으로 적절한 것은?

서론: (㉠)
본론: 1. 문화는 가치관과 행동 방식의 차이를 결정하는 중요한 요소이다.
2. 최근 세계는 자신의 문화를 우월시하고 타문화를 배척하는 경향이 강하다.
3. 중동의 상황은 기독교 문화 대 이슬람 문화의 대결로 번지고 있다.
4. 우리나라도 문화적 세력권 사이의 다툼을 방관할 상황이 아니다.
결론: (㉡)

① ㉠: 문화마다 가치관의 차이가 있다.
   ㉡: 우리나라 문화와 타문화의 차이를 알아야 한다.
② ㉠: 타문화 배척이 중동전의 발발 원인이다.
   ㉡: 문화 충돌 상황을 조정할 중재자가 필요하다.
③ ㉠: 최근의 전쟁들은 문화 충돌 양상을 보인다.
   ㉡: 문화 자원의 잠재 가능성을 깨닫고 개발하자.
④ ㉠: 최근의 전쟁들은 문화 충돌 양상을 보인다.
   ㉡: 문화 충돌에 따른 부정적 영향에 대한 대비책을 마련해야 한다.

20. 다음 글의 밑줄 친 결론을 이끌어내기 위해 추가해야 할 것은?

피곤한 날에는 일찍 잔다. 일찍 자는 어떤 날에는 누워서 핸드폰을 하지 않는다. 따라서 <u>누워서 핸드폰을 하지 않는 어떤 날은 피곤한 날이다.</u>

① 일찍 자는 날은 피곤한 날이다.
② 일찍 자는 어떤 날은 피곤한 날이다.
③ 누워서 핸드폰을 하는 날은 피곤하지 않은 날이다.
④ 누워서 핸드폰을 하는 어떤 날은 피곤하지 않은 날이다.

국 어

1. <공공언어 바로 쓰기 원칙>에 따라 수정한 것으로 적절하지 않은 것은?

<공공언어 바로 쓰기 원칙>
○ 명료한 수식어구 사용
 - ㉠ 수식어구가 무엇을 수식하는지를 분명히 알 수 있는 표현을 사용함.
○ 외국어 번역 투 삼가기
 - ㉡ '~에 의해 ~되다'와 같은 어색한 피동 표현은 삼가야 함.
○ 어문 규범 지키기
 - ㉢ 모음으로 끝나거나 'ㄴ' 받침으로 끝나는 명사 뒤에는 '-율'을 쓰고, 그 밖의 경우에는 '-률'을 씀.
○ 불필요한 사동 삼가기
 - ㉣ '-하다'로 표현할 수 있는데도 불필요하게 '-시키다'를 써서 표현하는 것은 우리말답지 않은 표현임.

① "3킬로그램 정도의 과일 바구니"를 ㉠에 따라 "과일 3킬로그램 정도를 담은 바구니"로 수정한다.
② "그 건물은 유명 건축가에 의해 설계되었다."를 ㉡에 따라 "그 건물은 유명 건축가가 설계했다."로 수정한다.
③ "우리 반은 전교에서 출석률이 가장 높았다."를 ㉢에 따라 "우리 반은 전교에서 출석율이 가장 높았다."로 수정한다.
④ "○○청은 통계 서비스를 개선시킬 수 있는 방안을 모색하겠다고 밝혔다."를 ㉣에 따라 "○○청은 통계 서비스를 개선할 수 있는 방안을 모색하겠다고 밝혔다."로 수정한다.

2. 다음 글의 ㉠과 ㉡에 대한 평가로 옳은 것은?

정부는 최근 인터넷과 스마트 기기를 통해 지역과 시간의 제약 없이 교육을 받을 수 있는 원격 교육 확대 정책을 적극 추진하고 있다. 해당 정책을 통해 ㉠ 소외 계층을 대상으로 한 교육 기회가 늘어날 수 있으며, 학습용 소프트웨어, 화상 수업 시스템 등 에듀테크 관련 산업이 성장하여 새로운 일자리가 창출될 것이라는 전망이 제기된다.
그러나 ㉡ 디지털 기기에 대한 접근성이 낮거나, 가정 환경이 열악한 계층은 온라인 학습에 참여하기 어려워 교육 격차가 더욱 커질 수 있다는 우려와 함께 오프라인 학원·학교 운영이 위축되면서 현장 교사와 학원 종사자들의 고용 불안이 가중될 것이라는 부정적 전망도 함께 제기된다.

① 원격 교육 인프라 확충으로 소외 지역의 학습 기회가 늘었다는 조사 결과가 나온다면, ㉠은 약화된다.
② 정책 시행 이후 오프라인 학원 폐업이 급격히 늘어났다는 통계가 발표된다면, ㉡은 강화된다.
③ 에듀테크 산업 성장과 함께 원격 수업료가 인상되어 가정 환경에 따른 교육 격차가 발생하였다면, ㉠은 강화된다.
④ 원격 교육 플랫폼 이용자 수가 꾸준히 늘면서 관련 소프트웨어 개발 업체의 매출이 급증했다면, ㉡은 약화된다.

3. 다음 글의 내용으로 적절하지 않은 것은?

로마자를 표기할 때는 크게 전사법(轉寫法)과 전자법(轉字法)을 사용한다. 우리말은 전사법을 취한다. 전사법이란 발음을 로마자로 옮기는 방식이며, 전자법은 철자를 로마자로 옮기는 방식이다.
국어의 로마자 표기는 국어의 표준 발음법에 따라 적는 것을 대원칙으로 한다. 이때 'ㄱ, ㄷ, ㅂ'은 모음 앞에서는 'g, d, b'로, 자음 앞이나 어말에서는 'k, t, p'로 적는다. 또한 로마자 이외의 부호는 되도록 사용하지 않는다. 또한 음운 변화가 일어날 때에는 변화의 결과에 따라 로마자를 적는다는 원칙을 두고 있다. 예를 들어, '종로'를 'Jongro'라고 철자에 맞춰 표기하는 경우가 있다. 하지만 '종로'는 [종노]라고 발음하므로 표기도 발음에 따라 'Jongno'라고 하는 것이 적절하다. 이때 된소리되기는 로마자 표기에 반영하지 않으며, 발음상에 혼동의 우려가 있을 때는 음절 사이에 붙임표(-)를 쓸 수 있다.

<보 기>
ㄱ. 호법[호:법](Hobeop)
ㄴ. 낙동강[낙똥강](Nakdonggang)
ㄷ. 북악[부각](Bugak)
ㄹ. 중앙[중앙](Jung-ang)

① ㄱ의 '법'의 초성음 'ㅂ'과 종성음 'ㅂ'의 로마자 표기가 다른 것은 둘의 소리가 다르기 때문이다.
② ㄴ의 음운 변화가 일어날 때에는 변화의 결과에 따라 적는다는 기본 규정을 지킨 예이다.
③ ㄷ은 '북악'을 'Bukak'이라 적지 않고, 'Bugak'이라 적는 것은 전사법을 바탕으로 한 표기 방법이다.
④ ㄹ에서 붙임표(-)는 '중앙'을 '준강'으로 읽을 가능성을 차단하기 위한 것이다.

4. 다음 글의 ㉠ ~ ㉣ 중 어색한 곳을 찾아 가장 적절하게 수정한 것은

조선은 제후국으로써 종묘에서 정기적으로 조상 왕을 기리는 제사를 지냈으며 종묘제례악에 맞추어 일무라는 춤을 추었다. 일무란 행과 열을 맞추어 추는 춤으로 황제의 제사에는 팔일무, 제후의 제사에는 육일무를 추는 것이 원칙이었다. ㉠ 이에 따라 조선 왕조는 육일무를 거행했다. 일무의 종류에는 문무와 무무가 있다. 문무와 무무에는 정해진 순서가 존재하였기 때문에 ㉡ 문무를 먼저 춘 후에 같은 사람들이 무무를 추어야 했다. 일무를 추기 위해서는 손에 무구라는 도구를 들어야 했는데 문무를 추는 사람은 각각의 손에 모두 무구를 들어야 했다. 따라서 ㉢ 문무를 추는 자는 왼손에 피리를 들고 오른손에는 꿩 깃털을 들었다. 한편 중국 왕조는 무무를 거행할 때 활과 화살을 들게 하였다. ㉣ 이를 계승하여 조선 역시 활과 화살을 무구로 사용하였다. 다만 무무를 출 때 검과 창 하나씩만을 잡은 채 춤을 추게 하였다.

① ㉠: 이에 따라 조선 왕조는 팔일무를 거행했다
② ㉡: 문무를 출 때는 무무보다 화려한 옷을 입었다
③ ㉢: 문무를 추는 자는 왼손에만 피리와 꿩 깃털을 들었다
④ ㉣: 이에 비해 조선에서는 활과 화살을 무구로 쓰지 않았다

5. <보기>의 ㉠~㉡에 들어갈 말을 적절하게 나열한 것은?

반어와 역설은 작가가 작품에서 자신의 생각이나 감정을 효과적으로 전달하기 위해 사용하는 표현 기법이다.
반어는 표현하고자 하는 의도와 반대로 진술하는 것이다. 이는 표면적으로 의미가 성립하지만, 표면적 의미와는 반대로 해석해야 한다. 가령, 엄마가 그릇을 깬 나에게 "참 잘했어."라고 했다고 해 보자. 이 말은 표면적으로는 의미가 성립한다. 그러나 이는 엄마가 나에게 칭찬하고자 한 말이 아니라, 반어를 사용하여 비난하고자 하는 의도를 반대로 진술한 것이다.
역설은 겉으로 보기에는 모순된 표현이지만, 그 이면에 있는 진실을 드러내는 기법이다. 이에 대한 대표적인 예가 한용운의 「님의 침묵」 속 '아아 님은 갔지마는 나는 님을 보내지 아니하였습니다'이다. 이는 모순된 표현처럼 보이지만, 임과의 재회에 대한 화자의 강렬한 신념을 표현하고자 한 것이다.

──────< 보 기 >──────

바싹바싹(사각사각) 거리는 모래가 있는 벼랑에
군밤 닷 되를 심습니다.
그 밤이 움이 돋아 싹이 나야만
사랑하는 임과 이별하겠습니다.

이 시의 화자는 임과 이별하겠다는 의지를 드러내고 있다. 하지만 이는 모래 벼랑에 심은 구운 밤이 싹이 나야만 임과 이별하겠다는 (㉠)적 상황을 설정하여, 임과 이별하지 않겠다는 의지를 (㉡)적으로 표현한 것이다.

　　㉠　　　㉡
① 반어　　 역설
② 역설　　 반어
③ 반어　　 반어
④ 역설　　 역설

6. ㉠에 들어갈 말로 가장 적절한 것은?

아파트 단지 등에서 흔히 보이는 과속 방지용 둔덕을 통해 기술이 인간에게 어떤 역할을 수행하는지를 설명할 수 있다. 운전자들은 도로에 설치된 둔덕 앞에서 자연스럽게 속도를 줄인다. 그런데 운전자가 이렇게 하는 이유는 이웃을 생각해서가 아니라, 빠른 속도로 둔덕을 넘으면 차에 무리가 가기 때문이다. 즉 둔덕은 "타인을 위해 과속하면 안 된다"는 도덕적 심정을 "과속을 하면 내 차에 고장이 날 수 있다"는 이기적 태도로 바꾸는 역할을 한다. 이에 어떤 학자는 과속 방지용 둔덕을 '잠자는 경찰'이라 부르기도 했다. 이렇게 (㉠)

① 기술은 인간에게 특정한 제한을 가함으로써 인간의 삶을 제약한다.
② 기술은 사람들의 도덕적인 태도를 발휘하게 해 주는 기능을 수행한다.
③ 행위자로서의 기술은 인간이 사전에 규정하지 않은 부분까지 개입함으로써 능동적 역할을 수행한다.
④ 기술은 기존에 인간이 수행하던 역할을 대신 수행함으로써 우리 사회의 훌륭한 행위자가 된다.

7. 다음 글의 내용과 부합하는 것은?

사람들은 언어를 사용할 때 일반적으로 관습에 따라 어휘, 문장, 텍스트 등을 구성한다. 따라서 언어에는 관습을 만든 사람의 상상력이 반영된다. 그런데 사람들은 현재 사고의 틀에 따라 말하기도 한다. 따라서 언어에는 관습뿐만 아니라 현재의 상상력도 포함되어 있다. 즉, 언어에는 과거와 현재를 아우르는 상상력이 녹아 있는 것이다.
우선 중세 때는 단어를 형성할 때 다양한 언어적 상상력을 사용하였다. 예를 들어, '꿩의다리, 닭의난초, 김의털'과 같은 식물 이름은 기존 사물과의 형태 유사성을 통해 이름을 지었다. 또한 '딜새, 쇠붑, 고구마' 등은 기존에 존재하던 사물명에서 유추하여 새로운 사물명을 지었다.
문장 단위에서는 심리 형용사 구문을 통해 중세 시대의 상상력을 알아볼 수 있다. 우리는 보통 인간만이 특정한 심리(정서나 느낌)를 갖는다고 생각해서 심리 형용사 구문의 주어로는 인간이 쓰이는 것이 자연스럽다고 생각한다. 그러나 중세인들은 정서나 느낌이 인간의 마음과 뜻을 통해서 이루어진다고 생각하였다. 따라서 심리 형용사의 주어로 경험을 하는 주체인 인간보다 'ᄆᆞᅀᆞᆷ(마음)'과 'ᄠᅳᆮ(뜻)'이 쓰였다.
문장 이상의 단위에서는 높임법에 대해 생각해 볼 수 있다. 중세 국어에서는 현대 국어에 비해 높임법이 발달된 모습을 보여 주는데, 이러한 현상을 계급 질서가 반영된 것으로 보기도 한다. 하지만 이에 대한 타당성이 부족하다. 예컨대, 인도는 우리나라보다 더 철저한 계급 사회였다. 하지만 인도어에는 우리말보다 더 높임법이 발달되었다거나 엄격하게 실현되어 있지 않다. 따라서 중세 국어의 높임법에는 중세 국어의 높임법에는 높임의 여부를 중시하는 중세인들의 상상력이 반영된 것으로 보는 것이 적절하다.

① 현재와 과거를 아우르는 상상력은 단어 단위에서 잘 드러난다.
② 현재의 상상력은 관습의 영향으로 인해 틀에 갇히기 쉽다.
③ 중세 국어의 높임법에는 그 시대의 계급 질서가 반영되었다.
④ 과거에는 새로운 사물을 명명할 때 기존의 사물명에 바탕을 두기도 했다.

8. 다음의 내용이 참일 때, 반드시 참이라고 할 수 있는 것은?

㉠ 프로젝트 B를 개발하기 위한 자원이 충분하지 않을 때에만 프로젝트 C를 개발하기 위한 자원이 충분하다.
㉡ 프로젝트 C를 개발하기 위한 자원과 프로젝트 A를 개발하기 위한 자원이 모두 불충분한 것은 아니다.
㉢ 프로젝트 B를 개발하기 위한 자원이 충분하지 않다면, 프로젝트 A를 개발하기 위한 자원도 부족하다.
㉣ 프로젝트 A의 개발을 위한 자원이 부족하다.

① 프로젝트 B를 개발하기 위한 자원은 충분하다.
② 프로젝트 C를 개발하기 위한 자원은 불충분하다.
③ 프로젝트 C를 개발하기 위한 자원은 충분하다.
④ 프로젝트 A를 개발하기 위한 자원이 충분하다면, 프로젝트 C를 개발하기 위한 자원도 충분하다.

[9 ~ 10] 다음 글을 읽고 물음에 답하시오.

> 진시황제는 중국 최초의 통일 제국인 진(秦)나라를 세운 군주로, 기원전 3세기 말, 춘추전국시대가 막바지에 달하던 시기에 진나라 군주로 즉위하였다. 그는 한(韓)·위(魏)·조(趙)·연(燕)·초(楚)·제(齊) 등 강력한 제후국들을 차례로 정복하였고, 마침내 기원전 221년 중국 전역을 통일하고 강력한 중앙집권 ㉠체제를 구축하였다.
> 진시황제는 분서갱유와 같은 강압적 정책을 통해 엄격한 사상 통제를 시행하였고, 군현제를 통해 전국을 직할 통치하는 구조를 완성했다. 또한 도량형과 화폐, 문자 등을 통일하고 도로망을 확충함으로써 경제 활동과 교류를 촉진하였다. 만리장성의 축조와 아방궁 건설과 같은 대규모 토목, 건설 사업 역시 그의 치세에 이루어졌으며, 법가 사상에 기초한 ㉡엄격한 법 집행을 통해 질서를 유지하고자 했다.
> 그러나 지나치게 가혹한 통치와 무거운 부역은 백성의 불만을 야기했고, 진시황제 사후 얼마 지나지 않아 진나라는 각지의 봉기와 항거로 분열의 길을 걷게 되었다. 짧은 치세였지만, 진시황제의 업적은 이후 중국 왕조들이 중앙집권적 통치 질서를 ㉢마련하는 데 큰 모범이 되었다. 통일된 문자와 제도는 오랜 세월 동안 유지되어 중국 전체가 문화·정치적으로 일원화되는 ㉣토대를 마련했으며, 이는 동아시아 역사 발전에도 많은 영향을 미쳤다.

9. 윗글에서 추론한 내용으로 가장 적절한 것은?
  ① 강력한 중앙집권으로도 각지의 봉기와 항거를 막을 수 없었다.
  ② 군현제로 인해 진나라의 백성은 무거운 부역을 부담하였다.
  ③ 진시황제는 엄격한 사상 통제로 법가 사상만을 인정하였다.
  ④ 진시황제가 통일한 문자와 제도들은 중국에만 영향을 미쳤다.

10. ㉠ ~ ㉣과 바꿔쓸 수 있는 유사한 표현으로 적절하지 않은 것은?
  ① ㉠: 체계를
  ② ㉡: 과격한
  ③ ㉢: 갖추는
  ④ ㉣: 기초를

[11 ~ 12] 다음 글을 읽고 물음에 답하시오.

> 각국 중앙은행은 정책적으로 시장금리를 조정하는데, 시장금리는 자산 가격에 영향을 미치고, 자산 가격 변동은 다시 가계의 소비나 기업의 투자에 영향을 미치게 된다. 시장금리가 하락하면 주식이나 부동산 가격이 상승하는데, 이에 대한 설명은 학자들 간에 차이가 있다.
> 통화론자들은 시장금리 인하에 따라 이자 부담이 줄어 대출 규모가 증가하고, 이에 따른 통화량 증대에 의해 비현금성 자산의 수요가 증가하여 자산 가격이 상승한다고 본다.
> 반면 케인스주의자들은 채권 가격이 시장금리와 반대로 움직이는 점에 주목하여, 시장금리가 인하되면 채권 가격이 상승하여 채권과 대체 관계에 있는 자산의 수요가 증가하므로 주가와 부동산 가격과 같은 자산 가격이 상승한다고 본다. 따라서 가계가 보유한 주식이나 부동산 가격이 상승한다면 가계는 해당 자산의 매각을 통한 이득을 통해 소비를 증가시킬 수 있다. 또한 해당 자산을 담보로 은행에서 더 많은 자금을 ㉠빌려 이를 소비 재원으로 활용할 수도 있다. 다만 자산의 가격 하락과 같은 불확실성을 염두에 두어 소비를 증가시키지 않는 가계 비율이 높다면 소비가 실제로 증가하지 않을 가능성도 있다.

11. 윗글의 내용에 부합하지 않는 것은?
  ① 시장금리가 인하되면 자산 가격이 상승한다.
  ② 시장금리가 인상되면 채권 가격이 하락한다.
  ③ 자산 가격의 상승은 해당 자산의 매각을 통해서만 가계의 소비에 영향을 미친다.
  ④ 금리를 인하하더라도, 자산 가격 하락과 같은 불확실성이 존재한다면 소비가 증가하지 않을 수 있다.

12. 문맥상 ㉠의 의미와 가장 가까운 것은?
  ① 나는 도서관에서 책을 빌렸다.
  ② 일손을 빌려서야 일을 마칠 수 있었다.
  ③ 이 자리를 빌려 감사의 말씀을 드립니다.
  ④ 신문에서는 이 사건을 고위 관리들의 말을 빌려 보도했다.

13. ㉠을 평가한 내용으로 적절한 것만을 <보기>에서 모두 고르면?

> K국 심리학자 김 박사는 스마트폰 이용 시간이 늘어날수록 인간의 인지 기능, 특히 단기 기억력과 주의 집중력이 저하될 수 있다는 ㉠가설을 제시하였다. 그는 스마트폰에 의존해 정보를 검색하는 일이 잦아지면, 기억과 사고력을 스스로 훈련하는 기회가 줄어들고, SNS나 각종 알림 등으로 주의력이 산만해져 집중력이 떨어진다고 설명한다.
> 반면 일부 전문가들은 스마트폰으로 즉시 정보를 찾아낼 수 있으므로, 오히려 한정된 뇌 자원을 절약해 창의적 사고에 투자할 수 있으며, 스마트폰 학습 앱을 적절히 활용하면 기억력과 인지 능력을 향상할 수 있다고 주장한다. 예컨대 스마트폰을 활용한 언어 학습, 뇌 훈련 게임 등은 실제 실험에서 참가자의 학습 효율을 높이는 결과를 보였다는 연구도 보고되고 있다.
> 그럼에도 알림에 즉각적으로 반응해야 하는 스마트폰 특유의 특성 때문에, 집중이 필요한 과제를 수행하는 중간에도 자꾸 흐름이 끊겨 온전한 몰입 상태에 도달하기 어렵다는 지적이 계속 나오고 있다.

<보 기>

ㄱ. 스마트폰을 활용한 두뇌 훈련 게임을 매일 10분씩 4주간 활용한 집단이, 기존 학습 방식만 사용한 대조군보다 시·공간 기억 과제에서 더 높은 향상도를 보였다는 연구는 ㉠을 강화한다.
ㄴ. 스마트폰을 활용한 정보 검색을 금지한 수업이 이를 허용한 수업보다 수업 참여도는 향상되었으나 학업 성취도는 유의미하게 낮아졌다는 사실은 ㉠을 약화한다.
ㄷ. 스마트폰으로 알림이 올 때마다 곧바로 확인하는 경우 소음 차단 헤드폰을 사용했을 때보다 과제 해결에 필요한 시간이 평균 30% 증가했다는 연구 결과는 ㉠을 강화한다.

① ㄱ
② ㄱ, ㄴ
③ ㄴ, ㄷ
④ ㄱ, ㄴ, ㄷ

4. 다음 중 밑줄 친 부분이 접두사가 아닌 것은?

> 파생어는 단어를 분석할 때, 실질적 의미를 나타내는 중심이 되는 부분인 어근과 단독으로 쓰이지 아니하고 항상 다른 어근이나 단어에 붙어 새로운 단어를 구성하는 부분인 접사로 이루어진 단어이다. 이때 파생어를 만드는 방법은 크게 접두사에 의한 단어 파생법과 접미사에 의한 단어 파생법으로 나눌 수 있다. 이때 접두사를 관형사와 구분하는 것이 어려울 수 있다. 관형사란 체언 앞에 놓여서, 그 체언의 내용을 자세히 꾸며 주는 품사인데, 이 둘을 구분하는 것이 어려운 경우에는 다른 단어의 삽입 가능 여부를 통해 구분할 수 있다. 관형사와 체언 사이에는 다른 단어가 들어갈 수 있으므로 다른 단어를 삽입할 수 있으면 관형사, 삽입할 수 없으면 접두사이다.

① 아이는 덧+니가 드러나게 웃었다.
② 그는 종갓집 맏+아들로 태어났다.
③ 우리는 화초를 맨+땅에 심었다.
④ 학생들은 학교에서 새+책을 받았다.

15. 갑~병의 주장을 분석한 내용으로 적절한 것만을 <보기>에서 모두 고르면?

> 갑: 강력 범죄자의 신상을 공개하는 것은 국민이 자신의 안전을 보호할 권리를 보장하는 것이다. 예를 들어, 우리나라에서는 성범죄자 알림e 서비스와 같은 시스템을 통해 국민들이 주변 범죄자 정보를 알고 스스로 대비할 수 있도록 하고 있다. 또한 범죄자의 신상을 공개하면 사회적 감시가 가능해지고, 재범 방지 효과도 기대할 수 있다.
> 을: 신상 공개가 범죄 예방 효과를 확실히 보장하는 것은 아니다. 일본은 강력 범죄자의 신상을 공개하지 않지만 재범율이 낮다. 이는 신상 공개보다 사회 복귀를 돕는 정책이 더 효과적일 수 있다는 점을 시사한다. 오히려 신상 공개로 인해 사회적 낙인이 찍히면 정상적인 삶을 살기 어려워져 재범 가능성이 높아질 수 있다.
> 병: 신상 공개는 잠재적 범죄자들에게 강한 경고가 될 수 있다. 우리나라에서는 어떤 강력 범죄자의 신상을 공개한 이후, 그 계열의 강력 범죄가 줄어들었다는 통계가 있다. 이는 범죄자들의 신상 공개가 그들이 다시 범죄를 저지르지 않도록 경각심을 준다는 것을 의미한다.

<보 기>

ㄱ. 강력 범죄자 신상 공개에 대해 갑과 을의 주장은 대립한다.
ㄴ. 강력 범죄자 신상 공개에 대해 을과 병의 주장은 대립한다.
ㄷ. 강력 범죄자 신상 공개에 대해 병과 갑의 주장은 대립한다.

① ㄱ
② ㄷ
③ ㄱ, ㄴ
④ ㄱ, ㄴ, ㄷ

16. 다음 글을 논리적인 순서에 맞게 배열한 것은?

> ㄱ. 헌법상 종교의 자유를 제한하는 경우에는 두 가지 경우가 있다. 하나는 특정 종교에 대해서만 특수한 이유로 특별법을 제정해 제한하는 경우다.
> ㄴ. 그러나 순수하게 종교 단체의 내적인 문제일 경우 대체로 종교의 자율권이 인정되고 있다.
> ㄷ. 또 하나는 형법, 문화재 관리법 등 일반법에 의하여 종교의 자유를 제한하는 경우이다. 두 가지 형식 모두 위헌 시비가 있을 수는 있지만, 대체로 그 행위 자체가 올바른 종교의 자유를 행사하는 것이라고 보지 않는 경우에 적용된다.
> ㄹ. 국가의 안보, 질서 유지 및 공공복리와 관련한 문제가 발생한 경우 헌법상의 종교의 자유보다 일반법에 의한 규제가 행해지는 경우가 많다.
> ㅁ. 다만, 꼭 제한을 해야 할 경우라면 법적 규제가 종교에 가하는 부담과 그 규제를 통하여 얻어지는 공공 이익을 비교하여 법적 규제의 여부와 그 정도가 결정되기도 한다.

① ㄱ-ㄷ-ㄹ-ㄴ-ㅁ
② ㄱ-ㄹ-ㅁ-ㄴ-ㄷ
③ ㄱ-ㄹ-ㄷ-ㄴ-ㅁ
④ ㄱ-ㄷ-ㄹ-ㅁ-ㄴ

[17~18] 다음 글을 읽고 물음에 답하시오.

> 시 안의 공간은 화자가 실제로 존재하고 있는 ⊙현실 공간과 화자가 마음속으로 상상하고 있는 의식 공간으로 나눌 수 있다. 여기서 의식 공간은 ⓒ회상 공간과 ⓒ상상 공간으로 나눌 수 있다. 전자는 화자가 과거에 경험한 곳이지만, 후자는 화자가 경험해 보지 않은 곳이다. 한 편의 시에는 하나의 공간만 나올 수도 있고, 여러 공간이 섞여 나올 수도 있다.
> 시 안의 공간은 여러 가지 기능을 수행한다. 현실 공간은 화자가 처해 있는 상황을, 의식 공간은 화자의 심리와 정서를 드러낸다. 그중 회상 공간은 화자의 그리움이나 안타까움과 같은 정서를 드러낸다면, 상상 공간은 화자가 지향하는 바를 드러낸다. 또한 시 안의 공간은 독자가 작품의 상황에 대해 특정 정서를 느끼도록 유도하거나, 시적 대상이나 상황에 대한 화자의 태도나 인식을 암시하는 경우도 있다.
> 박재삼의 「추억에서」는 진주 장터 생어물전과 ⓔ골방이라는 공간을 바탕으로 어머니의 한스러운 삶과 궁핍하고 외로웠던 화자의 유년 시절을 회상하고 있는 시이다. 이때 제목 「추억에서」의 '추억'은 슬프고 안타까운 어린 시절에 대한 회고를 말한다. 생어물전과 골방이라는 어둡고 쓸쓸한 시적 공간을 통해 어머니의 한스러운 삶과 어머니에 대한 화자의 안타까움을 드러내고 있다.

17. 윗글을 읽고 이해한 내용으로 적절하지 않은 것은?
① 의식 공간은 모두 화자가 경험해 보지 못한 공간들이다.
② 현실 공간을 통해 독자가 특정 정서를 느끼도록 유도할 수 있다.
③ 의식 공간을 통해 시적 대상이나 상황에 대한 화자의 태도를 암시할 수 있다.
④ 「추억에서」의 화자는 시 안의 공간을 바탕으로 어린 시절에 대한 기억을 떠올리고 있다.

18. 윗글의 ⊙~ⓔ 중 지시하는 바가 같은 것끼리 짝지은 것은?
① ⊙, ⓒ
② ⓒ, ⓒ
③ ⓒ, ⓔ
④ ⓒ, ⓔ

19. <보기>를 참고하여 개요를 수정할 때 가장 적절한 것은?

음식물 쓰레기를 줄이는 법
1. 식품을 구매하기 전
  가. 일정 기간 식단을 미리 짠다.
  나. 남은 식재료를 고려해 필요한 것들을 메모한다.
2. 식품을 구매할 때
  가. 충동구매를 하지 않는다.
  나. 필요한 재료를 필요한 만큼만 산다.
  다. 저장 기간을 따져가며 산다.
3. 조리할 때
  가. 가족 인원수에 알맞은 분량만 조리한다.
  나. 음식의 간은 짜지 않게 조절한다.
4. 쓰레기 배출할 때
  가. 음식물 쓰레기는 반드시 분리해서 배출한다.
  나. 쓰레기봉투는 작은 크기를 쓴다.

─<보 기>─
ㄱ. 음식물 쓰레기의 약 1/10은 보관만 하다 못 먹은 식재료입니다.
ㄴ. 푸짐한 상차림과 국물 음식을 즐기는 우리의 문화 때문에 음식물 쓰레기가 매년 늘고 있습니다.
ㄷ. 과일 껍질은 물기 제거 후 폐기하면 쓰레기의 양도 줄이고 과일 향이 퍼져 집 안이 향긋해집니다.

① ㄱ을 고려해 '1-나'는 '남은 식재료로 조리한다.'로 고친다.
② ㄱ을 고려해 '2'에 '냉장고를 정기적으로 정리한다.'를 추가한다.
③ ㄴ을 고려해 '3-가'를 '국과 찌개의 국물은 되도록 적게 잡는다.'로 고친다.
④ ㄷ을 고려해 '4'에 '과일 껍질 등 물기가 있는 음식물 쓰레기는 건조 후 배출한다.'를 추가한다.

20. 다음 글의 밑줄 친 결론을 이끌어내기 위해 추가해야 할 것은?

> 기온이 영하인 날에는 산책을 하지 않는다. 산책을 하지 않는 어떤 날에는 아이스 아메리카노를 마시지 않는다. 따라서 <u>아이스 아메리카노를 마시지 않는 어떤 날의 기온은 영하이다.</u>

① 기온이 영하라면 산책을 한다.
② 산책을 하지 않는 날은 모두 기온이 영하이다.
③ 산책을 하지 않는 어떤 날의 기온은 영하이다.
④ 아이스 아메리카노를 마시는 어떤 날에는 산책을 하지 않는다.

국 어

1. <공공언어 바로 쓰기 원칙>에 따라 <공문서>의 ㉠~㉣을 수정한 것으로 적절하지 않은 것은?

<공공언어 바로 쓰기 원칙>
○ 생소한 외래어나 외국어는 우리말로 다듬을 것.
○ 주어와 서술어를 호응시킬 것.
○ 조사, 어미, '-하다' 등을 지나치게 생략하지 말 것.
○ 목적어와 서술어를 호응시킬 것.

<공문서>
청소년 멘토링 프로그램 우수 멘토 초청 행사
- ○○시, 우수 멘토 초청하여 멘토링 ㉠토크 콘서트 개최 -

□ ○○시는 3월 22일, 우수 멘토들을 초청하여 ○○시의 한 카페에서 행사를 진행하였다.
□ 이번 행사에서는 ○○시 청소년지원 센터장이 우수 멘토들에게 ㉡감사패를 수여하였다.
□ 이어서 멘토들은 자신이 겪었던 ㉢멘토링 경험을 공유, 청소년 지원에 대한 다양한 궁금증을 나누는 시간을 가졌다.
□ 한 멘토는 "멘토링은 나에게도 큰 의미가 있고, 멘티가 성장하는 ㉣모습과 보람을 느낀다"라며 "이 일은 많은 사람들의 도움 덕분에 가능했다"라고 말했다.

① ㉠: 이야기 공연
② ㉡: 감사패가 수여되었다
③ ㉢: 멘토링 경험을 공유하며
④ ㉣: 모습을 보며 보람을 느낀다

2. 다음 중 음운의 개수가 가장 많은 것은? (단, 이중 모음은 학교 문법을 따를 것)

음운은 단어의 뜻을 구별해 주는 소리의 가장 작은 단위이다. 이러한 음운의 개수를 셀 때는 주의해야 할 점이 있다. 우선 초성의 'ㅇ'의 경우 음가가 없으므로 음운으로 인정하지 않으며, 비분절 음운의 경우 경계가 모호하므로 숫자에서는 제외된다. 그리고 'ㄲ, ㄸ, ㅃ, ㅆ, ㅉ'와 같은 된소리는 한 개의 음운으로 센다.
이중 모음의 경우, 이중 모음 자체를 하나로 보는 관점도 있으나, 현재 학교 문법은 이중 모음을 두 개의 음운으로 본다. 예를 들어 '국화'는 [구콰]로 발음되는데, 국화의 음운은 'ㄱ, ㅜ, ㅋ, ㅘ(ㅗ+ㅏ)'로 총 5개이다.

① 과일[과일]
② 음악[으막]
③ 깎는[깡는]
④ 밟다[밥:따]

3. 다음 내용을 참고할 때 밑줄 친 단어 중 이질적인 것은?

본용언은 본래의 뜻을 가지고 있으며, 자립적으로 문장의 서술어가 되는 용언이고, 보조 용언은 자립성이 희박하여 홀로 쓰이지 못하고 본용언 뒤에 붙어서 그 뜻을 도와주는 용언이다. 그러므로 해당 문장에서 본용언을 생략하면 문장이 성립되지 않거나 문장의 의미가 왜곡되지만, 보조 용언은 생략해도 문장이 성립되며 의미가 크게 변하지 않는다. 이런 점에 착안하여 본용언과 보조 용언을 구별할 수 있다.

① 그는 모자를 쓰고 있다.
② 학원에 서둘러 갔다.
③ 그에게 새 소식을 말해 주었다.
④ 내 말 좀 들어 봐.

4. ㉠을 평가한 내용으로 적절한 것만을 <보기>에서 모두 고르면?

역사학자 A는 잉카 문명이 무너진 원인을 두고 스페인 정복자들이 도착하기 훨씬 전, 유럽에서 전래된 천연두가 잉카 제국 전역으로 퍼지면서 인구의 상당수가 목숨을 잃었고, 이로 인해 통치 구조가 약화되었다는 ㉠가설을 제시한다.
그에 따르면, 천연두의 대유행으로 잉카 황제와 왕족 일부가 급사하면서 후계 구도가 불안정해졌고, 제국 곳곳에서 군벌이 난립했다. 이때 스페인이 도착해 상대적으로 적은 병력으로도 잉카의 수도 쿠스코를 장악할 수 있었다는 것이다.
그러나 다른 학자들은 이미 내분과 지방 반발이 심화된 상태였고, 스페인 정복 군대가 지닌 강력한 무기와 군사 전술이 결정적이었다고 본다. 즉, 전염병은 하나의 요인에 불과하며, 황금에 대한 유혹과 동맹 부족 간 갈등을 교묘하게 이용한 스페인의 침략 전략이 잉카 제국 몰락의 직접적 원인이었다는 것이다.

<보 기>
ㄱ. 잉카 황제 후계자 둘이 거의 동시에 천연두로 사망하자, 후계 문제로 제국 내 내전이 벌어졌고 지방 세력의 이탈이 가속화되었다는 역사 기록은 ㉠을 강화한다.
ㄴ. 잉카 제국의 잔인한 통치와 가혹한 수탈 제도로 인해 주변 부족들의 반란이 빈번했다는 사실은 ㉠을 강화한다.
ㄷ. 스페인이 쿠스코를 점령하기 전, 잉카군 가운데 수만 명이 천연두로 목숨을 잃었다는 역사 기록은 ㉠을 약화한다.

① ㄱ
② ㄱ, ㄴ
③ ㄴ, ㄷ
④ ㄱ, ㄴ, ㄷ

5. 다음 명제가 모두 참일 때, 빈칸에 들어갈 명제로 가장 적절한 것은?

○ 계획을 세우지 않으면 목표를 이룰 수 없다.
○ _____
○ 결론: 계획을 세워야만 우선순위를 정할 수 있다.

① 계획을 세웠다면 우선순위를 정할 수 있다.
② 우선순위를 정할 수 있다면 목표를 이룰 수 있다.
③ 우선순위를 정할 수 없다면 목표를 이룰 수 없다.
④ 우선순위를 정할 수 있어야만 목표를 이룰 수 있다.

6. <보기>의 '형'이 욕망하고 있는 것으로 가장 적절한 것은?

　　소설에는 3개의 욕망이 있다. 먼저, 소설가의 욕망이다. 이는 세계를 변화시키려는 욕망과 같다. 소설가는 자신의 욕망에 따라 소설 속 세계를 바꾸려고 한다. 다음은 소설 속 주인공들의 욕망이다. 주인공들은 소설가의 욕망을 반영한 형태나 그에 반대되는 형태로 자신의 욕망을 드러내고 이에 맞춰 세계를 바꾸려 한다. 마지막은 독자의 욕망이다. 독자는 소설을 읽으며 앞선 두 욕망을 느낀다. 그리고 독자의 욕망과 다른 욕망들의 충돌로 인해 독자는 소설 속 인물이나 소설을 부인하거나 그를 모방하는 형태로 자신의 욕망을 드러낸다. 주인공들을 괴롭게 하는 것이 무엇인지, 나도 그 괴로움을 느낄 수 있는지, 또는 주인공들을 기쁘게 하는 게 무엇인지, 나도 그 기쁨에 동참할 수 있는지 등을 따지는 것이 독자가 욕망을 드러내는 방식이다.

<보 기>

　　이청준의 「병신과 머저리」는 형제의 이야기이다. 형제 중 형은 6·25 전쟁에서 위생병으로 참전했었고 이때 동료를 죽인 적이 있다고 술김에 동생에게 고백한다. 전쟁 후 의사로 일하던 형은 자신의 환자가 죽자 그 이후 방에 박혀 소설을 쓴다. 동생인 '나'는 형의 소설이 형의 고백을 구체화한 것임을 알게 된다. 형의 소설에서는 형과 중사인 오관모, 김 일병이 나온다. 오관모는 평소에 김 일병을 뒤에서 성적으로 괴롭혀 왔다. 하루는 형이 통나무를 구해오는 길에 오관모의 괴롭힘을 목격하지만 형은 이에 대해 침묵한다. 그러던 어느 날 김 일병이 중공군에 의해 부상을 입어 혼자 몸을 가누지 못하게 된다. 그리고 오관모는 식량을 아낀다는 명분에 그를 죽이겠다고 한다. 형은 김 일병이 죽은 사람처럼 허공을 응시하며 눈물을 흘리는 것을 보고는 그가 죽어도 좋다고 생각한다. 그리고 형의 소설은 이곳에서 더 이어지지 않았다.

① 소설가로서 성공하고 싶은 욕망
② 의사로서의 삶을 포기하고 싶은 욕망
③ 죄책감에서 벗어나고 싶다는 욕망
④ 오관모를 죽이고 싶다는 욕망

7. 다음 글의 ㉠~㉣ 중 어색한 곳을 찾아 가장 적절하게 수정한 것은?

　　활성산소는 노화나 질병을 일으키므로 건강을 지키기 위해서는 ㉠활성산소를 제거하는 항산화 물질을 섭취해야 한다. 모든 찻잎에는 카데킨이 있는데 이는 주요 항산화 물질이며 비산화차로 분류되는 녹차에 함유되어 있다. 하지만 산화차인 홍차는 제조 과정에서 산화 과정이 일어나 카데킨이 테아플라빈과 테아루비딘이라는 항산화 물질로 전환된다. 이 두 물질은 ㉡홍차의 색상과 맛을 내는 것에 주된 영향을 미친다. 테아플라빈은 산화가 시작될 때만 생기는 물질이다. 이는 차의 색을 오렌지색으로 변화시킨다. 산화가 오래 진행되면 테아루비딘이 나타나는데 이는 차가 부드럽고 감미로운 맛을 내도록 한다. 이때 중국 홍차는 인도 홍차보다 긴 산화 과정을 거치므로 ㉢더 부드럽고 감미로운 맛을 내게 된다. 그리고 이러한 차를 마시는 것은 건강을 지키기 위해 좋은 습관이 된다. ㉣모든 차에는 테아플라빈과 테아루비딘이 포함되어 있기 때문이다.

① ㉠: 정기적으로 운동을 하여 활성산소를 제거해야 한다
② ㉡: 홍차의 가격을 결정하는 데에 핵심적인 역할을 한다
③ ㉢: 더 진한 오렌지색 계통의 금색을 띠게 된다
④ ㉣: 모든 찻잎에는 카데킨이 포함되어 있기 때문이다

8. 다음 글의 ㉠과 ㉡에 들어갈 말을 적절하게 나열한 것은?

　　존 로크는 영국의 정치철학자로서, 자유주의 사상 형성에 지대한 공헌을 했다. 그의 대표작 「정부론」에서 자연권과 사회계약, 그리고 저항권 개념을 주장하였다. 로크에 따르면 인간은 자연 상태에서 생명·자유·재산 같은 자연권을 타고나는데, (㉠). 이때 시민들은 각자의 권리를 신탁하고, 정부는 신탁을 받아 보호 의무를 진다.
　　하지만 정부나 통치자가 그 권한을 남용해 국민의 생명·자유·재산을 침해할 경우, 사회계약이 깨진 것으로 간주된다. 이때 로크는 국민은 위정자에 대한 복종 의무에서 벗어날 수 있으며, 부당한 권력에 저항하는 것은 합당하다고 주장한다. 이는 단순 폭동이 아니라, "사회계약 파기에 대한 합법적 대응"이라는 논리에 기반한다. 저항의 형태는 정치적·법적 수단을 통하거나, 극단적인 경우 폭력적 방법으로까지 이어질 수 있다고 보았다.
　　이러한 저항권 이론은 청교도 혁명과 명예혁명 등 17세기 영국의 정치 격변 속에서 영향력을 키웠으며, 이후 미국 독립선언문과 프랑스 인권선언 등 근대 헌정 체제에도 큰 영감을 주었다. 로크가 강조한 것은, (㉡), 국민의 자연권 보장을 위해 설립된 정부가 그 본분을 망각한다면 시민은 그 구조를 교체할 권리를 갖는다는 점이었다. 이는 근대 입헌주의와 민주주의 발전에 핵심 사상적 토대가 되었다.

① ㉠: 이 권리를 보전하기 위해서는 재판관 및 집행 권력에 대한 의존을 바탕으로 한 합의된 정부가 아닌 자연 상태가 필요하다
㉡: 국가 권력만이 모든 권리를 독점적으로 행사할 수 있으며

② ㉠: 이 권리를 보전하기 위해서는 재판관 및 집행 권력에 대한 의존을 바탕으로 한 합의된 정부가 아닌 자연 상태가 필요하다
㉡: 국가 권력이 모든 권리를 독점해선 안 되며

③ ㉠: 이 권리를 보전하기 위해서는 재판관이나 집행 권력이 결여된 자연 상태가 아닌, 합의된 정부가 필요하다
㉡: 국가 권력만이 모든 권리를 독점적으로 행사할 수 있으며

④ ㉠: 이 권리를 보전하기 위해서는 재판관이나 집행 권력이 결여된 자연 상태가 아닌, 합의된 정부가 필요하다
㉡: 국가 권력이 모든 권리를 독점해선 안 되며

9. 다음 진술이 모두 참일 때, 반드시 참인 것은?

○ 청소하는 날에만 빨래한다.
○ 금요일 저녁이면 외식한다.
○ 외식하지 않는 날에는 청소하지 않는다.

① 외식하는 날에만 빨래한다.
② 금요일 저녁이면 빨래한다.
③ 외식하는 날이면 빨래한다.
④ 금요일 저녁이면 청소하지 않는다.

[10 ~ 11] 다음 글을 읽고 물음에 답하시오.

수필은 작가의 자유로운 생각과 감정을 풀어내는 양식으로, 형식적 제약과 소재의 제한이 비교적 적어 다양한 관점과 아이디어를 담아낼 수 있다. 일상에서 지나칠 수 있는 경험을 작가의 독창적 시각으로 해석하고 글로 풀어내어 독자에게 공감과 깨달음을 제공하기도 한다. 이처럼 수필은 작가의 개성과 진솔한 목소리를 가장 직접적으로 전달하는 장르이다.

수필에는 구체적인 줄거리나 극적인 사건이 없어도 무방하며, 사실적이고 현실적인 내용부터 상상력을 동원한 우화적 이야기까지 폭넓은 범위를 포함한다. 또한 일상 속 구체적 사례를 통해 사회적·윤리적 문제에 대해 작가가 느낀 감정과 생각을 독자에게 가감 없이 ⊙전하기도 하며, 독자들은 그 과정에서 작가와 직접 소통하는 듯한 느낌을 받을 수 있다. 수필은 일반적으로 '기-승-전-결'과 같은 서사의 틀을 엄격히 따르지 않아 독자의 흥미를 이끌어 내기 위해서는 작가의 표현력이 중요하다. 길고 복잡한 문체보다는 간결하고 통일성 있는 흐름을 유지하는 것이 좋고, 때로는 비유나 풍자, 반어 등 다양한 수사법을 활용해 강렬한 인상을 남길 수도 있다.

수필은 한 번의 감상과 분석으로 끝나는 것이 아니라, 독자의 경험과 상황에 따라 매번 다른 해석이 가능하다. 이처럼 수필은 작가와 독자가 인간적 교감을 형성하는 통로 역할을 하며, 이는 수필이 오래도록 사랑받고 읽히는 가장 큰 이유라 할 수 있다.

10. 윗글에서 추론한 내용으로 가장 적절한 것은?
① 수필은 사실적인 내용만을 담은 일상적인 문학 작품이다.
② 수필에는 글의 핵심이 되는 구체적인 줄거리가 존재해야 한다.
③ 수필은 형식의 제약이 적어 작가의 개성을 드러낼 수 있다.
④ 수필은 기승전결을 따르지 않아 강렬한 인상을 남길 수 없다.

11. 문맥상 ⊙의 의미와 가장 가까운 것은?
① 음악은 사람들에게 나의 감정을 전하는 효과적인 수단이다.
② 이 이야기는 나의 할머니로부터 전해져 내려왔다.
③ 신앙을 사람들에게 전하다.
④ 우리는 창조적인 문화를 이룩하여 후대로 전해야 한다.

12. 다음 연구 결과를 활용할 수 있는 사례는?

자신이 심하게 말을 더듬는다는 것을 매우 수치스럽게 여기는 사람들을 모아서 그들을 대상으로 한 가지 실험을 해 보았다. 먼저 피실험자들에게 이어폰을 주고 자신의 목소리가 들리지 않을 정도로 크게 음악을 틀어 주었다. 그리고 그 상태로 무조건 큰 소리로 책을 읽는 훈련을 하게 하였다. 그 결과, 일정 시간이 지나자 대부분의 피실험자들이 말을 더듬지 않게 되었다. 이 결과는 말을 더듬는 습관이 말을 더듬는 자신에 대한 낮은 평가 그 자체와 관련이 있음을 보여 준다.

① 자기비판과 감시가 강화되면 표현능력이 개선된다고 말하는 웅변학원 강사
② 자신의 사소한 게으름을 심각하게 고민하는 학생에게 자기통제가 지나친 것 같다고 조언하는 상담사
③ 두려움 때문에 정신적 장애를 그대로 둔다면 자기 변화가 있을 수 없다고 주장하는 의사
④ 약점을 보완하기 위해서는 그 약점을 잊어버리고 다른 일에 집중하라 주장하는 강연자

13. 갑 ~ 병의 주장을 분석한 내용으로 적절한 것만을 〈보기〉에서 모두 고르면?

갑: 육류 소비를 줄이는 것은 환경 보호, 동물 복지, 건강 증진 등의 측면에서 반드시 필요하다. 축산업은 전 세계 온실가스 배출의 주요 원인 중 하나로, 특히 메탄가스를 다량 배출하여 기후 변화에 큰 영향을 미친다. 또한, 육류 소비를 줄이면 사료 생산을 위한 산림 파괴도 감소하며 육류 섭취 과다로 인해 비만, 심혈관 질환, 당뇨 등의 건강 문제가 증가하는 것도 줄일 수 있다. 따라서 정부가 육류 소비를 줄이는 정책을 도입하거나, 식물성 대체육을 적극 장려해야 한다.

을: 건강 문제는 육류 소비로 인한 것보다는 식습관 때문일 가능성도 있다. 게다가 육류는 중요한 영양소를 공급하기 때문에 육류 소비를 무조건 줄일 수 없다. 따라서 전면적인 육류 소비 제한보다는 대체육 기술 개발을 통해 자연스럽게 육류 소비를 줄이도록 해야 한다.

병: 축산업이 반드시 환경에 해롭다고만 볼 수는 없다. 예컨대, 일부 지속 가능한 축산 방식은 토양을 비옥하게 하고 생태계를 유지하는 데 기여한다. 게다가, 육식 산업은 전 세계적으로 수많은 일자리를 창출하고 있다. 따라서 육류 소비를 줄이려면 대체 단백질 개발과 소비자의 자율적인 선택을 유도하는 방식이 더 적절하다.

〈보기〉
ㄱ. 갑과 을은 건강 측면에서 육류 소비 제한이 필수적이라고 생각한다.
ㄴ. 갑은 축산업이 환경에 부정적 영향을 미친다고 생각하지만, 병은 그렇지 않다.
ㄷ. 갑, 을, 병 모두 육류 소비를 대체할 육류 기술 개발에 찬성한다.

① ㄱ, ㄴ
② ㄱ, ㄷ
③ ㄴ, ㄷ
④ ㄱ, ㄴ, ㄷ

14. 〈보기〉의 문장이 들어갈 곳으로 가장 적절한 것은?

〈보기〉
권장 소비자 가격보다 낮은 가격으로 물건을 샀다고 느끼게 하여 판매를 증가시키려는 의도 때문이다.

기업들은 왜 가격을 실제 판매 가격보다 높게 적어 둘까? ① 경영학에서는 이런 느낌을 '거래 효용'이라 한다. 거래 효용은 소비자들이 스스로 느끼는 만족감이며, 거래 효용이 없으면 소비자들은 좋은 가격에 상품을 구매하고서도 만족하지 못한다. ② 그런데 다른 상점에서 자신이 산 가격보다 싸게 팔고 있다는 사실을 소비자들이 알면 노출된 가격은 기준 가격으로서의 역할을 하지 못하게 된다. ③ 그러면 소비자들은 어떤 가격을 지불해도 늘 속는 기분일 것이다. ④ 또한 제조 업체와 유통 업체, 그리고 소비자 사이의 건전한 유통 질서 수립에 장애가 발생할 것이다.

[15 ~ 16] 다음 글을 읽고 물음에 답하시오.

프로테스탄티즘은 16세기 유럽에서 일어난 종교개혁을 계기로 로마 가톨릭교회로부터 분리된 ㉠개혁적 기독교 신앙 전통을 가리킨다. 마르틴 루터가 1517년 비텐베르크 성문에 '95개조 반박문'을 내걸어 면벌부 판매를 비판한 것이 (가)개혁 사상의 시발점이 되었다. 루터는 "오직 성경, 오직 믿음"을 강조하며, 교황권이나 교회 제도보다 개인의 신앙과 성경 해석을 중시했다. ㉡이 사상은 인쇄술의 발달과 르네상스 인문주의 사조를 타고 유럽 전역으로 빠르게 퍼졌다.
프로테스탄트는 ㉢전통적 가톨릭의 교리와 의식을 대폭 축소·개혁하고, 예배도 평신도의 참여를 확대하는 방식으로 바꿨다. 구원은 인간 공로가 아닌 하느님의 은총과 신앙으로만 이뤄진다는 교리가 핵심이며, 성경을 각자의 언어로 읽고 해석하는 자유를 중시한다. 동시에 사제 중심의 위계질서가 아닌, '만인사제설'을 통해 모든 신자가 직분을 가지고 공동체에 참여할 수 있음을 주장했다.
그러나 종교개혁 과정에서 신학적·정치적 갈등이 격화되면서, 루터파, 칼뱅파, 재세례파 등을 포함해 수많은 개신교 교파가 생겨났다. 이 다양성은 신앙 실천과 교리 해석에서 각 교단이 자율적으로 발전하도록 했지만, 동시에 교회들이 분파하는 결과도 낳았다. 그럼에도 ㉣프로테스탄티즘은 근대 서구 사회에 큰 영향을 끼쳐, 신앙의 자율성과 개인 윤리, 그리고 교회·국가 분리를 지향하는 문화적 토대를 형성하는 데 기여했다.

15. 윗글에서 추론한 내용으로 가장 적절한 것은?
① 루터는 종교개혁을 비판하며 프로테스탄티즘을 창시했다.
② 면벌부 판매로 인해 개신교 교파는 가톨릭교회로부터 비난을 받았다.
③ 칼뱅파는 만인사제설을 주장하며 루터파로부터 독립하였다.
④ 종교개혁 과정에서 다양한 개신교 교파가 발전하며 서구 사회에 큰 영향을 미쳤다.

16. ㉠ ~ ㉣ 중 문맥상 (가)에 해당하는 의미로 사용되지 않은 것은?
① ㉠
② ㉡
③ ㉢
④ ㉣

17. 다음 글의 내용이 참일 때, 반드시 참인 문장은?

단기 거주 목적의 부동산을 소유하거나 투기 지역에 위치한 부동산을 소유하고 있는 사람에 한해, 만일 그가 보유한 모든 부동산의 공시가격이 합산 10억 원을 초과하는 다주택 소유자라면, 그 사람은 특별 보유세의 부과 대상이 된다.

① 장기 거주 목적으로 부동산을 여러 채 소유한 사람은 특별 보유세의 부과 대상이 되지 않는다.
② 장기 거주 목적으로 투기 지역 밖에 고급 부동산을 한 채만 보유하는 사람은 특별 보유세의 부과 대상이 아니다.
③ 투기 지역에 공시가격 15억 원의 주택을 한 채 보유하고 있는 사람은 특별 보유세의 부과 대상이 된다.
④ 어떤 사람이 특별 보유세의 부과 대상이 아니라면, 그가 다주택 소유자가 아니거나 보유한 모든 부동산의 공시가격이 합산 10억 원 이하여야만 한다.

[18 ~ 19] 다음 글을 읽고 물음에 답하시오.

목민관은 소규모 공동체인 여(閭)를 ㉠짜서 백성에게 토지를 공유하게 하고 공동으로 생산된 곡물을 가능한 한 균등하게 분배한다. 농사짓는 사람만이 토지를 ㉡차지하며, 토지는 공유로 하고 사유 토지를 인정하지 않는다. 토지의 경작과 곡물의 수확은 공동으로 하고, 수확된 곡물은 노동량과 경작 능력에 따라 분배한다. 무위도식은 허용되지 않으며 선비들도 농사에 ㉢몸담아야 한다. 농사를 짓지 않으려면 교육에 종사하거나, 토지 및 농업과 관련된 일에 종사해야 한다. 1여(閭)의 구성은 대략 30가구 내외로 하며, 6여를 합쳐 이(里), 5이를 합쳐 방(坊), 5방을 합쳐 읍(邑)이라 한다. 여에는 여장(閭長)을 두어 여장의 책임하에 여민(閭民)이 토지를 공동으로 경작하고, 여장은 개개인의 노동량을 장부에 기록한다. 가을이 되면 수확물을 여장의 집에 거두고 세금과 여장의 봉급을 제한 후 여민의 노동량과 능력에 따라 분배한다. 여장은 여 내에서 수확량이 월등히 높은 여민으로 앉히되, 다른 여보다 삼 년 이상 수확량이 많다면 이장(里長)이나 방장(坊長)으로 ㉣앉힌다.

18. 윗글에 내포된 주장으로 적절하지 않은 것은?
① 모든 사람이 노동을 해야 한다.
② 성과에 따라 직책을 다르게 해야 한다.
③ 토지는 어느 개인의 것이 되어서는 안 된다.
④ 노동에 참여한 자들은 동일한 보상을 받아야 한다.

19. ㉠ ~ ㉣과 바꿔쓸 수 있는 유사한 표현으로 적절하지 않은 것은?
① ㉠: 편집해서
② ㉡: 점유하며
③ ㉢: 종사해야
④ ㉣: 임명한다

20. 다음 글의 ㉠과 ㉡에 대한 평가로 옳지 않은 것은?

정부가 스타트업 생태계를 활성화하려면 투자 지원, 규제 완화, 전문 인력 육성이라는 세 가지 요소가 중요하다는 견해가 있다. 투자 지원은 초기 자본이 부족한 스타트업에 필수적인 자금을 공급하는 정책이고, 규제 완화는 과도하거나 불명확한 규제로 인한 사업 제약을 완화해주는 제도다. 전문 인력 육성은 분야별 전문가를 양성하여 스타트업의 경쟁력을 높이는 것을 의미한다. ㉠이 세 요소 모두를 충족하는 것은 스타트업 생태계 활성화를 위해 필수적이지만, ㉡세 요소를 모두 충족했다고 해서 반드시 스타트업 생태계가 활성화된다고 할 수는 없다.

① 규제를 완화하지 않았지만 적극적인 투자 지원으로 스타트업 생태계가 활성화된 사례가 있다면, ㉠은 약화된다.
② 전문 인력을 육성하지 않은 모든 국가에서 스타트업 생태계 활성화에 실패하였다면, ㉠은 강화된다.
③ 세 요소 모두를 충족했지만 스타트업 생태계 활성화에 실패한 국가가 있다면, ㉡은 강화된다.
④ 스타트업 생태계 활성화를 위해서는 규제 완화가 필수적이라는 사실은 ㉡을 약화한다.

국 어

1. <공공언어 바로 쓰기 원칙>에 따라 <공문서>의 ㉠~㉣을 수정한 것으로 적절하지 않은 것은?

―――――― <공공언어 바로 쓰기 원칙> ――――――
○ 필요한 문장 성분이 생략되지 않도록 할 것.
○ 목적어와 서술어를 호응시킬 것.
○ 중복되는 표현을 삼갈 것.
○ 이중피동 표현은 삼갈 것.

―――――――――― <공문서> ――――――――――
주택 임대차 계약 관련 절차 간소화
- 간소화된 서류로 주택 임대차 계약 신고 완료 -

1. ○○청은 주택 임대차 계약을 신고할 때, 복잡한 서류 제출 없이 ㉠계약 장소에서 간단히 완료할 수 있는 ㉡서비스가 제공한다고 밝혔다.
2. 그동안 임대차 계약 신고자는 ㉢매번 주택 임대차 계약을 신고할 때마다 각종 증빙 서류를 관할 행정기관에 제출해야 했으나, 앞으로는 계약자의 신분증만으로도 신고가 가능하다.
3. 이제 임대차 계약자는 주민센터나 온라인 홈페이지에서 임대차 계약을 신고할 수 있으며, 현장에서 즉시 계약이 ㉣승인되어 모든 절차가 빠르게 처리된다.

① ㉠: 계약 장소에서 신고 절차를 간단히 완료할
② ㉡: 서비스를 제공한다고
③ ㉢: 주택 임대차 계약을 신고할 때마다
④ ㉣: 승인되어져

2. 다음 글의 내용을 바탕으로 추론한 것에 대해 가장 적절한 것은?

단어는 '최소의 자립 단위'라고 일반적으로 정의된다. 이에 따르면, '책상'이나 '매우'는 단어이다. 하지만 '이/가', '을/를'과 같은 조사, 또는 '-니', '-면'과 같은 어미는 단어가 아니다. 이 관점에 대해 학교 문법에서는 단어를 '자립할 수 있거나, 자립할 수 있는 형태소에 붙어서 분리할 수 있는 말들'이라고 정의해 조사만 단어로 인정하고, 어미는 단어로 인정하지 않는다.

단어를 문법적인 성질에 따라 나누는 것을 품사 분류라고 한다. 먼저, 품사를 형태상으로 분류할 때는 단어가 굴절하는지를 본다. 예를 들어, '나무'는 '나무가'나 '나무를', '나무도'와 같이 여러 조사와 결합하고, '먹다'는 '먹으니', '먹어서', '먹으니까'처럼 여러 어미와 결합한다. 이때 여러 조사나 어미와 결합하는 것을 굴절이라 한다.

한편 단어가 문장에서 다른 단어와 맺는 관계를 따져 품사를 구분할 수도 있다. 예컨대, "새 친구를 많이 사귀었다."라는 문장에서 '새', '친구', '많이', '사귀었다'는 모두 다른 역할을 한다. ㉠'새'는 ㉡'친구'를 꾸미는 일을 하고, '친구'는 '새'의 꾸밈을 받는다. '많이'와 '사귀었다'도 이와 비슷한 관계이다. 이처럼 문장에서 단어가 다른 단어와 가지는 관계를 직능이라 한다.

① ㉠과 ㉡은 형태상의 성질과 직능상의 성질 모두 같다.
② ㉠과 ㉡은 형태상의 성질과 직능상의 성질이 모두 다르다.
③ ㉠과 ㉡은 형태상의 성질은 같지만 직능상의 성질은 다르다.
④ ㉠과 ㉡은 형태상의 성질은 다르지만 직능상의 성질은 같다.

3. 다음 중 '피동 표현'의 예시로 적절하지 않은 것은?

'능동'은 주어가 동작을 제힘으로 하는 것을 의미한다. 한편, '피동'은 주어가 다른 주체에 의해 어떤 동작을 당하거나 영향을 받는 것을 의미한다. '피동'은 '-이-, -히-, -리-, -기-'와 같은 피동 접사에 의해 단형 피동으로 실현되거나, '-아/-어지다, -게 되다' 등에 의해 장형 피동으로 실현된다. 예를 들어, '물다'에 피동 접사 '-리-'가 결합한 '물리다'는 '아기가 개한테 물렸다.'와 같이 쓰여 주어인 '아기'가 다른 주체인 '개'에게 물림을 당하였다는 것을 나타낸다. 실생활에서는 피동 접사와 '-아/-어지다'를 같이 쓰는 경우가 많은데, 이는 피동이 중복 사용된 경우이므로 잘못된 표현이다.

① 학생들이 선생님에게 잡혔다.
② 공터에 새 건물이 지어진다.
③ 그 아이는 친구의 물건을 훔쳤다.
④ 우리 가족은 홍수로 집을 잃게 되었다.

4. ㉠을 평가한 내용으로 적절한 것만을 <보기>에서 모두 고르면?

신석기 혁명이라 불리는 농경의 시작은 전통적으로 기후 온난화와 인구 증가가 결정적인 원인이었다는 기존 가설이 오랫동안 자리 잡아 왔다. 빙하기 이후 점진적으로 따뜻해진 기후에 따라 작물이 잘 자라기 시작했고, 인구 또한 안정적인 식량을 찾아 한곳에 정착하게 되었다는 것이다.

그러나 최근에는 사람들이 의례나 집단 주거를 위해 특정 지역에 모여 살기 시작하면서, 오히려 그 필요를 충족하기 위한 수단으로 농업을 시작했다는 ㉠가설이 주목받고 있다. 이 관점에서는 농경이 단순히 기후 변화에 반응한 결과가 아니라, 집단생활을 지속하기 위한 전략으로 보며, 인류가 협동 작업과 축적된 지식을 토대로 농사를 체계화했다고 보고 있다.

―――――――――― <보 기> ――――――――――
ㄱ. 초기 신석기 마을이 종교의식을 위한 집단 의례에서 기원했다는 고대 기록은 ㉠을 강화한다.
ㄴ. 기후 온난화로 열매나 곡물이 풍부해져서, 사람들이 자연스럽게 채집 활동에 의존할 수 있었다는 퇴적물 분석 결과가 발견되었다면 ㉠은 강화된다.
ㄷ. 신석기 시대 유적에서 밀·보리 가공을 위한 맷돌과 절구 유물이 대규모로 확인되었다는 연구 결과는 ㉠을 약화한다.

① ㄱ
② ㄱ, ㄴ
③ ㄴ, ㄷ
④ ㄱ, ㄴ, ㄷ

5. 다음 명제가 모두 참일 때, 빈칸에 들어갈 명제로 가장 적절한 것은?

○ 오늘이 일요일이 아니라면 택배는 오늘 도착한다.
○
○ 결론: 그러므로 택배가 오늘 도착하지 않았다면 오늘 외출하지 않는다.

① 오늘이 일요일이라면 외출하지 않는다.
② 오늘 외출하지 않았다면 오늘은 일요일이 아니다.
③ 택배가 오늘 도착했다면 오늘은 일요일이 아니다.
④ 택배가 오늘 도착하지 않았다면 오늘은 일요일이 아니다.

6. 다음 글을 바탕으로 〈보기〉를 이해한 것이 적절하지 않은 것은?

> 향가는 4구체, 8구체, 10구체로 나눌 수 있다. 4구체 향가는 현전하는 향가 중 가장 초기 형태이다. 8구체 향가는 10구체 향가로 발전하는 과정에서 생긴 과도기적 형태이다. 따라서 4구체를 두 배로 늘렸다는 것을 제외하고는 특징이 없어 즐겨 불리지 못했다. 10구체 향가는 가장 정제된 형식으로 인정받는다. 이때 첫째, 둘째 단락은 4구, 셋째 단락은 2구로 구성된다. 셋째 단락을 낙구라고도 부르는데, 첫머리에는 감탄사가 온다. 이 낙구는 시조와 가사에도 영향을 주어 각각 종장의 첫 구와 가사의 낙구 첫머리에서 동일한 방식으로 나타난다.

〈보 기〉

[가] 선화 공주님은 / 남몰래 결혼하고,
   맛둥 서방을 / 밤에 몰래 안고 가다.

[나] 생사(生死) 길은
   예 있으매 머뭇거리고,
   나는 간다는 말도
   못다 이르고 어찌 갑니까.
   어느 가을 이른 바람에
   이에 저에 떨어질 잎처럼
   한 가지에 나고
   가는 곳 모르온저.
   아아, 미타찰(彌陀刹)에서 만날 나
   도(道) 닦아 기다리겠노라.

① [가]가 [나]보다 초기 형태의 향가이다.
② [나]가 [가]보다 정제된 형식의 향가로 인정받는다.
③ [가]는 별다른 특징이 없어 즐겨 불리지 못했다.
④ [나]의 '아아'는 후대의 시조나 가사에 영향을 주었다.

7. ㉠~㉣ 중 어색한 곳을 찾아 수정한 것으로 옳지 않은 것은?

> 열과 온도는 과학적으로는 명확히 구분된다. 온도는 물질 내 입자들의 평균 운동 에너지 수준을 나타내는 물리적 척도로, 섭씨(℃)나 절대온도(K) 등으로 측정된다. 예를 들어, 두 개의 금속 막대가 동일한 온도를 가질 때, 그들의 ㉠<u>입자 평균 운동 에너지 수준은 상이하다.</u>
> 반면 열은 온도 차이에 의해 한 물체에서 다른 물체로 전달되는 에너지의 형태로, 줄(J)이나 칼로리(cal)로 측정된다. 뜨거운 컵에 손을 대면 열이 전달되어 손이 뜨겁게 느껴지는 현상이 그 예이다. 중요한 사실은 ㉡<u>온도가 높다고 해서 반드시 열이 많은 것은 아니며</u>, 물질의 질량과 온도 변화에 따라 열이 달라진다는 것이다. 같은 온도의 두 물체라도 질량이 큰 물체는 더 많은 열을 포함하고 있다. 또한, 열은 전도, 대류, 복사 등의 다양한 방식으로 전달된다. 그 예로, ㉢<u>온도가 금속을 통해 전도되기</u> 때문에 금속 스푼을 뜨거운 물에 담그면 스푼 끝이 뜨거워진다.
> 따라서 열과 온도를 정확히 이해하고 구분하는 것은 열역학 현상을 올바르게 해석하고 응용하는 데 필수적이다. 이를 통해 에너지 관리, 기후 변화 분석, 공학적 설계 등 다양한 분야에서 ㉣<u>엄밀한 윤리적 판단을 내릴 수 있다.</u>

① ㉠: 입자 평균 운동 에너지 수준은 동일하다
② ㉡: 온도와 열은 정비례 관계를 가지며
③ ㉢: 열이 금속을 통해
④ ㉣: 정확한 과학적 판단을

8. 다음 글의 ㉠과 ㉡에 들어갈 말을 적절하게 나열한 것은?

> 근대 과학의 토대를 마련한 영국 철학자이자 정치가인 프랜시스 베이컨은 (㉠). 그는 과학적 탐구가 명확한 방법론에 기초해야 함을 역설하며, 귀납적 논리와 체계적 실험을 중시하는 '신기관(Novum Organum)'을 저술해 기존의 아리스토텔레스적 사고와는 다른 연구 방식을 제시했다. 특히 선입견(우상, idol)에서 벗어나 객관적 관찰과 실험을 통해 자연법칙을 발견하는 것이 중요하다고 보았다.
> 베이컨은 과학 기술 진보가 사회 발전을 견인할 열쇠라고 믿었다. 이를 위해 국가는 과학 연구를 장려하고, 대학과 연구소 등을 통해 다양한 실험을 적극적으로 추진해야 한다고 주장했다. 이러한 국가적 차원의 후원 체계가 구축되어야 사회 전체가 번영하며, 새로운 발명과 발견은 인류의 삶을 근본적으로 개선할 수 있다고 봤다.
> 이처럼 베이컨은 지식과 기술이 밀접하게 연계되어야 한다고 강조했다. 지식은 (㉡). 그가 꿈꾸었던 '과학 기술 사회'란, 학문이 전례 없이 체계화되고 실천적 결과물을 양산해 인간의 삶 전반이 진보하는 모습을 지향한다. 이는 근대 이후 서구 사회가 과학 기술을 국가경영과 결합해 대대적으로 발전시킨 사상적 배경이 되었으며, 현대 과학 기술 사회를 이해하는 데에도 중요한 이정표가 된다.

① ㉠: 지나친 기술 발전은 위험하며, 기술에는 자연의 원리에 대한 철학적 이해가 뒷받침되어야 한다고 보았다
  ㉡: 추상적 명제에 머무는 것이 아니라, 사람들의 생활을 풍요롭게 하고 자연을 효율적으로 활용하는 실제적 수단으로 작동해야 한다는 것이다

② ㉠: 지나친 기술 발전은 위험하며, 기술에는 자연의 원리에 대한 철학적 이해가 뒷받침되어야 한다고 보았다
  ㉡: 실제적 수단으로 기능하지 않는 추상적 지식이더라도 자연의 진리 그 자체로 큰 의미를 갖으며, 실용성을 기준으로 평가할 수 없다는 것이다

③ ㉠: 지식이 곧 인간의 힘이며, 자연에 대한 올바른 지식을 쌓아야 그 힘을 제대로 활용할 수 있다고 보았다
  ㉡: 실제적 수단으로 기능하지 않는 추상적 지식이더라도 자연의 진리 그 자체로 큰 의미를 갖으며, 실용성을 기준으로 평가할 수 없다는 것이다

④ ㉠: 지식이 곧 인간의 힘이며, 자연에 대한 올바른 지식을 쌓아야 그 힘을 제대로 활용할 수 있다고 보았다
  ㉡: 추상적 명제에 머무는 것이 아니라, 사람들의 생활을 풍요롭게 하고 자연을 효율적으로 활용하는 실제적 수단으로 작동해야 한다는 것이다

9. 다음 진술이 모두 참일 때, 참이 아닌 명제는?

> ○ 감수성이 풍부한 사람은 독서를 좋아한다.
> ○ 논리적인 사람은 감수성이 풍부하지 않다.
> ○ 예술에 흥미가 없는 사람은 감수성이 풍부하다.

① 예술에 흥미가 있는 사람만이 논리적이다.
② 예술에 흥미가 없는 사람은 논리적이지 않다.
③ 예술에 흥미가 없는 사람은 독서를 좋아한다.
④ 독서를 싫어하는 사람은 예술에도 흥미가 없다.

[10~11] 다음 글을 읽고 물음에 답하시오.

> 희곡은 극장 무대에서 상연될 것을 전제로 한 문학 양식으로, 인물의 대사와 행동을 통해 이야기가 전개되는 것이 특징이다. 주된 서사는 등장인물 간의 대화, 충돌, 화해, 결말 등을 통해 드러나며, 작가는 무대라는 제한된 공간과 시간 안에서 극적 긴장감을 극대화하려 한다. 이러한 긴장감은 사건의 진행 과정에 따라 점차 고조되고, 극의 결말에 이르러서는 갈등이 해소되거나 새로운 국면을 맞이하게 된다.
>
> 희곡은 배우의 연기, 무대 장치, 조명, 음악 등 다양한 공연 요소와 결합하여 관객에게 직접적인 감동과 몰입을 선사한다. 또한 희곡의 대사는 극 중 인물의 내면세계와 갈등 상황을 분명히 표현해 주는데, 이를 통해 관객은 작품의 주제와 메시지를 생생히 체험할 수 있다. 희곡은 고대 그리스의 비극과 희극에서 유래한 뒤, 동서양 각지의 문화·역사적 환경에 맞춰 ⊙발전해 왔다. 특히 현대에는 사실주의에서부터 부조리극, 서사극 등에 이르는 다양하고 실험적인 양식이 시도되고 있다.
>
> 이처럼 희곡은 문학의 한 갈래인 동시에 공연 예술인 연극의 대본에 해당하기도 한다. 따라서 연극과 희곡은 밀접한 관련이 있지만, 희곡이 단순히 연극의 부수적인 요소인 것은 아니며, 희곡 자체로 고유하고 완결된 문학에 해당한다.

10. 윗글에서 추론한 내용으로 가장 적절한 것은?
① 희곡은 연극과 달리 시공간의 제약을 받지 않는다.
② 희곡의 결말에 이르러도 극 중 갈등이 해소되지 않을 수 있다.
③ 희곡은 연극의 대본으로 그 자체로 완결성을 지니지는 못한다.
④ 희곡은 고대 그리스에서 처음 시작되어 부조리극 등 다양한 실험 양식을 거쳐 현대에는 사실주의로 발전하였다.

11. 문맥상 ⊙의 의미와 가장 가까운 것은?
① 그의 발견은 자연 과학을 한 단계 발전하게 했다.
② 아이들의 다툼이 부모들의 다툼으로 발전하였다.
③ 그 발전기가 최대로 발전할 수 있는 용량은 얼마나 될까?
④ 상황은 예상치 못한 방향으로 발전하였다.

12. ⊙의 구체적인 사례로 가장 적절하지 않은 것은?

> 어떤 권력이든 한곳에 집중되는 것은 옳지 않다. 집중된 권력은 강력하지만 약점이 많다. 만약 모든 권한이 한 사람에게 집중되면, 어느 한 단계에서 발생한 잘못이 다른 단계에서 고쳐지지 못하고 무시될 수도 있다. 이를 고려하여 삼권분립이 탄생하였다. 입법권은 의회에 속하며, 행정권은 대통령을 수장으로 하는 행정부에, 사법권은 법원에 속한다. 각각 법을 만들고, 법을 집행하고, 법을 해석하고 적용하여 재판하는 권한을 나누어 맡는다. 다만 삼권이라 하여 의회의 입법권, 행정부의 행정권, 법원의 사법권이 엄격하게 구분되어 있어야만 하는 것은 아니다. ⊙때로는 서로의 고유한 권한을 넘어 서로의 권한이 중복되거나, 다른 권한에 간섭하는 경우가 있을 수 있다.

① 법원의 조직에 관한 법률을 의회가 제정하는 경우
② 대통령의 행정권 행사 시에 의회의 동의를 반드시 얻게 하는 경우
③ 대통령이 사면권을 행사하여 법원이 선고한 형의 효력을 소멸시키는 경우
④ 긴급한 국가 위기 상황에서 대통령이 법률에 준하는 긴급 명령을 선포하는 경우

13. 갑~병의 주장을 분석한 내용으로 적절한 것만을 <보기>에서 모두 고르면?

> 갑: 기본소득은 모든 국민이 인간다운 삶을 보장받을 수 있도록 하는 사회적 안전망이다. 자동화와 AI 발전으로 인해 많은 직업이 사라지고 있고, 앞으로 노동만으로 생계를 유지하는 것이 어려워질 수 있다. 기본소득은 소비를 증가시켜 경제를 활성화하는 효과를 가져올 것이다. 기본소득을 지급하기 위한 재원은 부유층에 대한 증세, 환경세 등을 활용하면 충분하다.
>
> 을: 미래 직업 전망에 대한 갑의 의견에는 동의한다. 경제 성장의 핵심은 혁신과 생산성 증가인데, 기본소득이 보장된다면 노동의 필요성을 체감하지 못하는 사람이 증가할 것이고 이는 경제의 근본 구조를 흔들 것이다. 또한, 기본소득을 지급하려면 막대한 재정이 필요하므로 세금 증가는 불가피하다. 따라서 기본소득 지급보다는 노동을 장려하고 일자리를 창출하는 정책이 더 효과적이다.
>
> 병: 기본소득은 완전한 생계 보장 수준이 아니므로 경제의 근본적인 구조가 흔들리진 않을 것이다. 하지만 기본소득을 지급하는 데에는 재정이 필요하니, 부분적 또는 조건부 기본소득을 도입하는 방식이 적절할 것이다. 또한 기본소득을 받는 사람들이 창업이나 교육 투자에 활용할 수 있도록 정책을 설계하면 경제 활성화에도 도움이 될 것이다.

<보 기>
ㄱ. 갑과 을은 모두 기술 발전으로 인해 많은 직업이 사라질 것이라 예측한다.
ㄴ. 기본소득이 경제 활성화에 기여하는가에 대해 을과 병의 주장은 대립한다.
ㄷ. 갑, 을, 병 모두 기본소득을 지급하기 위해서는 재원이 필요하다고 생각한다.

① ㄱ, ㄴ
② ㄱ, ㄷ
③ ㄴ, ㄷ
④ ㄱ, ㄴ, ㄷ

14. 제시된 문장이 들어갈 위치로 가장 적절한 것은?

> 그 결과, 지역의 역사성을 강조하기 위해 기존 구조물을 최대한 보존하면서 개발하자고 의견이 모였다.

> 도시에 비싸고 큰 집만 있다면 살기 힘들 것이다. 싸고 작은 집이 함께 있어야 사회 초년생들도 살 집이 있고, 젊은 사업가들의 창업 공간도 마련될 것이다. 파리 도메닐 거리에는 '예술의 다리'라 불리는 곳이 있다. 고급 상가들이 들어선, 예술의 거리로 유명한 이곳도 원래는 고가 철도의 폐선 부지였다. ① 1970년대에 철도 운행이 중단되어 폐허처럼 남겨진 이곳에 개발 논의가 시작된 것은 1980년대부터였다. ② 1990년까지 파리시와 지역 주민들은 이곳을 어떻게 개발할 것인지에 대해 오랫동안 논의를 거듭하였다. ③ 그렇게 결정된 내용에 따라 1995년에 공사를 시작하였고, 약 1년 만에 그 거리는 현재 우리가 알고 있는 모습으로 재탄생하게 되었다. ④

[15~16] 다음 글을 읽고 물음에 답하시오.

> 스파르타는 고대 그리스 폴리스 중 하나로, 펠로폰네소스반도 남동쪽 라코니아 지역을 근거지로 삼은 (가)강력한 군사 국가였다. 기원전 8세기 무렵부터 주변 지역을 정복해 농노화된 주민을 부림으로써 국력을 키웠으며, 독특한 사회 구조와 정치 체제를 발전시켰다. 특히 스파르타인들의 생활 전반을 지배한 것은 군사력 강화와 단결을 최우선으로 삼는 가치관이었다.
> 스파르타의 정치 체제는 두 명의 왕이 동시에 통치하고, 장로 회의와 시민 집회가 결합된 구조를 갖췄다. ㉠이 국가의 시민들은 어려서부터 '아고게'라 불리는 엄격한 군사 교육을 받으며, 절제와 복종, 단결과 용기를 함양했다. 이렇게 단련된 병력 덕분에 스파르타는 ㉡고대 그리스 전역에서 손꼽히는 육군 강국으로 부상했고, 동맹을 기반으로 한 패권 경쟁에서도 중요한 역할을 담당했다.
> 그러나 지나친 군사 우선 정책은 예술·상업 발전에 제약을 가져왔고, 인구 감소와 내부 갈등으로 인해 결국 쇠퇴의 길을 걸었다. 펠로폰네소스 전쟁에서 ㉢아테네를 꺾고 한때 패권을 쥐었으나, 이후 ㉣테베에 패배하며 영향력이 급격히 줄었다. 그럼에도 스파르타는 고대 그리스 역사에서 극단적 군국주의와 공동체 정신을 가장 선명하게 구현한 대표적 폴리스로 남아 있다.

15. 윗글에서 추론한 내용으로 가장 적절한 것은?
① 스파르타는 농노 제도를 타파한 평등한 폴리스였다.
② 스파르타는 장로 회의에서 선출된 왕을 중심으로 운영되었다.
③ 고대 그리스의 육군 강국인 스파르타는 펠로폰네소스 전쟁을 통해 패권을 장악하였다.
④ 테베에 패배한 이후 스파르타는 극단적 군국주의를 중심으로 영향력을 확대하였다.

16. ㉠~㉣ 중 문맥상 (가)에 해당하는 의미로 사용된 것은?
① ㉠
② ㉡
③ ㉢
④ ㉣

17. 다음 글을 토대로 할 때, 반드시 참인 문장은?

> A부처에는 경제학과를 졸업한 직원이 10명, 해외연수를 다녀온 직원이 10명 있다. 경제학과를 졸업한 직원은 모두 예산업무를 수행한다. 그리고 예산 업무를 수행하는 직원 중 해외연수를 다녀온 직원은 없다. 어떤 직원이 해외연수를 다녀온 경우에만 외국어 강의를 지원한다.

① 해외연수를 다녀오지 않은 직원은 경제학과를 졸업했다.
② 예산업무를 수행하면서 외국어 강의를 지원받는 직원이 한 명 이상 있다.
③ 어떤 직원이 경제학과를 졸업하지 않았고 해외연수도 다녀오지 않았다면, 그는 예산업무를 수행하지 않는다.
④ 어떤 직원이 외국어 강의를 지원받고 있다면, 그는 경제학과를 졸업하지 않았다.

[18~19] 다음 글을 읽고 물음에 답하시오.

> 자유주의는 개인의 자유와 권리를 최우선으로 삼는 사상으로, 근대 서구에서 인민주권, 법치주의, 그리고 사유 재산권의 보장을 ㉠핵심으로 발전하였다. 국가 권력으로부터 개인을 보호하고 자율적 판단을 존중하는 자유주의는 정부의 간섭을 최소화하고 개인이 스스로 책임지는 사회를 지향하며, 사상과 표현의 자유를 넘어 종교와 경제적 자유 등을 ㉡강조한다.
> 자유주의는 인간 존엄성과 자율성을 옹호하며, 특히 현대에 보편화된 민주주의의 이념에서 기본권 보장을 위한 이론적 토대를 제공한다. 즉 자유주의를 바탕으로 현대 사회는 개인의 다양한 삶의 방식을 존중하고, 인간 각자가 자신의 삶을 주도할 수 있는 권리를 중요한 가치로 ㉢인정하고 있다.
> 자유주의는 개인의 자율을 무한정으로 인정하는 것이 아닌, 타인의 권리와 공익을 침해하지 않는 범위에서 행동할 것을 요구한다. 그러나 급변하는 현대 사회에서는 자유가 확대됨에 따라 개인 간 갈등이 ㉣심화되고, 그로 인한 소외나 양극화가 발생할 우려가 제기된다. 이에 따라 자유주의의 이상을 현실에 맞춰 새로 정의해야 한다는 목소리가 등장하게 되었다.
> 지나친 경쟁으로 인한 사회 갈등과 환경 파괴와 같은 사회 문제에 대해 대응하기 위해 기존의 자유주의에 대한 다양한 보완책들이 등장하기 시작했다. 궁극적으로 자유주의 사상은 인간의 존엄성과 자유를 보장함으로써 개인이 주체적으로 삶을 설계할 수 있는 기반을 제공하고, 동시에 사회 공동체의 발전을 추구하는 균형점을 찾기 위해 끊임없이 발전해 나가야 한다.

18. 윗글에서 추론한 내용으로 가장 적절한 것은?
① 자유주의는 민주주의 이념의 발전 과정에서 등장하였다.
② 국가 권력과 자유주의는 양립할 수 없다.
③ 자유주의에서도 개인의 자유가 제한될 수 있다.
④ 현재 직면한 사회 문제 해결을 위해서는 자유주의에서 완전히 벗어나야 한다.

19. ㉠~㉣과 바꿔쓸 수 있는 유사한 표현으로 적절하지 않은 것은?
① ㉠: 요점으로
② ㉡: 역설한다
③ ㉢: 확정하고
④ ㉣: 깊어지고

20. 다음 글의 ㉠과 ㉡에 대한 평가로 옳지 않은 것은?

> 정부는 의료보험 제도 개혁을 통해 기본적인 의료 서비스를 폭넓게 보장하고, 의료 인력 양성 정책을 강화하겠다고 발표했다. 이를 통해 ㉠의료 취약 지역의 병원 접근성이 개선되고, 의료 관련 일자리도 늘어날 거라는 기대가 나오고 있다. 반면 ㉡의료보험 재원을 확충하기 위해 전 국민의 보험료 부담이 늘어날 수 있고, 대형 병원 및 도심 지역으로 의료 자원이 더 집중되어 지역 간 의료 격차가 심화될 수 있다는 우려도 제기된다.

① 확대한 의료 보장 범위에 맞춰 의료 전문 인력 채용이 늘고, 관련 교육 프로그램이 확대되었다면, ㉠은 강화된다.
② 의료보험 개혁으로 지방 중소병원에 신규 인력 배치가 급증하며 환자들이 편리하게 진료받을 수 있게 되었다면, ㉠은 약화된다.
③ 의료보험 재정 확보를 위해 개인·기업의 보험료율이 크게 인상되었다면, ㉡은 강화된다.
④ 정부가 지역 병원에 대한 재정 지원을 늘려 의료 자원 집중 현상이 완화되었다면, ㉡은 약화된다.

국 어

1. <공공언어 바로 쓰기 원칙>에 따라 수정한 것으로 적절하지 않은 것은?

─────── <공공언어 바로 쓰기 원칙> ───────
○ 목적어와 서술어의 호응
 - ㉠ 목적어와 서술어의 관계를 명확하게 표현함.
○ 주어와 서술어의 호응
 - ㉡ 주어와 서술어의 관계를 명확하게 표현함.
○ 명료한 수식어구 사용
 - ㉢ 수식어와 피수식어의 관계를 분명하게 표현함.
○ 대등한 구조를 보여 주는 표현 사용
 - ㉣ '-고', '와/과' 등으로 접속될 때에는 대등한 관계를 사용함.

① "그는 그림과 악기를 연주했다."를 ㉠에 따라 "그는 그림을 그리고 악기를 연주했다."로 수정한다.
② "우리가 잊지 말아야 할 점은 모두의 의견을 존중해야 한다는 것이다."를 ㉡에 따라 "우리가 잊지 말아야 할 점은 모두의 의견을 존중해야 한다."로 수정한다.
③ "선현이는 코끝이 아리도록 향기로운 꽃내음을 맡았다."를 ㉢에 따라 "선현이는 향기로운 꽃내음을 코끝이 아리도록 맡았다."로 수정한다.
④ "우리는 연구 분석을 통해 문제의 원인 규명과 해결 방안을 마련해야 한다."를 ㉣에 따라 "우리는 연구 분석을 통해 문제의 원인을 규명하고 해결 방안을 마련해야 한다."로 수정한다.

2. 다음 글의 ㉠ ~ ㉣ 중 어색한 곳을 찾아 가장 적절하게 수정한 것은?

연구에 따르면 행복한 결혼생활은 장수에 필요한 조건이다. 이를 검증하기 위해 장수 노인 100명과 조기 사망자 100명으로 구성된 표본 집단 X를 구성하여 조사하였더니 ㉠장수 노인은 모두 이 연구 결과에 부합하였다. 장수 노인 100명은 모두 행복한 결혼생활을 한 것이다. 반면 조기 사망자 100명 중에서는 행복한 결혼생활을 한 자가 없었다. 이를 통해 표본 집단 X에서 ㉡행복한 결혼생활은 장수의 필요조건임이 밝혀졌다. 또한 X에 속한 사람들에 관해 추가로 알려진 정보는 다음과 같다. 결혼생활이 행복하지 않은 사람들은 모두 면역지수가 낮았다. 즉 ㉢조기 사망자는 모두 면역지수가 낮았던 것이다. 그리고 모든 장수 노인은 혈중 콜레스테롤 지수가 낮았는데 짠 음식을 즐겨 먹지 않는 모든 사람들 역시 혈중 콜레스테롤 지수가 낮게 나타났다. 즉 ㉣결혼생활이 행복하지 않은 자들은 모두 혈중 콜레스테롤 지수가 높게 나타난 것이다.

① ㉠: 장수 노인 중 일부만이 이 연구 결과에 부합하였다
② ㉡: 행복한 결혼생활이 장수의 충분조건임이 밝혀졌다
③ ㉢: 조기 사망자 중 일부는 면역지수가 낮았던 것이다
④ ㉣: 결혼생활이 행복한 자들은 모두 혈중 콜레스테롤 지수가 낮게

3. 제시된 용언 중 어간이 바뀌는 불규칙 활용을 하지 않는 것은?

용언의 어간에 어미가 결합하는 것을 용언의 활용이라고 한다. 용언이 활용할 때에 어간이나 어미의 기본 형태가 일정하게 유지되지 못하고, 그 형태의 변화를 예측하지 못하는 경우가 있는데, 이를 불규칙 활용이라고 한다. 그중 대표적인 것이 어간이 바뀌는 불규칙 활용이다.
먼저, 어간의 받침 'ㄷ'이 모음 어미 앞에서 'ㄹ'로 바뀌는 'ㄷ' 불규칙 활용이 있다. 'ㄷ' 불규칙 활용을 하는 대표적인 용언은 '묻다[問]'이다. '묻다[問]'에 '-어'와 같은 모음 어미가 결합하면 어간의 받침 'ㄷ'이 'ㄹ'로 바뀌어 '물어'가 된다.
마찬가지로, 어간의 받침 'ㅅ'이 모음 어미 앞에서 탈락하는 'ㅅ' 불규칙, 어간의 받침 'ㅂ'이 모음 어미 앞에서 '오/우'로 바뀌는 'ㅂ' 불규칙, 어간의 '르'가 모음 어미 앞에서 'ㄹㄹ'로 바뀌는 '르' 불규칙, 어간의 '우'가 모음 어미 앞에서 탈락하는 '우' 불규칙 역시 어간이 바뀌는 불규칙 활용이다.

① 집을 짓다.   ② 친구를 돕다.
③ 달리기가 빠르다. ④ 돈을 주다.

4. 제시된 문장이 들어갈 곳으로 가장 적절한 것은?

그렇지만 다른 사람들이 포획량을 줄이지 않는데 자기 자신만 줄인다면 손해라고 생각한 그들은 계속 그대로 사냥을 했다.

자본주의는 에스키모 지역에도 파급되어 그들의 삶을 바꾸었다. 에스키모인들은 예로부터 자신들이 필요한 만큼의 비버를 잡아 그 고기와 가죽을 생필품으로 사용해 왔다. ① 그러나 자본주의의 영향으로 비버 가죽에 대한 서구 사람들의 수요가 급증하며 가격이 오르게 되었다. ② 에스키모인들은 비버를 더 많이 사냥하여 시장에 내다 팔기 시작하였고, 몇 년 동안 이러한 상황이 계속되자 사냥감이 점점 줄어들게 되었다. 그처럼 사냥을 계속하면 비버가 곧 멸종하여 에스키모인들이 실생활에서 사용할 가죽조차 얻지 못하게 될지도 모르는 일이었다. ③ 마침내 에스키모 지도자들은 회의를 거쳐 이 문제의 해결 방안으로 각자에게 사냥 영토를 정해 주기로 결정했다. ④ 비버가 서식지를 자주 옮겨 다니지 않기 때문에 사냥영토를 정해 주면 자신들의 영토에서 비버가 멸종되지 않도록 사냥을 줄일 것이라는 점에서 착안한 것이다.

5. 다음 중 ㉠에 들어갈 말로 적절한 것은?

갑: A사의 CEO가 사기를 치고 있다면, 직원 B와 D는 사건과 무관해.
을: D가 사건과 관련 있다는 확실한 증거가 발견됐어.
갑: 그럼 직원 C가 공범이겠네.
을: 너도 (㉠) 것을 알고 있구나?

① 직원 C가 공범일 때에만 A사 CEO가 사기를 친다는
② A사 CEO가 사기를 칠 때에만 직원 C가 공범이라는
③ 직원 C가 공범이라면 A사 CEO가 사기를 치지 않는다는
④ A사 CEO가 사기를 칠 때에만 직원 C가 공범이 아니라는

6. 다음 글의 ㉠과 ㉡에 대한 평가로 가장 적절한 것은?

> 정부는 인공지능(AI) 산업 육성 정책을 통해 AI 기술 개발 지원 및 인프라 구축을 확대하겠다고 발표했다. 이를 통해 ㉠정보 분석, 자동화 솔루션, 각종 AI 플랫폼 산업이 성장하며, 새로운 일자리 창출과 업무 효율화에 따른 생산성 향상이 기대된다는 분석이 나온다.
> 그러나 동시에 ㉡전통 제조업 등 일자리 대체가 가속화되면서 대규모 실업 사태가 발생할 수 있다는 우려도 제기된다. 게다가 방대한 데이터를 활용하는 과정에서 개인정보 유출 위험이 높아질 것이라는 지적도 제기되고 있다.

① AI 자동화 솔루션 도입으로 제조 공정 비용이 감소하여 전통 제조업이 활성화 되었다면, ㉠은 약화된다.
② AI 기반 분석으로 업무 효율이 높아지고 생산성이 크게 향상되었다면, ㉠은 강화된다.
③ AI 산업 확대로 데이터 분석 전문가와 AI 연구원 채용이 급증한다면, ㉡은 강화된다.
④ 정책 시행 후 정부가 개인정보 보호 규정을 대폭 강화하였음에도 데이터 유출 위험이 소폭 증가하였다면, ㉡은 약화된다.

7. 갑 ~ 병의 주장을 분석한 내용으로 적절한 것만을 <보기>에서 모두 고르면?

> 갑: 현재 생활비가 급등하고 있는 상황에서 최저임금을 올리지 않으면 저소득층의 생활이 더욱 어려워질 것이다. 하지만 최저임금이 오르면 노동자들의 소득이 증가하면서 소비가 활성화될 것이다. 이에 따라 기업들도 매출이 증가하고 경제가 활성화되어 이것이 고용 창출로 이어질 수 있다.
> 을: 최저임금이 상승하면 생산 비용이 증가하고 제품 가격의 상승을 초래한다. 이는 다시 물가 상승으로 이어져 실질적인 구매력 증가 효과를 상쇄시킬 것이다. 따라서 최저임금 인상 폭을 조절하거나, 업종별·지역별 차등 적용하는 방식을 고려해야 하며 정부가 최저임금 인상과 함께 기업을 위한 지원 정책을 병행해야 한다.
> 병: 최저임금을 인상하면 기업의 부담이 커지고, 결과적으로 고용이 줄어들 수 있다. 최저임금이 올라가도 일자리가 줄어들면 실업률이 상승하고 경제 전반에 악영향을 미칠 것이다. 또한 수도권과 지방의 물가 차이가 크고, 대기업과 중소기업의 수익 구조도 다르므로 일률적인 최저임금 적용은 형평성에 맞지 않다. 따라서 최저임금을 지역·업종별로 차등 적용하면 기업의 부담을 줄이면서 노동자를 보호할 수 있다.

<보 기>
ㄱ. 갑과 을은 최저임금 인상이 경제 전반에 긍정적인 영향을 끼칠 것이라고 생각한다.
ㄴ. 을과 병은 최저임금을 업종별·지역별로 차등 적용해야 한다고 생각한다.
ㄷ. 병과 갑은 최저임금 인상이 고용의 감소로 이어질 수 있다고 생각한다.

① ㄱ
② ㄴ
③ ㄱ, ㄷ
④ ㄴ, ㄷ

8. <지침>에 따라 <개요>를 작성할 때 ㉠~㉣에 들어갈 내용으로 적절하지 않은 것은?

<지 침>
○ 서론은 중심 소재의 개념 정의와 문제 제기를 1개의 장으로 작성할 것.
○ 본론은 제목에서 밝힌 내용을 2개의 장으로 구성하되 각 장의 하위 항목끼리 대응되도록 작성할 것.
○ 결론은 기대 효과와 향후 과제를 1개의 장으로 작성할 것.

<개 요>
○ 제목: 패스트패션 소비 증가의 원인과 해결 방안
Ⅰ. 서론
　1. 패스트패션의 개념과 특징
　2. ㉠
Ⅱ. 패스트패션 소비 증가의 원인
　1. 유명인의 패션 따라가기 문화 확산
　2. ㉡
Ⅲ. 패스트패션 소비 증가 문제의 해결 방안
　1. ㉢
　2. 패스트패션의 환경·노동 문제에 대한 홍보
Ⅳ. 결론
　1. 의류 폐기물 감소로 쓰레기 매립 및 소각 문제 완화
　2. ㉣

① ㉠: 패스트패션 소비 증가가 환경에 미치는 영향
② ㉡: 패스트패션이 초래하는 부정적 영향에 대한 인식 부족
③ ㉢: 패스트패션 브랜드의 과잉 생산 규제 및 환경 부담금 부과
④ ㉣: 지속 가능한 패션 소비 문화 정착을 위한 정책 수립

9. 다음 글의 중심 내용으로 가장 적절한 것은?

> 천(天)의 관념은 인간의 성패를 주관하는 존재이다. 천은 지상의 통치자에게 백성을 다스릴 권위를 부여하는 존재이며, 천의 명령으로 발생하는 자연현상은 정치권력의 변화를 해석하는 준거가 된다.
> 천과 인간은 동일한 구조를 가지고 있다. 인간이 오장을 지닌 것은 오행과 같고, 사지를 가진 것은 사계절과 같다. 다만 그렇다고 하여 천과 인간이 수평적 관계는 아니며, 둘 사이에는 상하가 존재하므로 천이 창조한 인간은 천의 뜻에 따라야 한다. 즉 인간 행위의 선악은 천의 뜻에 따라 결정되므로 천이 좋아하는 것이 곧 선이 된다.
> 음양이란 우주 만물을 만들어내는 상반된 성질의 두 기운인데, 천이 음양을 낳고 음양이 오행을 낳으며 오행의 변화를 통해 만물이 존재한다. 예를 들어 군신과 부자의 의(義)가 모두 음양의 도에서 나온 것이므로 인간은 천의 뜻에 따라 각 역할에 맞게 의를 지키는 행동을 해야 한다. 만약 군주가 천에 역행하면 천의 분노를 사게 되고, 이때 천은 지진이나 일월식을 통해 군주에게 징벌을 내리게 된다.

① 천은 인간의 성패와 만물을 주재한다.
② 자연현상을 통해 천의 뜻을 파악할 수 있다.
③ 군신은 음양의 도에 따라 의를 지켜야 한다.
④ 천과 인간은 수직적 관계에 있다.

[10~11] 다음 글을 읽고 물음에 답하시오.

　사회심리학 연구자인 재니스는 미국이 내렸던 결정 중 잘못이었다고 판명된 사례들을 검토했다. 면밀한 검토 끝에 재니스는 사례들에서 공통된 특징을 발견했다. 그의 주장에 따르면, 해당 사례들은 결정 과정에서 합리적 토론 절차는 거쳤지만 최종적으로 '집단 사고'의 영향을 받은 오류였다.
　재니스는 집단 사고가 집단의 결정을 실패로 ㉠이끈다고 주장한다. '집단 사고'는 집단의 압력이 작동하여 구성원들의 판단력이나 도덕적 비판력이 마비되는 상태를 뜻한다. 집단 사고는 구성원들이 서로 가까운 '내집단'에서 훨씬 쉽게 나타나는데, 구성원 사이의 친밀감이 강할수록 다른 구성원들과 같은 판단을 하고 싶다는 욕구와 집단 전체의 의견 일치를 추구하는 경향이 강해지기 때문이다. 집단 사고가 발생하면, 구성원들은 모두 동일한 판단을 하리라는 과장된 낙관주의에 사로잡히고, 배타적인 집단의 오류나 약점이 될 만한 주장에 현혹되기 쉽기 때문에, 결과적으로 적절한 대응책을 마련하는 것이 어려워진다.
　구성원들이 서로 다른 사고방식을 가졌다면 집단 밖에서는 불안정한 집단으로 보일 수 있다. 그러나 의사 표현이 자유롭다면 그만큼 집단 사고를 피해 올바른 결정을 내릴 수 있다. 즉, 집단 구성원 사이의 동질성이 낮아질수록 집단의 결정에 대한 신뢰도가 높아진다고 볼 수 있다.

10. 윗글에서 추론한 내용으로 적절하지 않은 것은?
① 재니스는 '집단 사고'가 미국이 내렸던 잘못된 결정들의 원인이라고 생각한다.
② 재니스의 관점에서, 구성원 각각의 판단력이 떨어질수록 집단 결정이 실패할 가능성이 커진다.
③ 재니스의 관점에서, 미국 정부 내 구성원들이 다양한 사고방식을 표현할 수 있었다면 잘못된 결정을 피할 수 있었다.
④ 집단이 올바른 결정을 내리기 위해서는 구성원이 하나로 단합할 필요가 있다.

11. 문맥상 ㉠의 의미와 가장 가까운 것은?
① 그는 우리 팀을 우승으로 이끌었다.
② 많은 관객의 흥미를 이끈 영화가 올해 재개봉한다.
③ 그의 광고는 시선을 이끄는 힘이 있다.
④ 학생회장은 전교생을 강당으로 이끌었다.

12. (가)와 (나)를 전제로 할 때 빈칸에 들어갈 결론으로 가장 적절한 것은?

(가) 자기주장이 강한 사람은 모두 신을 믿지 않는다.
(나) 신을 믿는 사람 중 일부는 자존감이 높다.
따라서 (　　　　　　　　　　　　)

① 자존감이 높은 사람 중 일부는 자기주장이 강하지 않다.
② 자존감이 높은 사람 중 일부는 자기주장이 강하다.
③ 자기주장이 강하지 않은 사람은 모두 자존감이 높다.
④ 자기주장이 강한 사람 중 일부는 자존감이 높다.

[13~14] 다음 글을 읽고 물음에 답하시오.

　선은 신체와 의복의 형태를 결정짓고 의복의 강조점이 돼 시선을 끌며, 체형에 대한 착시 효과를 일으킨다. 일반인들은 가로줄무늬는 뚱뚱해 보이고 세로줄무늬는 날씬해 보인다고 생각한다. 착시 이론에 따르면 수평선에 의해 ㉠쪼개진 면적은 수평선이 없는 면적보다 옆으로 넓어 보이는 효과를 가지는 것이 원칙이다. 시선이 세로로 움직이는 것을 ㉡막고 가로로 유도해 폭을 강조하기 때문이다. 그러나 수평선이 어떤 위치에 얼마만큼 있는가에 따라 수평 분할의 효과는 달라진다.
　수평 줄무늬의 반복이 많아지면 수직 방향으로 눈을 유도해 넓어 보이는 효과보다 오히려 수직으로 길어 보이게 하는 효과를 낳는다. 더욱이 어떤 옷이라도 허리선이나 단선 등 굳이 의도되지 않은 수평선이 반드시 생기기 마련이므로 세심한 주의가 요구된다. 일반적인 착시 이론이 패션에서는 좀 더 복잡한 함수로 이뤄진다는 점을 말해 주는 대목이기도 하다.
　또 수직선은 시선을 위쪽으로 끌어서 키를 커 보이게 하는 효과를 만든다고 알고 있다. 하지만 여기서도 마찬가지로 수직선이 늘어나면 시선이 옆의 수직선으로 ㉢이끌어지기 때문에 수직 효과가 수평으로 ㉣흩어질 수 있다. 주름치마를 입었을 때 많은 수직선에도 불구하고 뚱뚱하고 키가 작아 보이는 것은 이러한 착시 효과의 한 예다.

13. 윗글을 읽은 반응으로 가장 적절한 것은?
① 세로줄무늬 옷을 입어도 몸집이 넓어 보일 수 있다.
② 줄무늬 자체는 착시에 크게 영향을 미치지 않는다.
③ 패션에서의 착시는 일반적 경우보다 더 단순하다.
④ 세로줄무늬는 시선의 세로 이동을 차단할 것이다.

14. ㉠~㉣과 바꿔쓸 수 있는 유사한 표현으로 적절하지 않은 것은?
① ㉠: 분할된   ② ㉡: 예방하고   ③ ㉢: 유도되기   ④ ㉣: 분산될

15. ㉠을 평가한 내용으로 적절한 것만을 〈보기〉에서 모두 고르면?

　인류가 불을 언제부터 사용하기 시작했는지는 선사 고고학에서 핵심 쟁점 가운데 하나이다. 오랫동안 기존 가설은 약 100만 년 전 아프리카에서 불을 제어해 사용했다는 증거가 최초라는 해석을 내세워 왔다. 예컨대 남아프리카의 원시 유적지에서 탄화 뼈나 불에 그을린 돌 도구가 확인되어, 호모 에렉투스 무렵에 불의 사용이 자리 잡았다는 것이다.
　그러나 최근에는 약 140만 년 전 혹은 그 이전 시기에도 불을 활용하였다는 ㉠가설이 주목받고 있다. 이 가설에 의하면 당시 인류가 우연한 산불 등을 단순히 관찰하는 단계를 넘어, 일정 정도의 불을 제어하고 음식 조리나 주거지를 보호하는 데 사용했을 가능성이 있다는 것이다.

〈보 기〉

ㄱ. 약 150만 년 전 아프리카 초기 호모 에렉투스 유골 주변에서 자연 산불로 보이는 숯과 재가 발견되었다면 ㉠은 강화된다.
ㄴ. 남아프리카 유적에서 불에 탄 유물과 곡물이 150만 년 전 지층에서 발견되었다면 ㉠은 강화된다.
ㄷ. 아시아 일부 지역에서 발견된 화로 흔적이 약 150만 년 전에 사용된 것으로 밝혀졌다면 ㉠은 강화된다.

① ㄱ   ② ㄱ, ㄴ   ③ ㄴ, ㄷ   ④ ㄱ, ㄴ, ㄷ

[16 ~ 17] 다음 글을 읽고 물음에 답하시오.

(가) 친족 집단은 서로가 공통된 조상에게서 나온 자손으로 인정하는 구성원들로 단합된다. 중요한 것은 친족 집단으로 규정하는 '혈통'을 따지는 방식이다. 개인의 혈통을 추적해서 ⓐ구성원으로 인정하는 것을 출계(出系), 출계에 적용하는 규율을 출계율이라 한다.

우리나라의 경우에는 조상을 남성 구성원의 직계로 친족 집단을 규정한다. 친족의 혈통은 남성 구성원을 따라가는데, 이것이 부계율이다. 부계율을 적용하는 친족 집단에서는 아버지의 여성 형제인 고모, 할아버지의 여성 형제인 고모할머니는 ⓑ나의 집단이다. 그러나 그들의 자손들은 나와는 관계없이 그들 남편 쪽 집단으로 귀속된다. 모계율을 따른다면 반대로 어머니의 남성 형제인 외삼촌이 나의 집단이지만, 외삼촌의 자손들은 그의 어머니 집단에 소속된다.

내 집단을 따질 때 성별을 고정하지 않고 상황에 맞춰 선택할 수 있는 ⓒ출계율도 존재한다. 이를 선계율(選系律)이라 하는데, 이를 따르는 집단은 대부분 작은 땅에서 모여 사는 경우가 많다. 그들은 남성 계통과 여성 계통을 따르는 시기가 세대에 따라 달라지지만, 여전히 서로가 같은 조상에게서 나온 ⓓ자손들이라 믿는다.

16. 윗글의 내용과 부합하는 것은?
① 친족 집단으로 귀속되기 위해서는 조상들의 인정이 필요하다.
② 사촌지간이더라도 출계율에 따라 나의 친족 집단에서 제외될 수 있다.
③ 외삼촌은 언제나 나의 친족 집단으로 귀속된다.
④ 거주하는 땅을 중심으로 친족 집단이 형성된다.

17. ⓐ ~ ⓓ 중 문맥상 (가)에 해당하는 의미로 사용되지 않은 것은?
① ⓐ
② ⓑ
③ ⓒ
④ ⓓ

18. 다음 글의 ⓐ과 ⓑ의 예시로 적절하지 않은 것은?

ⓐ주체 높임은 문장의 주체를 높이는 높임법으로, 주체는 조사 '께서'와 결합하며 선어말 어미 '-(으)시-'나 '주무시다, 잡수시다' 등 특수한 어휘를 이용하는 방식을 활용한다. ⓑ객체 높임은 목적어나 부사어로 주로 실현되는 문장의 객체를 높이는 높임법이다. '드리다, 모시다'와 같은 특수한 어휘와 조사 '께'를 통해 주로 실현된다.

① ⓐ: 선생님께서 수업을 시작하셨다.
② ⓐ: 나는 어머니께 과일을 드렸다.
③ ⓑ: 나는 아버지를 모시고 병원에 갔다.
④ ⓑ: 그는 매일 부모님께 아침 문안을 여쭙는다.

19. 다음 글의 ⓐ과 ⓑ에 들어갈 말을 적절하게 나열한 것은?

스토아학파는 기원전 3세기경 제논이 아테네에서 제자들을 가르치면서 형성된 철학 사조다. 이름의 유래 역시 이 강의 장소인 '스토아(주랑)'에서 비롯되었다. 초기 스토아 철학자들은 우주 전체를 합리적 질서가 지배하는 곳으로 이해하며, 인간은 이성(logos)으로 그 질서를 인식하고 따를 때 비로소 올바른 삶에 도달한다고 주장했다.

이들은 삶에서 가장 경계해야 할 것으로 정념을 꼽았다. 정념이란 분노, 욕망, 두려움과 같은 감정적 동요로, (ⓐ). 따라서 스토아학파가 강조한 미덕은 아파테이아, 곧 무감동이 아니라 감정에 휘둘리지 않는 평정심이다. 이를 통해 개인은 자족과 평온을 얻고, 자연의 질서에 합치되는 덕 있는 삶을 영위할 수 있다고 여겼다.

이러한 사상은 후대에 로마 제국으로 전파되면서 세네카, 에픽테토스, 그리고 황제 철학자로 유명한 마르쿠스 아우렐리우스 등의 손에서 더욱 성숙해졌다. 이들은 현실 정치와 군사, 일상 속 윤리를 스토아적 관점에서 해석하며, (ⓑ).

① ⓐ: 이를 이성으로 통제하게 되면 올바른 판단과 행동을 그르치게 된다고 보았다
ⓑ: 극적인 삶의 고난 속에서도 흔들리지 않는 내면의 평정심을 설파했다
② ⓐ: 이를 이성으로 통제하지 못하면 올바른 판단과 행동을 그르치게 된다고 보았다
ⓑ: 극적인 삶의 고난 속에서도 이성을 바탕으로 한 내면의 무감동을 유지할 것을 설파했다
③ ⓐ: 이를 이성으로 통제하게 되면 올바른 판단과 행동을 그르치게 된다고 보았다
ⓑ: 극적인 삶의 고난 속에서도 이성을 바탕으로 한 내면의 무감동을 유지할 것을 설파했다
④ ⓐ: 이를 이성으로 통제하지 못하면 올바른 판단과 행동을 그르치게 된다고 보았다
ⓑ: 극적인 삶의 고난 속에서도 흔들리지 않는 내면의 평정심을 설파했다

20. 다음에 제시된 논리적 오류와 같은 오류를 저지른 것은?

"당신 그 훔친 돈 모두 유흥비로 탕진했지요?"라고 묻는 말에 혐의자가 유흥비에 돈을 탕진한 사실이 없다는 것에만 신경을 쓴 나머지 부주의하게 "아니오!"하고 대답하였고, 이때 수사관이 "그러니까 당신은 그 돈을 훔쳤다는 것을 인정하는군요."라고 추론하였다.

① 저한테 한 표를 던져 살기 좋은 나라를 건설해 보지 않으시겠습니까?
② 빨리 돈을 내십시오. 모금 활동은 불우 이웃을 돕는 일인데 이기적인 사람이 아니라면 돈을 내겠죠.
③ 넌 나하고 제일 친한 친구잖아. 네가 날 도와주지 않는다면 누굴 믿고 이 세상을 살아가란 말이니?
④ 우리 보관소야 손님이 물건을 맡겨 놓으면 맡아 두는 곳 아닙니까? 도둑질한 물건이라도 손님이 맡겨서 맡아 둔 건데 왜 죄 없는 나를 처벌합니까?

국 어

1. <공공언어 바로 쓰기 원칙>에 따라 수정한 것으로 적절하지 않은 것은?

┌─────〈공공언어 바로 쓰기 원칙〉─────┐
│ ○ 외국어 번역 투 삼가기
│   - ㉠ 스스로 움직이지 않는 사물이나 추상적 대상이 능동적 행위의 주어로 나오는 문장은 삼가야 함.
│ ○ 중복 오류 삼가기
│   - ㉡ 중복되는 표현을 사용하지 않음.
│ ○ 여러 뜻으로 해석되는 표현 삼가기
│   - ㉢ 중의적인 문장을 사용하지 않음.
│ ○ 대등한 구조를 보여 주는 표현 사용
│   - ㉣ '-고', '와/과' 등으로 접속될 때에는 대등한 관계를 사용함.
└─────────────────────────────┘

① "환경 오염의 심각성을 이 연구 결과에서 알 수 있다."를 ㉠에 따라 "이 연구 결과는 환경 오염의 심각성을 말해 주고 있다."로 수정한다.
② "다음 수업을 듣기 전에 미리 예습합시다."를 ㉡에 따라 "다음 수업을 듣기 전에 예습합시다."로 수정한다.
③ "유진이와 아진이는 놀이동산에 갔다."를 ㉢에 따라 "유진이는 아진이와 함께 놀이동산에 갔다."로 수정한다.
④ "에너지 소비가 증가하고 자원 고갈에 따라 친환경 기술 개발도 중요해질 것이다."를 ㉣에 따라 "에너지 소비 증가와 자원 고갈에 따라 친환경 기술 개발도 중요해질 것이다."로 수정한다.

2. 다음 글의 ㉠ ~ ㉣ 중 어색한 곳을 찾아 가장 적절하게 수정한 것은?

최초로 어느 부족의 언어를 번역해야 하는 번역자 A를 가정하자. A가 사용할 수 있는 자료는 부족민의 언어 행동에 대한 관찰 증거뿐이다. A는 가바가이라는 말소리를 알아들었는데 ㉠그때마다 눈앞에 토끼가 있다는 사실을 발견했다. 이에 A는 가바가이에 대한 가능한 몇 가지 번역어를 생각해냈고, 이는 한 마리의 토끼나 살아있는 토끼 등으로 번역될 수 있었다. 관찰 가능한 증거들은 ㉡다양한 번역과 어울릴 수 있었기 때문에 A는 무엇이 옳은지 결정할 수 없었다.
이를 해결하기 위해 제시된 이론은 ㉢전체의 의미에서 그 구성요소의 의미를 결정하고자 한다. 즉 문제의 단어를 포함하는 문장의 의미를 확정한 후 이를 기반으로 각 문장의 구성요소인 단어의 의미를 결정하려는 것이다. 예컨대 분자라는 과학의 단어의 의미는 "기체의 온도는 기체 분자들의 충돌에 의한 것이다."와 같은 문장의 의미를 확정함으로써 결정할 수 있다. 그리고 이 문장의 의미는 수많은 문장들로 이루어진 과학 이론 속에서 결정될 것이다. 결국 ㉣과학 문장의 의미는 과학 이론에 선행하여 결정된다.

① ㉠: 인근 부족에서 토끼라고 칭하는 말과 유사한 발음이라는
② ㉡: 특정 의미로 번역될 수 있었기 때문에 A는 무엇이 옳은지 결정할 수 있었다
③ ㉢: 구성요소의 의미를 결정할 때 인간의 추론 능력을 활용한다
④ ㉣: 과학의 단어의 의미는 과학 이론에 의존하게 되는 것이다

3. 다음 글을 바탕으로 이해한 것이 적절하지 않은 것은?

존비법이란 일정한 종결 어미를 선택함으로써 상대편을 높여 표현하는 존대법으로, 크게 존대법과 겸양법으로 나뉜다. 존대법은 상대를 직접 높이는 것이고, 겸양법은 자기를 낮추어 상대를 간접적으로 높이는 것이다. 한국어에서는 어떤 존비법을 사용하느냐에 따라 문장 성분에 다양한 변화를 줄 수 있다. 가령, '제가 선생님을 모셔 올까 합니다.'에서 '제가'에는 자기를 낮추는 표현이 쓰였다. 한편, '선생님을', '모셔 올까', '합니다'에는 각각 상대를 높이는 표현이 쓰였다.
한국어에는 압존법이라는 어법도 존재한다. 압존법은 문장의 주체가 높여야 할 대상이지만 듣는 이의 지위가 문장의 주체보다 더 높아, 문장의 주체를 높이지 못하는 어법을 말한다. 예를 들어, 사원이 사장에게 '사장님, 부장님께서 회의에 가셨습니다.'라고 말하는 것은 압존법에 어긋난다. 사원에게 부장님은 높여야 할 대상이지만 사장님의 지위가 부장님보다 높기 때문이다. 따라서 '사장님, 부장님이 회의에 갔습니다.'라고 하는 것이 적절하다. 이때 가족 간에는 압존법을 지키는 것이 원칙이지만 압존법을 지키지 않는 것도 허용된다.
오늘날에는 높임법이 남용되는 경우도 있다. 예컨대, 우리 사회에서는 '팀장님, 부장님'과 같이 '-님'이라는 존칭 접미사가 붙은 직함이 많다. 하지만 이러한 직함들에는 '장(長)'에 이미 존칭이 포함되어 있다. 따라서 '-님'을 덧붙이지 않는 것이 적절하다. 하지만 이러한 존칭이 사회적으로 굳어졌으므로 지금에서야 바꾸는 것은 비합리적이다. 따라서 존칭이 확실히 굳어진 '선생님·교수님'과 같은 경우가 아니라면 '-님'을 붙이는 것이 오히려 문법에 어긋나는 경우이니 주의해야 한다.

① 한국어에서는 여러 문장 성분에서 존비법이 나타난다.
② 행동의 주체를 높일 때에는 듣는 이도 고려해야 한다.
③ '할머니, 어머니가 돌아오셨어요.'와 같은 문장은 문법적으로 허용된다.
④ '많은 주부님들께서 나오셨습니다.'의 '주부님'은 사회적으로 허용된다.

4. 다음 글을 논리적인 순서에 맞게 배열한 것은?

ㄱ. 그 기억은, 돼지의 몸과 인간의 정신이라는 기묘한 결합의 내부에 견딜 수 없는 비동일성과 분열이 담겨 있기 때문에 고통스럽다.
ㄴ. 대중 소비를 신성화하는 대신 왜곡된 현실에 관심을 두지 않았던 1960년대 팝아트 예술은 망각의 전략을 구사하는 키르케의 돼지들이다.
ㄷ. 키르케의 섬에 표류한 오디세우스의 부하들은 키르케의 마법에 걸려 변신의 형벌을 받았다.
ㄹ. 즉 "나는 돼지이지만 돼지가 아니다, 나는 인간이지만 인간이 아니다."라고 말해야만 하는 것이 비동일성의 고통이다.
ㅁ. 변신의 형벌이란 몸은 돼지로 바뀌었지만 정신은 인간의 것으로 남아 자신이 돼지가 아니라 인간이라는 기억을 유지해야 하는 형벌이다.

① ㄷ-ㅁ-ㄱ-ㄹ-ㄴ
② ㄷ-ㅁ-ㄴ-ㄹ-ㄱ
③ ㄷ-ㄹ-ㄴ-ㄱ-ㅁ
④ ㄴ-ㄷ-ㄱ-ㄹ-ㅁ

5. 갑, 을, 병, 정, 무 5명에 대한 다음 진술은 모두 참이다. 정이 경시대회에 참석했다면, 경시대회에 참석한 사람은 총 몇 명일까?

> ㉠ 갑이 경시대회에 참석하지 않을 때만 병이 경시대회에 참석한다.
> ㉡ 을이 경시대회에 참석하지 않으면, 정도 경시대회에 참석하지 않는다.
> ㉢ 병이 경시대회에 참석하거나 정이 경시대회에 참석하지 않는다.
> ㉣ 무가 경시대회에 참석한다면, 갑이 경시대회에 참석한다.

① 1명
② 2명
③ 3명
④ 4명

6. 갑 ~ 병의 주장을 분석한 내용으로 적절한 것만을 〈보기〉에서 모두 고르면?

> 갑: 재활이 중요하다고 해도, 사회가 범죄자에게 관용을 베풀기만 한다면 범죄율이 오히려 증가할 수도 있다. 강력한 처벌이 있어야 범죄를 예방할 수 있다. 특히 흉악범죄의 경우, 형량을 강화하여 사회에서 격리하는 것이 피해자와 국민의 안전을 보장하는 길이다. 범죄자가 충분한 형량을 받아야 법의 공정성이 지켜지고, 사회적 경각심도 높아질 것이다.
> 을: 흉악범죄에 대한 처벌이 강화되어야 한다는 점에는 동의하지만, 무조건적인 형량 강화가 능사는 아니다. 많은 연구에서 강력한 처벌이 범죄율을 낮추는 효과가 크지 않다는 점이 입증되었고, 오히려 재활 프로그램을 통해 범죄자가 사회에 성공적으로 복귀하는 것이 장기적으로 더 나은 해결책이 될 수 있다. 범죄자의 교화와 사회 복귀가 이루어지지 않으면, 출소 후 또다시 범죄를 저지를 가능성이 높아지고, 결국 사회적 비용만 증가할 뿐이다.
> 병: 재활을 통한 사회 복귀가 필요하다는 점에는 동의한다. 하지만 피해자의 권리와 사회적 안전을 간과해서는 안 된다. 모든 범죄를 재활 중심으로 접근하는 것은 위험할 수 있다. 따라서 살인, 성범죄 같은 중범죄자는 형량을 강화해 사회에서 격리하고, 경미한 범죄자는 재활을 중심으로 처벌하는 균형 있는 형벌 체계가 필요하다.

〈보 기〉
ㄱ. 갑과 을은 강한 처벌의 범죄 예방 효과에 대해 다른 의견을 가지고 있다.
ㄴ. 을과 병은 모두 피해자의 권리와 사회적 안전을 고려해야 한다고 주장한다.
ㄷ. 갑, 을, 병은 흉악 범죄자의 형량을 강화하는 것에 대해 모두 이견이 없다.

① ㄱ
② ㄴ
③ ㄱ, ㄷ
④ ㄴ, ㄷ

7. 다음 글의 ㉠과 ㉡에 대한 평가로 옳지 않은 것은?

> 정부가 스마트시티를 성공적으로 구축하기 위해서는 데이터 플랫폼 구축, 시민 참여, 민간 투자 유치라는 세 가지 요소가 중요하다는 견해가 있다. 데이터 플랫폼 구축은 각종 도시 데이터를 종합적으로 수집·분석하는 것이고, 시민 참여는 주민들이 의사 결정 과정에 직접 참여하게 하는 것을 의미한다. 민간 투자 유치는 민간 기업이 스마트시티 구축에 참여하도록 유도하는 활동을 의미한다. ㉠이 세 요소 모두를 충족해야만 스마트시티 프로젝트가 성공할 수 있지만, ㉡이 세 요소가 모두 충족되었다고 해서 반드시 프로젝트가 성공한다고 보장할 수는 없다.

① 스마트시티 구축에 민간 기업 참여를 유도하지 않은 모든 국가에서 스마트시티 구축에 실패하였다면, ㉠은 강화된다.
② 세 요소를 모두 충족했음에도 자연재해로 스마트시티 구축에 실패한 사례가 있다면, ㉡은 강화된다.
③ 데이터 플랫폼 구축에 실패하였지만, 적극적인 시민 참여로 스마트시티를 성공적으로 구축한 국가가 있다면, ㉠은 약화된다.
④ 세 요소를 모두 충족하지 않는 경우 항상 스마트시티 구축에 실패하였다면, ㉡은 약화된다.

8. 〈지침〉에 따라 〈개요〉를 작성할 때 ㉠~㉣에 들어갈 내용으로 적절하지 않은 것은?

〈지 침〉
○ 서론은 중심 소재의 개념 정의와 주요 실태를 1개의 장으로 작성할 것.
○ 본론은 제목에서 밝힌 내용을 2개의 장으로 구성하되 각 장의 하위 항목끼리 대응되도록 작성할 것.
○ 결론은 기대 효과와 향후 과제를 1개의 장으로 작성할 것.

〈개 요〉
○ 제목: AI 의존도 증가의 문제점과 해결 방안
Ⅰ. 서론
  1. AI 의존도의 개념 정의
  2. ㉠
Ⅱ. AI 의존도 증가의 문제점
  1. ㉡
  2. 생성형 AI가 제공한 정보에 대한 무비판적 수용
Ⅲ. AI 의존도 증가에 대한 해결 방안
  1. 창의적 사고를 촉진하는 교육 및 훈련 강화
  2. ㉢
Ⅳ. 결론
  1. ㉣
  2. AI 의존도 증가에 따른 문제를 해결하는 정책 및 교육 강화

① ㉠: AI 의존증 증가에 따른 인간의 자율적 사고력 감소의 실태
② ㉡: 의사 결정이 AI에 의존됨에 따른 인간의 창의성 감소
③ ㉢: AI가 제공한 정보를 무비판적으로 공유하지 않도록 AI 활[용] 지침 설정
④ ㉣: AI와 인간의 균형 잡힌 공존을 위한 지속 가능한 방안 마[련]

[9 ~ 10] 다음 글을 읽고 물음에 답하시오.

제자백가는 춘추전국시대에 중국에서 생겨난 다양한 사상가들과 학파를 의미한다. 주나라라는 기존의 규범이 무너지고 수많은 전쟁으로 혼란스러웠던 춘추전국시대를 겪으며 이들은 ㉠혼란을 극복하고 질서를 세우기 위해 활발히 논쟁하고 사상을 펼쳤다. 이들은 기존의 전통에 머무르지 않고, 사회와 인간, 정치와 윤리에 대한 깊이 있는 ㉡통찰을 제시하였다.

대표적으로 유가는 인(仁)과 예(禮)를 바탕으로 도덕적 수신과 이상적 정치체제를 주장하였으며, 도가는 무위자연(無爲自然)을 통해 인간이 본성 그대로 자유롭고 자연스럽게 살아갈 것을 ㉢역설하였다. 법가는 엄격한 법률과 강력한 통치가 혼란스러운 시기를 극복하는 핵심이라 보았고, 묵가는 차별 없는 사랑인 겸애를 내세워 평등과 실리를 강조하였다. 이 밖에도 병가, 명가 등 다양한 학파가 경쟁적으로 등장하여 각자의 이론과 실천 방법을 제시했다.

춘추전국시대 이러한 학파 간의 충돌과 융합은 후대의 문화와 정치 제도, 윤리관에 ㉣지대한 영향을 끼쳤고, 동아시아 사상의 기틀을 형성하는 기반이 되었다. 오늘날에도 이 시기에 축적된 풍부한 사상적 유산은 동양 철학과 정치 제도의 중요한 근간으로 계속 연구되고 있다.

9. 윗글에서 추론한 내용으로 가장 적절한 것은?
① 주나라의 멸망으로 춘추전국시대가 시작되었다.
② 제자백가의 등장으로 춘추전국시대의 혼란이 종결되었다.
③ 춘추전국시대에 발달한 사상들은 오늘날의 정치 제도에도 영향을 미친다.
④ 묵가는 도덕적 수신으로는 혼란스러운 시기를 극복할 수 없다고 보았다.

10. ㉠ ~ ㉣과 바꿔쓸 수 있는 유사한 표현으로 적절하지 않은 것은?
① ㉠: 무질서를
② ㉡: 통념을
③ ㉢: 강조하였다
④ ㉣: 막대한

[11 ~ 12] 다음 글을 읽고 물음에 답하시오.

구체적 의미의 파악이 개별 상황에 좌우되는 법 개념을 '불확정 법 개념'이라 부른다. 발생할 수 있는 모든 경우를 예측하는 것은 어려운 일이므로, 불확정 법 개념은 존재할 수밖에 없다. 그런데 불확정 법 개념이 쓰인 경우, 행정청에 광범위한 판단 권한을 인정할 수 있는지 논쟁이 있다.

판단 여지설은 법률에서 불확정 법 개념이 사용된 경우, 다양한 가치판단의 가능성, 즉 판단 여지가 행정청에 주어진다고 본다. 사실관계를 확인하고 법 개념을 해석하는 것은 사법적 심사의 영역이 될 수 있지만, 확인된 사실관계가 불확정 법 개념에 포섭되는지 판단하는 것은 행정청의 가치판단을 요구하는 일이므로 사법심사가 불가능하다고 ㉠보는 것이다.

반면, 판단 수권설은 불확정 법 개념의 해석에 행정청의 선택권이 인정되기 어려우며, 하나의 올바른 결정만이 존재할 수 있다고 본다. 불확정 법 개념은 이를 적용할 때 그 시대 사회·경제·기술 등 분야의 평균적 견해에 따라 특정한 내용으로 구체화될 수 있다고 보는 것이다. 따라서 이 입장에 따르면, 판단 여지는 입법자인 의회가 행정청에 불확정 법 개념을 판단할 권한을 부여한 경우에만 예외적으로 인정될 수 있으며, 일반적으로는 인정되지 않는다.

11. 윗글의 내용으로 가장 적절한 것은?
① 판단 수권설은 법률을 해석하는 모든 경우에 있어 판단 여지를 인정하지 않는다.
② 판단 여지설은 행정청의 가치판단이 필요한 영역에서 행정청의 판단 여지를 인정한다.
③ 불확정 법 개념은 발생할 수 있는 모든 경우를 법에 규정하기 위해 활용되는 개념이다.
④ 판단 수권설은 구체적 사실관계에 특정 법 개념이 적용되는지에 대한 판단을 입법자가 해야 한다고 본다.

12. 문맥상 ㉠의 의미와 가장 가까운 것은?
① 그는 연극을 보는 재미로 극장에서 일한다.
② 기회를 봐서 부모님께 말씀드리는 게 좋겠다.
③ 어쩐지 나는 그의 행동을 실수로 볼 수가 없었다.
④ 다른 부서 업무를 보느라고 내 일을 다 못 끝냈다.

[13 ~ 14] 다음 글을 읽고 물음에 답하시오.

카롤루스 대제는 ㉠프랑크 왕국의 왕이자 서유럽 중세사의 중요한 전환점을 마련한 군주로 평가된다. 그는 메로빙거 왕조의 쇠퇴 이후 권력을 이어받은 카롤링거 가문 출신으로, 아버지 피핀 3세의 뒤를 이어 프랑크 왕국을 통치했다. 즉위 후 적극적인 정복 활동을 펼쳐, 게르만족인 ㉡색슨족을 굴복시키고 롬바르디아·바이에른 등 이탈리아와 중앙유럽 일대의 영역을 편입해 대제국을 일구었다. 이때 교황과의 협력도 긴밀해져, ㉢교황령과 로마 가톨릭의 보호자 역할을 자임했다.

800년 크리스마스 날, 로마에서 교황 레오 3세가 그에게 서방 황제 관을 씌움으로써 '서로마 제국'의 부활을 상징하는 사건이 일어났다. 비록 실제 ㉣동로마 제국은 이를 완전히 인정하지 않았으나, 카롤루스 대제는 로마 전통의 계승자이자 기독교 세계의 수호자로서 유럽 질서의 중심에 섰다. 그가 ㉤제국을 다스리면서 추진한 행정·사법 제도의 정비, 학문·예술 장려 정책은 향후 중세 유럽 문화 발전에 중대한 영향을 미쳤다.

카롤루스 대제 사후 ㉥제국은 손자 세대에 이르러 베르됭 조약으로 분할되었지만, 그의 업적과 통치 기반은 서유럽 여러 국가의 형성에 직접적인 단서를 제공했다. 프랑스·독일·이탈리아 등이 각기 독립적 길을 걷게 된 배경에도 이 시기의 유산이 깔려 있다. 오늘날까지 카롤루스 대제는 중세 왕권 강화와 유럽 문화사의 원동력을 마련한 인물로 기념되고 있으며, 아헨 대성당과 유물들을 통해 그의 영향력을 되새기는 연구가 지속적으로 이루어지고 있다.

13. 윗글에서 추론한 내용으로 가장 적절한 것은?
① 동로마 제국의 황제 피핀 3세는 프랑크 왕국을 정복하였다.
② 동로마 제국의 반대에도 불구하고 카롤루스 대제는 서방 황제가 되었다.
③ 색슨족은 카롤루스 대제에게 정복된 후에도 계속하여 독립전쟁을 벌였다.
④ 카롤루스 대제는 베르됭 조약을 통해 프랑스를 합병하였다.

14. 윗글의 ㉠ ~ ㉥ 중 지시하는 바가 같은 것끼리 짝지은 것은?
① ㉠, ㉣
② ㉡, ㉢
③ ㉤, ㉥
④ ㉢, ㉣

15. <보기>의 내용을 포괄하는 문장으로서 빈칸에 가장 적절한 것은?

─────< 보 기 >─────
(   ) 우리가 공동체를 이루고 삶을 영위해 나가는 현대 사회에서는 협동이란 당사자들 간의 상호 이익과 호혜성의 조건 아래 합리적인 약속이나 계약에 따라 이루어진다. 그런데 이러한 상호 이익을 위한 약속이나 호혜성을 전제한 계약은 상호 신뢰를 전제하지 않고서는 이루어질 수 없으며, 그것이 이행되리라는 기대도 하기 어렵다. 동양의 전통 윤리에서도 인의예지(仁義禮智) 등의 네 가지가 주된 덕목으로 숭상되어 왔으며, 때로는 오상(五常)이라 하여 네 가지 덕목에다 신(信)이라는 덕목을 하나 더 첨가하기도 한다. 그런데 사실상 인간의 도덕 생활에서 믿음이란 가장 일반적인 사회적 덕목일 뿐만 아니라 다른 모든 덕목의 실현에서도 전제되어야 할 기본 덕목이 아닐 수 없다.

① 현대 사회의 불신 풍조는 협동 정신을 저해한다.
② 상호 신뢰와 믿음은 사회생활의 가장 기본이 되는 조건이다.
③ 사회 구성원 상호 간의 믿음은 동양 윤리를 강화시켜 왔다.
④ 사회생활의 기본적인 덕목은 구성원 간의 공정한 계약에 있다.

16. ㉠을 평가한 내용으로 적절한 것만을 <보기>에서 모두 고르면?

최근 교육심리학계에서 어릴 때부터 꾸준히 팀 스포츠 활동을 한 학생들이 협동심, 책임감, 의사소통 능력 등 사회성을 함양하는 데 유리하다는 ㉠주장이 제기되었다. 이는 팀 스포츠 특성상 구성원 간의 긴밀한 협력과 역할 분담이 필요하고, 경기 후에도 서로의 피드백을 주고받으며 함께 목표를 향해 나아가는 경험이 쌓이기 때문이다.

그러나 일부 전문가들은 팀 스포츠만이 사회성을 길러 주는 유일한 방법은 아니라고 본다. 동아리 예술 공연 활동, 봉사활동 등 다양한 집단 경험도 충분히 협력·소통 능력을 기를 수 있다는 것이다. 오히려 팀 스포츠에서 지나친 경쟁 심리나 갈등이 촉발될 경우, 역효과로 인해 부정적 대인관계를 경험하기도 한다고 지적한다.

─────< 보 기 >─────
ㄱ. 어린 시절 팀 스포츠 활동 경험이 있는 집단에서 그렇지 않은 집단보다 높은 사회 참여도와 의사소통 능력이 관찰되었다는 연구 결과는 ㉠을 강화한다.
ㄴ. 중·고등학생을 대상으로 사회성 검사를 실시한 결과, 음악 동아리나 학급 프로젝트 등 팀 스포츠 외의 공동 활동을 꾸준히 한 학생들도 팀 스포츠 참여자와 비슷한 수준의 대인관계 능력을 보였다는 연구는 ㉠을 약화한다.
ㄷ. 초등학생을 대상으로 한 1년간의 추적 조사에서, 봉사활동에 매주 참여한 집단이 비참여 집단보다 협동 능력과 타인 배려 점수에서 통계적으로 유의미하게 높은 향상을 보인 경우, ㉠은 약화된다.

① ㄱ
② ㄱ, ㄴ
③ ㄴ, ㄷ
④ ㄱ, ㄴ, ㄷ

17. 다음 글을 바탕으로 이해한 것이 옳지 않은 것은?

프랑스 계몽주의자 디드로는 연극에서 무대와 객석 사이의 경계를 '제4의 벽'이라고 불렀다. 무대가 독립된 공간이 되기 위해서는 사방이 벽으로 둘러싸여야 하지만 관객이 연극을 관람해야 하니 그중 1면의 벽은 제거되어야 한다. 이 제거된 가상의 벽을 제4의 벽이라고 한다. 이 개념은 사실주의 연극의 토대가 되었고 무대와 객석이 완전히 분리되는 것을 전제로 한다. 디드로는 극작가를 포함한 외부의 모든 것과 극이 분리되어야 '극의 절대성'이 실현된다고 본 것이다. 따라서 제4의 벽이 있는 모든 연극의 행동과 대사는 연극 안에서 이루어지며, 무대는 외부와 차단된다.

하지만 제4의 벽이 늘 존재하는 것은 아니다. 예컨대, 극중 인물이 관객에게 말을 건네는 방백은 무대가 독립된 공간이 되면 불가능하다. 또한 우리나라의 전통극이나 서사극에서는 배우와 관객 간의 소통이 필수적이므로 제4의 벽이 성립되지 않는다.

극중 인물이 극의 본래 기능을 벗어나 서사적 기능을 수행하면, 그러한 극을 서사극이라 부르고 그 인물은 '해설자' 역할을 하게 된다. 이런 경우는 크게 극 안에서 관객이 직접 볼 수 없는 외부 사건을 보고하는 경우, 극작가의 의도를 전달하는 대변자가 되는 경우, 극의 연출과 관련된 정보를 관객에게 전달하는 경우로 나눌 수 있다. 하지만 극중 인물이 이 세 가지 경우에 해당한다고 하여 늘 서사적 기능을 수행하는 것은 아니다.

① 제4의 벽이 있는 극은 물리적으로 무대와 객석이 완전히 분리된다.
② 방백이 포함된 연극이라면, 제4의 벽이 존재하지 않는다.
③ 우리나라의 전통극인 판소리의 경우 무대와 객석이 완전히 분리되지 않는다.
④ 극중 인물이 외부 사건을 보고한다고 해서 이 극중 인물이 해설자의 역할을 하는 것은 아니다.

18. ㉠과 ㉡에 모두 해당하는 예문으로 적절한 것은?

부정 표현에는 부사 '안'과 '못'을 사용하는 짧은 부정문과 ㉠'-지 아니하다'와 '-지 못하다' 등을 사용한 긴 부정문이 있다. 부정 표현은 능력 부정, 의지 부정 외에도 ㉡단순히 사실이나 상태를 부정하는 경우도 있다.

① 기온이 0도 이하가 아닌 날에는 물이 얼지 않는다.
② 지금 그 가게에는 손님이 열 명도 안 된다.
③ 나는 숙제를 하려고 드라마를 보지 않았다.
④ 동생은 독감에 걸려서 학원에 가지 못했다.

19. 다음 글의 ㉠과 ㉡에 들어갈 말을 적절하게 나열한 것은?

기원전 2세기 중반, 로마 공화정은 농민 몰락과 토지 집중으로 사회적 격차가 크게 심화된 상황에 직면했다. 이때 티베리우스 그라쿠스는 호민관에 취임하자마자 과도하게 축적된 공유지를 되찾아 무산 농민들에게 분배하고, 자영농을 육성해 군역을 유지하고자 했다. 그러나 원로원의 반발과 귀족 세력의 방해가 거세게 일어났고, (㉠).

뒤이어 동생 가이우스 그라쿠스가 호민관직을 맡아 다양한 개혁을 시도했다. 그는 곡물법을 제정해 빈민층에 저렴한 곡물을 공급하고, 식민지 건설을 통한 토지 문제 완화를 도모했다. 또한 기사 계층을 우대해 원로원을 견제하고, 재판권을 재편해 귀족 권력을 약화시키려 했다. 이 급진적 조치들은 로마 내부의 보수 세력과 충돌을 빚어 무력 사태로 이어졌고, 가이우스 역시 반대파에 쫓겨 비참한 최후를 맞았다.

그라쿠스 형제의 개혁 시도는 심각해지는 빈부 격차와 농민 몰락 문제에 대한 최초의 본격적 대응으로서, 공화정 말기 로마 사회가 직면한 구조적 모순을 선명히 드러냈다. (㉡). 따라서 그라쿠스 형제의 개혁은 공화정 체제에서 제정으로 넘어가는 역사적 전환 속에서 로마 정치사의 한 분수령으로 평가된다.

① ㉠: 티베리우스는 폭력 사태를 유발해 원로원을 몰아내고 개혁을 성공시킬 수 있었다
㉡: 그들이 제시한 토지 분배 구상과 대중 동원 방식이 성공적으로 정착하여 로마 공화정은 안정을 되찾을 수 있었다
② ㉠: 티베리우스는 폭력 사태에 휘말려 목숨을 잃으며 개혁은 좌절됐다
㉡: 그들이 제시한 토지 분배 구상과 대중 동원 방식이 성공적으로 정착하여 로마 공화정은 안정을 되찾을 수 있었다
③ ㉠: 티베리우스는 폭력 사태를 유발해 원로원을 몰아내고 개혁을 성공시킬 수 있었다
㉡: 형제의 노력은 실패로 끝났으나, 그들이 제시한 토지 분배 구상과 대중 동원 방식은 이후 정치적 격변의 시초가 되었다
④ ㉠: 티베리우스는 폭력 사태에 휘말려 목숨을 잃으며 개혁은 좌절됐다
㉡: 형제의 노력은 실패로 끝났으나, 그들이 제시한 토지 분배 구상과 대중 동원 방식은 이후 정치적 격변의 시초가 되었다

20. 다음 글의 밑줄 친 결론을 이끌어내기 위해 추가해야 할 것은?

날씨가 맑은 날이면 도서관에 간다. 도서관에 가는 어떤 날에는 카페에 가지 않는다. 따라서 카페에 가지 않는 어떤 날의 날씨는 맑다.

① 도서관에 가는 날이면 날씨가 맑다.
② 도서관에 가는 어떤 날의 날씨는 맑다.
③ 카페에 가는 날이면 날씨가 맑지 않다.
④ 카페에 가는 어떤 날의 날씨는 맑지 않다.

이유진 국어
화제의 모의고사

정답 및 해설

정답공개 및 이의제기 안내

1. 동영상 강의 수강 신청
   메가 공무원
   2025 이유진 국어 【지방직/서울시 대비】 화제의 모의고사

2. 이의제기 안내
   이유진 국어 네이버 카페(cafe.naver.com/yujinjinjin)
   ≫ 모의고사 전용 질의응답

본 문제의 무단전재 또는 복제행위는 저작권법 제136조에 의거, 5년 이하의 징역 또는 5,000만원 이하의 벌금에 처하거나 이를 병과할 수 있습니다.

회차별 출제요소

화제의 모의고사 1주 LEVEL 1
1	[국어학의 이해와 활용 – 작문 형식]
2	[응용 추론 – 빈칸 추론]
3	[국어학의 이해와 활용 – 언어학 – 기타]
4	[의사소통 – 작문 내용]
5	[논리 비판 – 논리 추론 – 명제논리]
6	[확인 추론 – 긍정발문 – 문학]
7	[응용 추론 – 어휘 추론]
8	[논리 비판 – 비판 추론 – 강화약화]
9	[의사소통 – 작문 내용]
10	[구조 독해 – 배열 – 문장 배열]
11	[확인 추론 – 긍정발문 – 인문사회예술]
12	[응용 추론 – 문맥 추론]
13	[논리 비판 – 논리 추론 – 명제논리]
14	[논리 비판 – 비판 추론 – 강화약화]
15	[국어학의 이해와 활용 – 언어학 – 의미]
16	[확인 추론 – 긍정발문 – 과학기술경제]
17	[응용 추론 – 어휘 추론]
18	[논리 비판 – 논리 추론 – 명제논리]
19	[논리 비판 – 비판 추론 – 비판적 이해]
20	[확인 추론 – 부정발문 – 문학]

화제의 모의고사 1주 LEVEL 2
1	[국어학의 이해와 활용 – 작문 형식]
2	[응용 추론 – 빈칸 추론]
3	[국어학의 이해와 활용 – 언어학 – 기타]
4	[의사소통 – 작문 내용]
5	[논리 비판 – 논리 추론 – 명제논리]
6	[확인 추론 – 긍정발문 – 문학]
7	[응용 추론 – 어휘 추론]
8	[논리 비판 – 비판 추론 – 강화약화]
9	[의사소통 – 작문 내용]
10	[구조 독해 – 배열 – 문장 배열]
11	[확인 추론 – 긍정발문 – 인문사회예술]
12	[응용 추론 – 문맥 추론]
13	[논리 비판 – 논리 추론 – 명제논리]
14	[논리 비판 – 비판 추론 – 강화약화]
15	[국어학의 이해와 활용 – 언어학 – 의미]
16	[국어학의 이해와 활용 – 언어학 – 기타]
17	[응용 추론 – 어휘 추론]
18	[논리 비판 – 논리 추론 – 명제논리]
19	[논리 비판 – 비판 추론 – 비판적 이해]
20	[확인 추론 – 긍정발문 – 문학]

화제의 모의고사 2주 LEVEL 1
1	[국어학의 이해와 활용 – 작문 형식]
2	[국어학의 이해와 활용 – 언어학 – 단어]
3	[확인 추론 – 긍정발문 – 문학]
4	[의사소통 – 작문 내용]
5	[구조 독해 – 주제]
6	[응용 추론 – 빈칸 추론]
7	[논리 비판 – 비판 추론 – 강화약화]
8	[구조 독해 – 배열 – 문장 배열]
9	[확인 추론 – 부정발문 – 과학기술경제]
10	[응용 추론 – 어휘 추론]
11	[확인 추론 – 긍정발문 – 인문사회예술]
12	[응용 추론 – 문맥 추론]
13	[의사소통 – 작문 내용]
14	[논리 비판 – 비판 추론 – 강화약화]
15	[확인 추론 – 긍정발문 – 문학]
16	[논리 비판 – 논리 추론 – 명제논리]
17	[확인 추론 – 긍정발문 – 인문사회예술]
18	[응용 추론 – 어휘 추론]
19	[응용 추론 – 빈칸 추론]
20	[국어학의 이해와 활용 – 언어학 – 문장]

화제의 모의고사 2주 LEVEL 2
1	[국어학의 이해와 활용 – 작문 형식]
2	[국어학의 이해와 활용 – 언어학 – 단어]
3	[확인 추론 – 긍정발문 – 문학]
4	[의사소통 – 작문 내용]
5	[구조 독해 – 주제]
6	[응용 추론 – 빈칸 추론]
7	[논리 비판 – 비판 추론 – 강화약화]
8	[구조 독해 – 배열 – 문장 배열]
9	[확인 추론 – 부정발문 – 과학기술경제]
10	[응용 추론 – 어휘 추론]
11	[확인 추론 – 긍정발문 – 인문사회예술]
12	[응용 추론 – 문맥 추론]
13	[의사소통 – 작문 내용]
14	[논리 비판 – 비판 추론 – 강화약화]
15	[확인 추론 – 긍정발문 – 문학]
16	[논리 비판 – 논리 추론 – 명제논리]
17	[확인 추론 – 긍정발문 – 인문사회예술]
18	[응용 추론 – 어휘 추론]
19	[응용 추론 – 빈칸 추론]
20	[국어학의 이해와 활용 – 언어학 – 문장]

회차별 출제요소

화제의 모의고사 3주 LEVEL 1

1	[국어학의 이해와 활용 – 작문 형식]
2	[국어학의 이해와 활용 – 언어학 – 소리]
3	[국어학의 이해와 활용 – 언어학 – 기타]
4	[구조 독해 – 배열 – 문장 배열]
5	[논리 비판 – 논리 추론 – 명제논리]
6	[확인 추론 – 부정발문 – 문학]
7	[의사소통 – 작문 내용]
8	[의사소통 – 작문 내용]
9	[논리 비판 – 비판 추론 – 강화약화]
10	[확인 추론 – 긍정발문 – 인문사회예술]
11	[응용 추론 – 어휘 추론]
12	[응용 추론 – 빈칸 추론]
13	[논리 비판 – 비판 추론 – 강화약화]
14	[논리 비판 – 비판 추론 – 비판적 이해]
15	[확인 추론 – 긍정발문 – 문학]
16	[응용 추론 – 문맥 추론]
17	[논리 비판 – 논리 추론 – 명제논리]
18	[확인 추론 – 부정발문 – 인문사회예술]
19	[응용 추론 – 어휘 추론]
20	[구조 독해 – 주제]

화제의 모의고사 3주 LEVEL 2

1	[국어학의 이해와 활용 – 작문 형식]
2	[국어학의 이해와 활용 – 언어학 – 기타]
3	[국어학의 이해와 활용 – 언어학 – 소리]
4	[구조 독해 – 배열 – 문장 배열]
5	[논리 비판 – 논리 추론 – 명제논리]
6	[확인 추론 – 부정발문 – 문학]
7	[의사소통 – 작문 내용]
8	[의사소통 – 작문 내용]
9	[논리 비판 – 비판 추론 – 강화약화]
10	[확인 추론 – 부정발문 – 인문사회예술]
11	[응용 추론 – 어휘 추론]
12	[응용 추론 – 빈칸 추론]
13	[논리 비판 – 비판 추론 – 강화약화]
14	[논리 비판 – 비판 추론 – 비판적 이해]
15	[확인 추론 – 긍정발문 – 문학]
16	[응용 추론 – 문맥 추론]
17	[논리 비판 – 논리 추론 – 명제논리]
18	[확인 추론 – 부정발문 – 인문사회예술]
19	[응용 추론 – 어휘 추론]
20	[구조 독해 – 주제]

화제의 모의고사 4주 LEVEL 1

1	[국어학의 이해와 활용 – 작문 형식]
2	[논리 비판 – 비판 추론 – 강화약화]
3	[국어학의 이해와 활용 – 언어학 – 기타]
4	[의사소통 – 작문 내용]
5	[응용 추론 – 빈칸 추론]
6	[응용 추론 – 빈칸 추론]
7	[국어학의 이해와 활용 – 언어학 – 기타]
8	[논리 비판 – 논리 추론 – 명제논리]
9	[확인 추론 – 긍정발문 – 인문사회예술]
10	[응용 추론 – 어휘 추론]
11	[확인 추론 – 부정발문 – 인문사회예술]
12	[응용 추론 – 어휘 추론]
13	[논리 비판 – 비판 추론 – 강화약화]
14	[국어학의 이해와 활용 – 언어학 – 단어]
15	[논리 비판 – 비판 추론 – 비판적 이해]
16	[구조 독해 – 배열 – 문장 배열]
17	[확인 추론 – 부정발문 – 문학]
18	[응용 추론 – 문맥 추론]
19	[의사소통 – 작문 내용]
20	[논리 비판 – 논리 추론 – 명제논리]

화제의 모의고사 4주 LEVEL 2

1	[국어학의 이해와 활용 – 작문 형식]
2	[논리 비판 – 비판 추론 – 강화약화]
3	[국어학의 이해와 활용 – 언어학 – 기타]
4	[의사소통 – 작문 내용]
5	[응용 추론 – 빈칸 추론]
6	[응용 추론 – 빈칸 추론]
7	[국어학의 이해와 활용 – 언어학 – 기타]
8	[논리 비판 – 논리 추론 – 명제논리]
9	[확인 추론 – 긍정발문 – 인문사회예술]
10	[응용 추론 – 어휘 추론]
11	[확인 추론 – 부정발문 – 과학기술경제]
12	[응용 추론 – 어휘 추론]
13	[논리 비판 – 비판 추론 – 강화약화]
14	[국어학의 이해와 활용 – 언어학 – 단어]
15	[논리 비판 – 비판 추론 – 비판적 이해]
16	[구조 독해 – 배열 – 문장 배열]
17	[확인 추론 – 부정발문 – 문학]
18	[응용 추론 – 문맥 추론]
19	[의사소통 – 작문 내용]
20	[논리 비판 – 논리 추론 – 명제논리]

회차별 출제요소

화제의 모의고사 5주 LEVEL 1

1	[국어학의 이해와 활용 – 작문 형식]
2	[국어학의 이해와 활용 – 언어학 – 소리]
3	[국어학의 이해와 활용 – 언어학 – 기타]
4	[논리 비판 – 비판 추론 – 강화약화]
5	[논리 비판 – 논리 추론 – 명제논리]
6	[확인 추론 – 긍정발문 – 문학]
7	[의사소통 – 작문 내용]
8	[응용 추론 – 빈칸 추론]
9	[논리 비판 – 논리 추론 – 명제논리]
10	[확인 추론 – 긍정발문 – 문학]
11	[응용 추론 – 어휘 추론]
12	[응용 추론 – 사례 추론]
13	[논리 비판 – 비판 추론 – 비판적 이해]
14	[구조 독해 – 배치]
15	[확인 추론 – 긍정발문 – 인문사회예술]
16	[응용 추론 – 문맥 추론]
17	[논리 비판 – 논리 추론 – 명제논리]
18	[확인 추론 – 부정발문 – 인문사회예술]
19	[응용 추론 – 어휘 추론]
20	[논리 비판 – 비판 추론 – 강화약화]

화제의 모의고사 5주 LEVEL 2

1	[국어학의 이해와 활용 – 작문 형식]
2	[국어학의 이해와 활용 – 언어학 – 단어]
3	[국어학의 이해와 활용 – 언어학 – 문장]
4	[논리 비판 – 비판 추론 – 강화약화]
5	[논리 비판 – 논리 추론 – 명제논리]
6	[확인 추론 – 부정발문 – 문학]
7	[의사소통 – 작문 내용]
8	[응용 추론 – 빈칸 추론]
9	[논리 비판 – 논리 추론 – 명제논리]
10	[확인 추론 – 긍정발문 – 문학]
11	[응용 추론 – 어휘 추론]
12	[응용 추론 – 사례 추론]
13	[논리 비판 – 비판 추론 – 비판적 이해]
14	[구조 독해 – 배치]
15	[확인 추론 – 긍정발문 – 인문사회예술]
16	[응용 추론 – 문맥 추론]
17	[논리 비판 – 논리 추론 – 명제논리]
18	[확인 추론 – 긍정발문 – 인문사회예술]
19	[응용 추론 – 어휘 추론]
20	[논리 비판 – 비판 추론 – 강화약화]

화제의 모의고사 6주 LEVEL 1

1	[국어학의 이해와 활용 – 작문 형식]
2	[의사소통 – 작문 내용]
3	[국어학의 이해와 활용 – 언어학 – 기타]
4	[구조 독해 – 배치]
5	[논리 비판 – 논리 추론 – 명제논리]
6	[논리 비판 – 비판 추론 – 강화약화]
7	[논리 비판 – 비판 추론 – 비판적 이해]
8	[의사소통 – 작문 내용]
9	[구조 독해 – 주제]
10	[확인 추론 – 부정발문 – 인문사회예술]
11	[응용 추론 – 어휘 추론]
12	[논리 비판 – 논리 추론 – 명제 논리]
13	[확인 추론 – 긍정발문 – 인문사회예술]
14	[응용 추론 – 어휘 추론]
15	[논리 비판 – 비판 추론 – 강화약화]
16	[확인 추론 – 긍정발문 – 인문사회예술]
17	[응용 추론 – 문맥 추론]
18	[국어학의 이해와 활용 – 언어학 – 기타]
19	[응용 추론 – 빈칸 추론]
20	[논리 비판 – 논리 추론 – 독해논리]

화제의 모의고사 6주 LEVEL 2

1	[국어학의 이해와 활용 – 작문 형식]
2	[의사소통 – 작문 내용]
3	[국어학의 이해와 활용 – 언어학 – 기타]
4	[구조 독해 – 배열 – 문장 배열]
5	[논리 비판 – 논리 추론 – 명제논리]
6	[논리 비판 – 비판 추론 – 비판적 이해]
7	[논리 비판 – 비판 추론 – 강화약화]
8	[의사소통 – 작문 내용]
9	[확인 추론 – 긍정발문 – 인문사회예술]
10	[응용 추론 – 어휘 추론]
11	[확인 추론 – 긍정발문 – 인문사회예술]
12	[응용 추론 – 어휘 추론]
13	[확인 추론 – 긍정발문 – 인문사회예술]
14	[응용 추론 – 문맥 추론]
15	[응용 추론 – 빈칸 추론]
16	[논리 비판 – 비판 추론 – 강화약화]
17	[확인 추론 – 부정발문 – 문학]
18	[국어학의 이해와 활용 – 언어학 – 문장]
19	[응용 추론 – 빈칸 추론]
20	[논리 비판 – 논리 추론 – 명제논리]

차 례

1주 LEVEL 1 이유진 국어 화제의 모의고사 해설 ·· 7

1주 LEVEL 2 이유진 국어 화제의 모의고사 해설 ·· 11

2주 LEVEL 1 이유진 국어 화제의 모의고사 해설 ·· 15

2주 LEVEL 2 이유진 국어 화제의 모의고사 해설 ·· 19

3주 LEVEL 1 이유진 국어 화제의 모의고사 해설 ·· 23

3주 LEVEL 2 이유진 국어 화제의 모의고사 해설 ·· 27

4주 LEVEL 1 이유진 국어 화제의 모의고사 해설 ·· 31

4주 LEVEL 2 이유진 국어 화제의 모의고사 해설 ·· 35

5주 LEVEL 1 이유진 국어 화제의 모의고사 해설 ·· 39

5주 LEVEL 2 이유진 국어 화제의 모의고사 해설 ·· 43

6주 LEVEL 1 이유진 국어 화제의 모의고사 해설 ·· 47

6주 LEVEL 2 이유진 국어 화제의 모의고사 해설 ·· 51

이유진 국어 화제의 모의고사 정답 및 해설

1주 LEVEL 1/2

1주 LEVEL 1 정답

01	④	02	③	03	①	04	④	05	①
06	④	07	③	08	②	09	④	10	②
11	③	12	③	13	①	14	②	15	①
16	①	17	②	18	①	19	④	20	②

01 ④ [국어학의 이해와 활용 – 작문 형식]

목적어 '노동력'은 서술어 '높이다'와 호응하지 않으므로, 이와 호응하는 서술어를 추가해야 한다. 그런데 노동력이 는다면 농가의 효율성이 크게 향상되지 않을 것이다. 따라서 '목적어와 서술어의 호응시킬 것'을 고려하여 '노동력을 줄이고 방제 효과를 높일'로 수정해야 한다.

오답해설

① '드론 병해충 방제 시연회'는 ○○청이 개최하는 대상이므로, '드론 병해충 방제 시연회를 개최한다고'로 수정하는 것이 적절하다.
② 〈공공언어 바로 쓰기 원칙〉에서 '지나친 명사 나열을 피하고 적절한 조사와 어미를 활용하'라고 하였다. 따라서 이를 고려하여, '병해충 발생 지역을 자동 탐색하고'로 수정하는 것이 적절하다.
③ '극대화하다'는 '아주 크게 하다'를 의미하는데, 이미 '크게'라는 의미가 포함되어 있다. 따라서 '중복되는 표현을 삼갈 것'을 고려하여 '극대화한다'로 수정하는 것이 적절하다.

02 ③ [응용 추론 – 빈칸 추론]

지문은 코로나19가 도시에 미친 영향을 다루고 있다. 지문은 도시가 인류 문명과 함께 등장한 이후 언제나 탁월하게 적응해 왔음을 강조하며, 코로나19가 재택근무나 온라인 강의 등과 같은 변화를 가속화시킬 것임을 예측하고 있다. 따라서 새로운 도시는 '우리가 보아왔던 것과 다른 도시로, 충격을 더욱 견고히 이겨낼 수 있는 도시가 될 것'임을 예측할 수 있다.

오답해설

① 코로나19가 반도시적 성향을 지닌다는 언급은 없으며, 사람들이 농촌과 교외로 분산될 것이라는 점도 지문의 내용과는 거리가 멀다.
② 지문은 코로나19를 통해 도시가 이전과 다른 새로운 형태로 변화할 것이라는 점을 다룬다. 그러나 지문에는 '도시 문명의 발달 가속화'에 대한 근거가 없다. 코로나 19라는 자극에 적응하여 재창조가 되는 것이지 기존 문명의 발달이 빨라지는 게 아니기 때문이다.
④ 기존 도시의 복구 및 지속은, 코로나19가 재택근무, 온라인 강의 등의 변화를 가속화시킬 것이라는 글의 내용과 거리가 멀다.

03 ① [국어학의 이해와 활용 – 언어학 – 기타]

'뵈-'와 '-는'이 결합할 때는 'ㅚ' 뒤에 '-어'가 붙는 경우가 아니므로 'ㅙ'의 표기가 나올 수 없다. 따라서 ㉠에는 '뵈는'이 들어가야 한다.

오답해설

② '쐤다'는 '쐬- + -었- + -다'의 결합이다. '쐬-'의 'ㅚ' 뒤에 '-었-'이 붙은 경우이므로 'ㅙ'의 표기가 나올 수 있다.
③ '괬다'는 '괴- + -었- + -다'의 결합이다. '괴-'의 'ㅚ' 뒤에 '-었-'이 붙은 경우이므로 'ㅙ'의 표기가 나올 수 있다.
④ '쇠-'와 '-기'가 결합할 때는 'ㅚ' 뒤에 '-어'가 붙는 경우가 아니므로 'ㅙ'의 표기가 나올 수 없다. 따라서 ㉢에는 '쇠기'가 들어가야 한다.

04 ④ [의사소통 – 작문 내용]

둘째 문단에 따르면, 한국어 연구에는 '근본적으로 한국어 자료가 부족'하다는 문제점이 존재한다고 한다. 이를 통해 현재 충분한 자료를 보유하고 있다고 볼 수 없을 것이므로 충분한 자료 속에서 무엇이 사실인지를 구별해내는 능력이 필요하다는 서술은 적절하지 않다. 한국어 자료의 부족 문제를 해결하기 위한 노력도 전개해야 한다고 고쳐 쓰는 것이 적절하다.

오답해설

① 첫째 문단에 따르면, '비교언어학적 근거는 한계를 가지고 있다'고 하므로 ㉠에는 한계의 근거가 제시되어야 한다. 음운 대응의 규칙성에는 서로 차이가 존재한다는 점은 모음조화, 관계 대명사의 부재와 같은 공통점을 기반으로 하여 분석하는 비교언어학의 반례에 해당하므로 한계의 근거가 된다. 따라서 기존의 서술을 유지하는 것이 적절하다.
② ㉡ 다음 문장에서 서술되고 있는 민족의 유전 형질을 활용한 분석은 유전학적 연구에 해당한다. 뿐만 아니라 다양한 연구를 활용하고 있다고 하였으므로 최근 한국어 연구는 비교언어학 분석과 더불어 유전학적 연구와 인류학적 연구 등을 활용하고 있음을 알 수 있다. 따라서 기존의 서술을 유지하는 것이 적절하다.
③ 둘째 문단에 따르면, '고구려, 백제, 신라의 언어가 각각 서로 다른 언어인지 아니면 방언적인 차이만을 지닌 하나의 언어인지에 대해 여전히 이견이 존재하며 어떤 언어로부터 분화된 것인지에 대해서도 학계의 입장은 대립된다'고 한다. 이는 여전히 한국어의 공통 조상을 밝히는 데에 있어 한계가 존재함을 나타낸다. 따라서 여전히 한국어와의 공통 조상어를 밝히기란 쉽지 않다는 기존의 서술을 유지하는 것이 적절하다.

05 ① [논리 비판 – 논리 추론 – 명제논리]

- 책 → 차 ⇔ ~차 → ~책
- 영화 → ~차 ⇔ 차 → ~영화
- ~차 → 쿠키 ⇔ ~쿠키 → 차

셋째 명제의 대우는 '~쿠키 → 차'이다. 따라서 쿠키를 싫어하는 사람은 차 마시는 것을 좋아한다는 것을 알 수 있다. 이를 통해 쿠키를 싫어하는 사람이 책을 좋아할지는 알 수 없다.

오답해설

② 첫째 명제, 그리고 둘째 명제의 대우를 결합하면 '책 → 차 → ~영화'이다.
③ 둘째 명제, 그리고 첫째 명제의 대우를 결합하면 '영화 → ~차 → ~책'이다.
④ 둘째 명제와 셋째 명제를 결합하면 '영화 → ~차 → 쿠키'이며, 이는 '~쿠키 → 차 → ~영화'와 동치이다.

06 ④ [확인 추론 – 긍정발문 – 문학]

둘째 문단에 따르면, 일정한 리듬감을 지닌 운문은 암송에 적합하여 고대부터 산문을 대신하여 활용되기도 하였다고 한다. 이를 통해 일정한 리듬감을 통해 운율을 갖춘 운문은 산문에 비해 암기가 쉬웠다는 것을 추론할 수 있다.

오답해설

① 둘째 문단에 따르면, 정서와 예술적 미감을 극대화하는 것은 운문이다. 이러한 표현 방식을 사용한 운문 작품들은 고유한 구조와 주제 전개를 통해 내적 논리성을 유지한다고 하였으므로, 정서와 예술적 미감을 극대화하는 경우 글의 논리성이 떨어진다고 볼 수 없다.
② 마지막 문단에 따르면 소설, 수필, 논문 등과 같은 산문 중에도 운율을 형성하는 리듬감이 존재하는 경우가 있다.
③ 둘째 문단을 통해 운문이 고대부터 사용되었음을 알 수 있을 뿐, 산문과 운문의 기원에 대해서는 명확히 알 수 없다.

07 ③ [응용 추론 – 어휘 추론]

제시된 문장에서 '㉠ 지닌'을 대체할 수 있는 유의어로 '가진' 등이 있다. ㉠이 포함된 문장의 구조는 'a는 b를 지니다'이다. 선지 ③의 '지니고'는 '가지고'라는 유의어를 제시된 문장과 공유하며, 'a는 b를 지니다'의 구조도 일치한다. 따라서 ㉠의 문맥적 의미와 가장 가까운 것은 선지 ③이다.

지니다 ❷【…을】「1」 바탕으로 갖추고 있다.
예 착한 성품을 <u>지닌</u> 사람.

오답해설

① 지니다 ❶【…을 …에】「1」 몸에 간직하여 가지다.
예 그는 친구가 준 목걸이를 늘 몸에 <u>지니고</u> 다닌다.
② 지니다 ❶【…을 …에】「2」 기억하여 잊지 않고 새겨 두다.
예 그는 첫사랑의 추억을 평생 가슴속에 <u>지니고</u> 살았다.
④ 제시된 '지니다'의 경우 지문의 '지니다'와 유의어를 공유할 수 있고 문장 구조도 같으나 '지니다'의 뜻이 다르다. 지문의 '지니다'는 '무언가를 바탕으로 갖추고 있다'라는 의미이지만 ④의 '지니다'는 '어떠한 일을 맡아서 가지다'라는 뜻이므로 의미가 같지 않다.

지니다 ❷【…을】「3」 어떠한 일 따위를 맡아 가지다.
예 그는 일을 성사시킬 책임을 <u>지니고</u> 해외로 출장을 떠났다.

08 ② [논리 비판 – 비판 추론 – 강화약화]

㉠은 정부 정책으로 교통 편의성·안전성 향상, 교통 인프라 관련 부가산업 발전 등의 기대 효과를 주장한다. 따라서 관련 산업이 활발해져 일자리 창출 효과가 나타난다면 이는 ㉠에 부합하는 사실이므로 ㉠을 강화한다.

오답해설

① ㉠은 정부 정책으로 교통 편의성·안전성 향상, 교통 인프라 관련 부가 산업 발전 등의 기대 효과를 주장한다. 주변 지역 소상공인에 미치는 영향은 ㉠에서 다루고 있는 주제가 아니므로 ㉠을 약화하지 않는다.
③ ㉡은 건설 비용 증가로 인한 지자체 예산 부담과 교통 중심지 쏠림현상으로 주변 지역 소상공인 피해가 우려된다는 것이다. 따라서 예상보다 높은 건설비 지출로 지자체 재정 부담이 커진다는 것은 ㉡에 부합하는 사실이므로 ㉡을 강화한다.
④ ㉡은 건설 비용 증가와 교통 중심지 쏠림현상으로 주변 지역 소상공인 피해가 우려된다는 것이다. 따라서 상권이 균형 있게 발전한다는 것은 이에 반하는 사실이므로 ㉡을 약화한다.

09 ④ [의사소통 – 작문 내용]

〈지침〉에 '결론은 기대 효과와 향후 과제를 1개의 장으로 작성할 것'이라는 내용이 제시되어 있다. Ⅳ-1에 '환경 교육 강화를 통한 지속 가능한 사회 실현'이라는 기대 효과가 제시되어 있으므로, ㉣에는 향후 과제가 제시되어야 한다. 그러나 '환경 오염이 줄어듦에 따른 건강한 생활환경 조성'도 기대 효과이므로, ㉣에 들어갈 내용으로 적절하지 않다.

오답해설

① 제목을 보았을 때, 글의 중심 소재는 '환경 교육 부족'이다. 〈지침〉에 '서론은 중심 소재의 개념 정의와 문제 제기를 1개의 장으로 작성하라'고 하였으므로, ㉠에는 '환경 교육 부족'과 관련된 문제 제기가 들어가야 한다. 따라서 '환경 교육 부족이 우리 공동체에 미치는 부정적 영향'은 이러한 문제 제기로 적절하다.
② 〈지침〉에 '본론은 제목에서 밝힌 내용을 2개의 장으로 구성하되 각 장의 하위 항목끼리 대응되도록 작성하라'고 하였다. 따라서 '정규 교육 과정 내 환경 교육의 비중 부족'은 Ⅲ-1(정규 교육 과정에서 환경 교육 강화 및 교재 개발)과 대응되는 Ⅱ-1(㉡)의 내용으로 적절하다.
③ 〈지침〉에 '본론은 제목에서 밝힌 내용을 2개의 장으로 구성하되 각 장의 하위 항목끼리 대응되도록 작성하라'고 하였다. 따라서 '지역사회 및 기업과 연계한 실천적 환경 교육 확대'는 Ⅱ-2(실천 중심 교육 프로그램 및 정책 지원 미흡)와 대응되는 Ⅲ-2(㉢)의 내용으로 적절하다.

10 ② [구조 독해 – 배열 – 문장 배열]

ㄱ. 독일인 친구들이 한국에 와 맥주 가게를 갔다며 그중 친구 A가 한국 맥주에 대해 부정적으로 평가했다고 제시한다.
ㄴ. M사에서 방영되는 O프로그램에 대해 설명하며 외국인 방송인이 현지의 친구들을 초대해 자유 여행을 하는 프로그램이라 한다. ㄱ의 내용이 ㄴ 프로그램의 일부임을 유추할 수 있다. 따라서 프로그램의 내용인 ㄱ은 프로그램 자체를 설명하는 ㄴ 앞에 오지 못한다. → 선지 ① 탈락

ㄷ. '이 프로그램'을 통해 다른 문화를 처음 접했을 때 어떻게 대해야 하는지 생각해볼 수 있다고 언급한다. 따라서 ㄷ 직전에는 '이 프로그램'이 제시되어야 함을 알 수 있다.
ㄹ. 다른 독일인 친구 B가 등장하며 타국의 문화를 좋고 싫음의 문제로 받아들여서는 안 된다고 말했다 제시한다. 이는 ㄱ의 내용과 이어지는 것으로, ㄱ 뒤에 ㄹ이 제시되어야 함을 알 수 있다. → 선지 ③ 탈락
ㅁ. 여러 나라 친구들이 방문했다며 프로그램 자체에 대한 설명을 하고 있다. 그중 독일 친구들이 가장 기억에 남는다고 하였는데, 독일 친구들에 대해 처음 언급한다는 점에서 독일 친구들에 대해 구체적으로 언급하고 있는 ㄱ으로 이어져야 한다. → 선지 ①, ③, ④ 탈락
따라서 'ㄴ-ㄷ-ㅁ-ㄱ-ㄹ'의 순서가 가장 자연스럽다.

11 ③ [확인 추론 – 긍정발문 – 인문사회예술]

둘째 문단에 따르면 장자는 세속적 가치 기준에 얽매이지 않고 살아가는 '소요유' 사상을 전개하였으며, 그 사상을 이상으로 삼았다. 이를 통해 장자가 세속적 가치에 구애되지 않는 것을 이상적으로 보았다는 것을 알 수 있다.

오답해설
① 첫째 문단에 따르면, 인의와 예는 유교에서 주장한 것으로 노장사상은 이에 대립하였으므로 옳지 않다.
② 둘째 문단에 따르면, 노자는 통치론을 주장하기도 한 것처럼 무위자연을 주장하였지만 국가 자체를 부정하였다고는 볼 수 없다.
④ 마지막 문단에 따르면, 노장사상이 동아시아의 예술과 문학에도 영향을 주었다고 하였다. 그러나 이로부터 서양의 산수화와 시가에도 영향을 미쳤는지는 알 수 없다.

12 ③ [응용 추론 – 문맥 추론]

㉠은 노자를, ㉡은 장자를 의미한다. 노자의 사상에 대한 설명이 나온 후, '그(㉢)가 말하는 도는 형체가 없고 언어로 온전히 표현하기 어렵다'고 하였으므로 ㉢은 노자를 의미한다는 것을 알 수 있다. 또한 장자의 사상에 대한 설명이 나온 후 '그(㉣)'의 입장에 대해 설명하고 있으므로, ㉣이 장자를 의미한다는 것을 알 수 있다. ㉤과 ㉥이 포함된 문단에서 노자가 앞부분에 소개되고 장자가 뒷부분에 소개되었으므로, 그중 앞엣것을 의미하는 ㉤은 노자를, ㉥은 뒤엣것인 장자를 의미한다.
따라서 지시하는 바가 같은 것끼리 짝지은 것은 ㉡, ㉥이다.
- 노자: ㉠, ㉢, ㉤
- 장자: ㉡, ㉣, ㉥

13 ① [논리 비판 – 논리 추론 – 명제논리]

- ~잘못된 습관 버림 → ~발전
- _____
- 결론: 더 나은 삶 → 잘못된 습관 버림

결론인 '더 나은 삶 → 잘못된 습관 버림'의 대우는 '~잘못된 습관 버림 → ~더 나은 삶'이다. 이를 이끌어내기 위해서는 첫째 명제의 후건인 '~발전'과 결론의 대우의 후건인 '~더 나은 삶'을 연결해 줄 수 있는 전제가 필요하다. 따라서 추가되어야 할 전제는 '~발전 → ~더 나은 삶'이다.

14 ② [논리 비판 – 비판 추론 – 강화약화]

ㄱ. ㉠은 전도성 물질이 외핵에서 대류 운동을 일으키며 전류를 발생시키고, 이것이 지구 자기장을 형성한다는 것이다. 이를 기반으로 한 시뮬레이션 결과가 실제 발견된 변화 양상과 동일하다는 사실은 ㉠을 강화한다.
ㄴ. ㉠은 외핵에서의 대류 운동을 바탕으로 한 시뮬레이션과 고지자기 연구 결과의 유사성을 핵심 근거로 본다. 따라서 외핵에서의 대류 운동으로 설명할 수 없는 자기장의 변화 양상이 발견되었다는 것은 기존 연구 결과와 배치되는 것이므로 ㉠을 약화한다.

오답해설
ㄷ. 지각의 잔류 자기와 태양풍에 의한 자기장 형성은 모두 ㉠과 대립하는 주장이다. 따라서 이 두 가지를 비교한다고 해서 ㉠의 주장이 강화되거나 약화되는 것은 아니다.

15 ① [국어학의 이해와 활용 – 언어학 – 의미]

'좋다-나쁘다'는 중간항이 존재하며 좋지도 나쁘지도 않은 상태로 동시 부정도 가능한 반대 관계이다.
'두 단어를 동시에 긍정하거나 부정하면 모순이 발생한다'는 것은 모순 관계에 관련된 내용이다.

오답해설
② '출발-도착'은 출발하지 않았다는 한쪽 단어의 부정이 도착하지 않았다는 다른 쪽 단어의 부정과 모순되지 않는다. 출발도, 도착도 하지 않은 상태가 존재하기 때문이다.
③ '삶-죽음'은 동시에 참이 될 수도, 동시에 거짓이 될 수도 없는 모순 관계이다. 참이 아닌 경우에는 거짓이고, 거짓이 아닌 경우에는 참인, 즉, 한쪽 단어의 부정이 다른 쪽 단어의 긍정을 의미한다.
④ '넓다-좁다'는 중간항이 허용되고 넓지도, 좁지도 않은 상태로 동시에 부정이 가능한 반대 관계이다. '넓다'가 증명되는 경우, 적어도 좁지는 않은 것을 의미하고, '좁다'가 증명되는 경우 적어도 넓지는 않은 것을 의미한다.

16 ① [확인 추론 – 긍정발문 – 과학기술경제]

첫째 문단에 따르면, 블랙은 온도가 상이한 물을 섞었을 때 칼로릭이라는 물질이 높은 온도 물에서 낮은 온도 물로 옮아가서 물 온도가 평형을 이룬다고 보았다.

오답해설
② 둘째 문단에 따르면, 라부아지에는 칼로릭이 공급되면 물질의 상태 변화도 일어날 수 있다고 보았다.
③ 마지막 문단에 따르면, 톰프슨은 칼로릭설에 대해 의문을 품었다. 하지만 둘째 문단에 따르면 라부아지에는 칼로릭설을 믿었다.
④ 마지막 문단에 따르면, 톰프슨은 칼로릭설에 대해 완전히 부인하지는 못했다.

17 ② [응용 추론 - 어휘 추론]

ⓒ이 포함된 문장은 온도가 다른 두 물이 칼로릭에 의해 같아진다는 내용이다. 따라서 ⓒ은 '서로 같지 아니하고 다름'을 의미하는 '차이'와 바꿔쓸 수 없으며, ⓒ과 바꿔쓸 수 있는 유사한 표현으로는 '균형'이 있다.

ⓒ 평형(平衡): 사물이 한쪽으로 기울지 않고 안정해 있음.
平 평평할 평, 衡 저울대 형
차이(差異): 서로 같지 아니하고 다름. 또는 그런 정도나 상태.
差 다를 차, 異 다를 이
균형(均衡): 어느 한쪽으로 기울거나 치우치지 아니하고 고른 상태.
均 고를 균, 衡 저울대 형

오답해설

① ㉠ 주목하다(注目하다): 관심을 가지고 주의 깊게 살피다.
注 부을 주, 目 눈 목
살펴보다: 자세히 따져서 생각하다.
③ ⓒ 추정하다(推定하다): 미루어 생각하여 판정하다.
推 밀 추, 定 정할 정
짐작하다(斟酌하다): 사정이나 형편 따위를 어림잡아 헤아리다.
斟 짐작할 짐, 酌 술 부을 작
④ ㉣ 부인하다(否認하다): 어떤 내용이나 사실을 옳거나 그러하다고 인정하지 아니하다.
否 아닐 부, 認 알 인
부정하다(否定하다): 그렇지 아니하다고 단정하거나 옳지 아니하다고 반대하다.
否 아닐 부, 定 정할 정

18 ① [논리 비판 - 논리 추론 - 명제논리]

제시된 전제를 기호화하면 다음과 같다.

> (가) 아르바이트 ∨ 인턴십
> (나) 아르바이트 → (자유시간 줄어듦 ∧ 학업 집중 어려움)
> (다) 인턴십 → (실무 경험 ∧ 학업 집중 어려움)

(가)에 따르면, 대학생은 '아르바이트'를 하거나 '인턴십'을 한다. 그런데 '아르바이트'가 참이면 (나)에 따라 '학업 집중 어려움'이 참이고, '인턴십'이 참이어도 (다)에 따라 '학업 집중 어려움'이 참이다. 즉 '학업 집중 어려움'은 항상 참이다. 따라서 (가)~(다)를 전제로 할 때 도출할 수 있는 결론은 '대학생은 학업에 집중하기 어려워진다'이다.

오답해설

② (다)에 따르면, '인턴십'이 참인 경우에 '실무 경험'이 참이다. 하지만 '인턴십'이 반드시 참인지 여부를 알 수 없으므로, '실무 경험'이 참이라고 결론 내릴 수 없다.
③ (나)에 따르면, '아르바이트'가 참인 경우에 '자유시간 줄어듦'이 참이다. 하지만 '아르바이트'가 반드시 참인지 여부를 알 수 없으므로, '자유시간 줄어듦'이 참이라고 결론 내릴 수 없다.
④ (나)와 (다)에 따르면, '아르바이트'와 '인턴십'이 모두 참인 경우에 '자유시간 줄어듦'과 '실무 경험'이 모두 참이다. 하지만 '아르바이트'와 '인턴십'이 모두 참인지 여부를 알 수 없으므로, '자유시간 줄어듦'과 '실무 경험'이 모두 참이라고 결론 내릴 수 없다.

19 ④ [논리 비판 - 비판 추론 - 비판적 이해]

ㄱ. 갑은 개정된 법률을 소급 적용하는 것은 법적 안정성과 예측 가능성을 무너뜨리므로 옳지 않다고 주장한다. 병은 형벌 불소급의 원칙을 깨뜨리면 법적 혼란이 발생할 수 있다고 하였다. 이는 병 역시 개정된 법률을 소급 적용하는 것이 옳지 않다고 주장하는 것이다. 따라서 개정 법률 소급 적용에 대해 갑과 병의 의견은 같다는 것을 알 수 있다.
ㄴ. 갑과 병은 개정된 법률의 소급 적용을 반대하는데 그 이유로 법적 안정성을 들었다. 이는 갑과 병이 법적 안정성을 중요시한다는 것을 의미한다. 또한 을의 경우, 법적 안정성이 중요하다는 점은 인정한다고 하였다. 이를 통해 갑, 을, 병 모두 법적 안정성에 대해서는 중요하다고 생각함을 알 수 있다.
ㄷ. 을은 '피해자의 권리'를 보장하기 위해 개정된 법률을 소급 적용해야 한다고 주장한다. 병은 법은 감정이 아니라 원칙을 기반으로 하는 것이므로 피해자의 권리를 보장할 다른 방법을 찾아야 한다고 한다. 즉 갑과 병은 개정 법률 소급 적용에 대해서는 의견이 다르지만, 둘 다 피해자의 권리를 보장해야 한다고 생각한다.

20 ② [확인 추론 - 부정발문 - 문학]

둘째 문단에 따르면, 조선 초기에는 사대부들의 작품이 대부분이었다. 그런데 이 시기에는 이들과 다른 계층인 '기녀도' 시조를 창작했다고 하였으므로, 조선 후기 이전부터 새로운 계층이 시조를 창작하기 시작했다는 것을 알 수 있다.

오답해설

① 첫째 문단에 따르면 시조의 호흡 단위인 음보는 '3자나 4자가 반복되는 형태'이므로, 한 마디는 세 글자나 네 글자로 이루어져 있다는 것을 알 수 있다. 또한 마지막 장(종장)의 첫째 마디는 '세 글자'로 고정되어 있다고 하였으므로, 시조의 종장에서는 4자만 반복되지 않는다는 것을 알 수 있다.
③ 첫째 문단에 따르면, 시조의 각 마디는 '3자나 4자'로 구성된다고 하였으므로 길이에 대한 제한이 있었다는 것을 알 수 있다. 마지막 문단에 따르면, 조선 후기에는 '기존의 정형률이 깨졌고, 초장이나 중장이 제한 없이 길어졌다'고 하였다. 이를 통해 조선 초기의 시조는 초장과 중장의 길이에 제한이 있었지만, 조선 후기에는 초장이나 중장의 길이에 제한이 없었다는 것을 알 수 있다.
④ 마지막 문단에 따르면, 사설시조는 '종장의 첫째 마디를 제외하고 한 장 이상이 평시조보다 길어'진다는 점이 특징이라고 하였다. 첫째 문단에 따르면 시조의 한 장은 네 마디로 나뉜다고 하였으므로, 평시조보다 종장의 첫째 마디를 제외한 네 마디만 길어진 경우도 사설시조로 볼 수 있다.
• 이상: 수량이나 정도가 일정한 기준보다 더 많거나 나음. 기준이 수량으로 제시될 경우에는, 그 수량이 범위에 포함되면서 그 위인 경우를 가리킨다.

1주 LEVEL 2 정답

01	④	02	③	03	④	04	④	05	②
06	③	07	③	08	②	09	①	10	②
11	②	12	②	13	①	14	③	15	④
16	③	17	②	18	④	19	①	20	①

01 ④ [국어학의 이해와 활용 – 작문 형식]
'향상되어질'은 피동 표현인 '-되다'와 '-어지다'가 사용되었다. '이중 피동 표현은 삼갈 것'을 고려하여 '향상될'이라는 기존의 표현을 그대로 써야 한다.

오답해설
① 서술어 '보급하다'는 목적어와 부사어를 필요로 하는 서술어이므로, ○○청이 'AI 기반 가축 관리 시스템'을 보급할 대상을 추가해야 한다. 따라서 '필요한 문장 성분이 생략되지 않도록 할 것'을 고려하여 '농가에 보급한다고'로 수정하는 것이 적절하다.
② '대등한 것끼리 접속할 때는 구조가 같은 표현을 사용할 것'에 따라 앞의 내용이 구라면 뒤에도 구를, 앞의 내용이 절이라면 뒤에도 절을 사용해야 한다. '가축의 체온, 활동량 등의 분석과 건강 이상 징후를 조기에 감지할'은 구와 절로 구성되어 있다. 이를 '가축의 체온, 활동량 등의 분석과 건강 이상 징후 조기 감지를 할'로 수정할 경우, 구와 구로 구성되므로 적절한 수정이다.
③ '반면'은 역접의 상황에서 사용하는 접속어이고, '이에 따라'는 인과의 상황에서 뒤의 내용이 결과일 때 사용하는 표지이다. 둘째 문단과 셋째 문단에서는 AI 관리 시스템으로 인해 가축의 질병 예방과 사료 효율성이 향상될 것이라고 하였다. 이는 반대되는 내용이 아니므로, '반면'이 아니라 '이에 따라'를 사용해야 한다.

02 ③ [응용 추론 – 빈칸 추론]
첫째 문단에 따르면, 일상 대화는 주로 상대방과 공통의 맥락을 떠올리며 같은 경험 상황에서 이루어지므로 서로의 말을 어렵지 않게 이해할 수 있다고 하였다. 하지만 둘째 문단에서 운전자가 운전 중 휴대전화로 통화할 경우 사고의 위험이 높아진다고 하였다. 그 이유는 대화가 상대방과 공통된 경험 상황에서 진행되지 않기 때문에, 대화를 이어가기 위해 도로 상황이 아니라 상대방의 발화에 집중해야 하기 때문이다.

오답해설
① 서로가 각자의 상황에만 집중할 경우, 운전자는 도로의 상황에만 집중하게 되므로 사고의 위험이 높아지지 않을 것이다.
② 휴대전화를 사용해 대화를 나눌 경우 상대방이 발화한 단어를 들을 수 있다.
④ 운전 중 휴대전화로 대화를 나눌 때 단어의 의미 등에 대한 지식을 떠올릴 필요가 없다고 볼 근거가 없다.

03 ④ [국어학의 이해와 활용 – 언어학 – 기타]
'먹은'은 '머근(먹- + -은)'처럼 표기될 수 있지만, '어법에 맞도록 한다'는 원칙을 고려하여 발음과 상관없이 형태를 고정시켜 표기한 예이다.

오답해설
① '폈다'는 '푸- + -었- + -다'를 소리 나는 대로 적은 예이다.
② '괴로운'은 '괴롭- + -운'을 소리 나는 대로 적은 예이다.
③ '물었다'는 '묻- + -었- + -다'를 소리 나는 대로 적은 예이다.

04 ④ [의사소통 – 작문 내용]
A국이 승리하기 위해서는 B국에 비해 높은 군사력을 지니고 있어야 한다. 이때 자국 군사력은 자국 손실비의 역수에 해당하므로 자국 군사력이 크기 위해서는 자국 손실비는 작을 수밖에 없다. 따라서 A국의 손실비는 B국의 손실비에 비해 작다고 고쳐 쓰는 것이 적절하다.

오답해설
① 지문에 따르면, '자국의 손실비가 1/3이라면 자국의 군사력은 적국보다 3배로 우월하다는 것'이라고 한다. 1/3의 역수는 3에 해당하므로 자국 손실비의 역수는 군사력의 우월 정도를 나타낸다. 따라서 기존의 서술을 유지하는 것이 적절하다.
② 지문에 따라, '양국이 서로를 향해 동시에 1인당 1발씩 화살을 발사'한다면 2,000명의 A국 궁수는 1,000명의 적군들로부터 화살을 맞을 것이므로 평균 0.5개의 화살을 맞게 될 것이다. 그리고 1,000명의 B국 궁수는 2,000명의 적군들로부터 화살을 맞을 것이므로 평균 2개의 화살을 맞게 될 것이다. 따라서 기존의 서술을 유지하는 것이 적절하다.
③ 지문에 따르면, '첫 발사에서 A국은 100명 B국은 200명의 병력을 잃을 것'이라고 한다. A국이 100명의 병력을 잃기 위해서는 100발의 화살이 명중되어야 하므로 B국 궁수 1,000명이 쏜 화살 중 100발이 명중한 것이다. 이는 1/10에 해당한다. 마찬가지로 B국이 200명의 병력을 잃기 위해서는 A국 궁수 2,000명이 쏜 화살 중 200발이 명중한 것이므로 이 역시 1/10에 해당한다. 따라서 기존의 서술을 유지하는 것이 적절하다.

05 ② [논리 비판 – 논리 추론 – 명제논리]

- 음악 → 춤 ⇔ ~춤 → ~음악
- 명상 → ~춤 ⇔ 춤 → ~명상
- 콘서트 → ~명상

둘째 명제, 그리고 첫째 명제의 대우를 결합하면 '명상 → ~춤 → ~음악'이다.

오답해설
① 첫째 명제에 따라 음악을 좋아하는 사람은 춤추는 것을 좋아한다. 이를 통해 콘서트에 가는 것을 좋아하는지는 알 수 없다.
③ 셋째 명제에 따라 콘서트에 가는 것을 좋아하는 사람은 명상을 좋아하지 않는다. 이를 통해 음악을 좋아하는지는 알 수 없다.
④ 둘째 명제의 대우에 따라 춤추는 것을 좋아하는 사람은 명상을 좋아하지 않는다. 이를 통해 콘서트에 가는 것을 좋아하는지는 알 수 없다.

06 ③ [확인 추론 – 긍정발문 – 문학]

마지막 문단에 따르면, 소설 「프랑켄슈타인」은 작중에서 서술의 시점이 전환되며 이야기가 전개된다고 한다.

오답해설

① 둘째 문단에 따르면, 1인칭 주인공 시점과 1인칭 관찰자 시점을 구분 짓는 것은 서술자가 작품의 주인공인지 여부이다.
② 둘째 문단에 따르면, 세밀한 내면 묘사를 통해 주인공의 내면 심리를 자세히 알 수 있는 것은 1인칭 주인공 시점이다.
④ 둘째 문단에 따르면, 작중 인물들의 내면 심리를 서술하는 것은 3인칭 전지적 작가 시점이다. 셋째 문단에 따르면, 3인칭 관찰자 시점에서는 단순히 겉으로 드러난 사실만을 관찰하기만 한다.

07 ③ [응용 추론 – 어휘 추론]

㉠이 포함된 문장은 서술자가 작중 인물의 여부와 이야기 전달 방식이라는 기준에 따라 시점이 구분된다는 내용이다. 이때 '㉠ 따라'를 대체할 수 있는 유의어로 '의거하여'가 있으며, ㉠이 포함된 문장의 구조는 '(a가) b에 따르다'이다.
선지 ③의 '따라'는 법이라는 기준에 따라 일을 처리하는 것을 의미한다. 이는 '의거하여'라는 유의어를 제시된 문장과 공유하며, '(a가) b에 따르다'라는 구조도 일치한다. 따라서 ㉠의 문맥적 의미와 가장 가까운 것은 선지 ③이다.
따르다¹ **1**「…에」「2」(흔히 '따라(서), 따른, 따르면' 꼴로 쓰여) 어떤 경우, 사실이나 기준 따위에 의거하다.
㉠ 가족들은 고인의 뜻에 따라 불교 의식에 <u>따른</u> 장례식을 거행했다.

오답해설

① 따르다 【…을】「1」 다른 사람이나 동물의 뒤에서, 그가 가는 대로 같이 가다.
㉠ 어머니를 <u>따라</u> 시장 구경을 갔다.
② 따르다² 【…에 …을】 그릇을 기울여 안에 들어 있는 액체를 밖으로 조금씩 흐르게 하다.
㉠ 술잔에 술을 <u>따르다</u>.
④ 따르다¹ **1**【…을】「2」 앞선 것을 좇아 같은 수준에 이르다.
㉠ 머리 좋기로는 그를 <u>따를</u> 자가 없다.

08 ② [논리 비판 – 비판 추론 – 강화약화]

㉠은 세 요소 모두를 달성하는 것이 성공의 필요조건이라는 것이다. 따라서 세 요소 중 하나인 마케팅에 실패한 모든 국가에서 관광 산업이 실패하였다는 것은 성공을 위해서는 마케팅이 필수적이라는 것을 의미한다. 이는 ㉠에 부합하는 것으로 ㉠을 강화한다.

오답해설

① ㉠은 세 요소 모두를 달성하는 것이 성공의 필요조건이라는 것이다. 따라서 세 요소 중 하나인 문화자원 개발에 성공한 국가에서만 관광 산업이 성공하였다는 것은 ㉠에 부합하는 것으로 ㉠을 강화한다.
③ ㉡은 세 요소 모두에서 목표를 달성하는 것이 성공의 충분조건이 아니라는 것이다. 따라서 세 요소 중 하나에서 달성하지 못한 국가는 모두 실패하였다고 해서 ㉡이 약화되지는 않는다.
④ ㉡은 세 요소 모두에서 목표를 달성하는 것이 성공의 충분조건이 아니라는 것이다. 세 요소 중 두 요소를 충족한 모든 국가에서 관광 산업이 성공했다는 것은 ㉡에 반대되는 사실로 ㉡을 약화한다.

09 ① [의사소통 – 작문 내용]

제목을 보았을 때, 글의 중심 소재는 '생물 다양성 감소'이다. 〈지침〉에 '서론은 중심 소재의 개념 정의와 문제 제기를 1개의 장으로 작성하라'고 하였으므로, ㉠에는 '생물 다양성 감소'와 관련된 문제 제기가 들어가야 한다. '생물 다양성 보전을 통한 경제적 가치 창출'은 이와 관련된 문제 제기가 아니므로 Ⅰ-2(㉠)의 내용으로 적절하지 않다.

오답해설

② 〈지침〉에 '본론은 제목에서 밝힌 내용을 2개의 장으로 구성하되 각 장의 하위 항목끼리 대응되도록 작성하라'고 하였다. 따라서 '외래종의 침입으로 인한 토착 생물들의 서식지 파괴'는 Ⅲ-2(외래종의 확산을 방지하기 위한 정책 마련)와 대응되는 Ⅱ-2(㉡)의 내용으로 적절하다.
③ 〈지침〉에 '본론은 제목에서 밝힌 내용을 2개의 장으로 구성하되 각 장의 하위 항목끼리 대응되도록 작성하라'고 하였다. 따라서 '자연 보호구역 확대 및 서식지 복원을 통한 생태계 보전'은 Ⅱ-1(서식지 파괴로 인한 생태계 변화)과 대응되는 Ⅲ-1(㉢)의 내용이다.
④ 〈지침〉에 '결론은 기대 효과와 향후 과제를 1개의 장으로 작성할 것'이라는 내용이 제시되어 있다. Ⅳ-2에 '국제 협력을 통한 생물 다양성 유지 전략 수립'이라는 향후 과제가 제시되어 있으므로, ㉣에는 '생물 다양성 보전을 통한 생태계 균형 유지'라는 기대 효과가 제시되는 것이 적절하다.

10 ② [구조 독해 – 배열 – 문장 배열]

ㄱ. '반대로'라는 역접의 상황에서 사용하는 접속어 뒤에 음성에 관한 내용이 이어지고 있다. 따라서 맥락상 이 앞에는 음성과 반대되는 양성에 관한 내용이 있어야 함을 알 수 있다.
ㄴ. 양성 판정에 대한 내용이 있다. 이는 ㄱ의 내용과 반대되는 내용이므로, ㄱ의 앞에 제시되어야 한다.
ㄷ. 정확도가 민감도와 특이도로 구분된다는 내용이 제시되어 있다. '정확도'라는 개념을 처음 설명하고 있으므로 ㄷ의 앞에 먼저 정확도에 대한 내용이 제시되어야 한다.
ㄹ. 현실에서 '위양성'이나 '위음성'을 완전히 배제할 수 있는 키트는 없다는 내용과 함께 정확도의 정의를 설명하고 있다. 이는 위양성과 위음성의 개념이 제시된 'ㄴ-ㄱ' 뒤에 이어지는 것이 적절하다. 또한, ㄹ의 뒤에는 '정확도'에 대한 구체적인 내용이 제시된 ㄷ이 이어져야 한다. → 선지 ①, ③, ④ 탈락
따라서 'ㄴ-ㄱ-ㄹ-ㄷ'의 순서가 가장 자연스럽다.

11 ② [확인 추론 – 긍정발문 – 인문사회예술]

둘째 문단에 따르면, 이타적 이상과 강한 공동체 윤리를 내포한 불교 분파는 대승불교이다. 첫째 문단에 따르면, 대승불교는 '보다 폭넓은 중생 구제와 보살행을 강조'했다. 이를 통해 이타적 이상과 강한 공동체 윤리를 내포한 불교 분파인 대승불교는 보살행을 강조하였다는 것을 알 수 있다.

오답해설
① 둘째 문단에 따르면, 테라와다불교는 소승불교로 동남아시아 지역에서 번성하였다.
③ 마지막 문단에 따르면, 소승불교와 대승불교는 많은 차이점이 있지만 모두 부처의 근본 가르침을 공유한다는 점에서 상호 존중을 지향한다.
④ 둘째 문단에 따르면, 초기 불교의 전통을 고수하는 불교는 북방불교가 아니라 남방불교이다.

12 ② [응용 추론 – 문맥 추론]

㉠은 대승불교를, ㉡은 소승불교를 의미한다. 대승불교와 소승불교의 순서로 설명한 이후 '㉢ 후자'와 '㉣ 전자'가 제시되었으므로, ㉢은 소승불교를, ㉣은 대승불교를 의미한다는 것을 알 수 있다. ㉤이 속한 문장을 통해 북방불교는 대승불교를 의미한다는 것을 알 수 있으며 첫 번째 문단에서 소승불교는 현대에는 테라와다불교라고 불린다고 하였으므로 ㉥은 소승불교를 의미한다는 것을 알 수 있다.
따라서 지시하는 바가 같은 것끼리 짝지은 것은 ㉡, ㉢이다.
• 대승불교: ㉠, ㉣, ㉤
• 소승불교: ㉡, ㉢, ㉥

13 ① [논리 비판 – 논리 추론 – 명제논리]

• ~비 → 친구
• _____
• 결론: ~친구 → 피곤

결론인 '~친구 → 피곤'을 이끌어내기 위해서는 첫째 명제의 대우인 '~친구 → 비'의 후건인 '비'와 결론의 후건인 '피곤'을 연결해 줄 수 있는 전제가 필요하다. 따라서 추가되어야 할 전제는 '비 → 피곤'이다.

14 ③ [논리 비판 – 비판 추론 – 강화약화]

ㄴ. ㉠은 명상이 스트레스 해소에 도움이 된다는 것이다. 실제로 심리치료 과정에서 명상 집단이 불안 검사 점수에서 통계적으로 유의미한 개선을 보였다는 것은 명상이 스트레스 해소에 도움이 된다는 것이므로, ㉠을 강화한다.
ㄷ. ㉠은 명상이 스트레스 해소에 도움이 된다는 연구 결과로 명상 집단의 알파파가 증가하였다고 보고하였다. 따라서 명상 실험 결과 스트레스 호르몬이 감소하고 알파파가 감소하게 될 경우 기존 연구 결과와 배치되는 것이므로 ㉠은 약화된다.

오답해설
ㄱ. 명상 대신 다른 활동을 수행한 집단에서 명상 집단과 같은 긴장 완화 효과가 보고되지 않았다는 것은 명상의 효과가 존재한다는 가설을 뒷받침하는 사실이므로 이는 ㉠을 강화한다.

15 ④ [국어학의 이해와 활용 – 언어학 – 의미]

둘째 문단에 따르면, '원형'이란 정의하려는 대상의 자연 범주 중 그를 대표할 수 있는 가장 전형적이고 중심적인 보기를 의미하며 원형적 보기는 주변적 보기보다 의미 확인 시간이 적게 걸리며 더 먼저 습득된다는 특징이 있다고 한다.
'나는 집에 간다'의 '가다'는 '한곳에서 다른 곳으로 장소를 이동하다.'라는 의미이므로 '가다'의 자연 범주 중 가장 전형적이고 중심적인 보기이다. 또한 이때의 '가다'는 '책을 다 읽어 간다'의 '가다'에 비해 의미 확인 시간도 적게 걸리며 '가다' 중 더 먼저 습득된다. 따라서 '나는 집에 간다'의 '간다'는 원형적 보기이지만 '책을 다 읽어 간다'의 '가다'는 주변적 보기이다.

오답해설
① '소년'은 '아직 완전히 성숙하지 아니한 어린 사내아이'를 뜻하고 '소녀'는 '아직 완전히 성숙하지 아니한 어린 여자아이'를 뜻하므로 두 단어는 [±남성]의 성분에서만 의미 차이를 보인다.
② '고모'는 '아버지의 여자 형제'이고 '외삼촌'은 '어머니의 남자 형제'이다. 따라서 '고모'와 '외삼촌'은 [±남성] 외에도 [±아버지계]의 성분에서의 의미 차이를 보인다는 것을 알 수 있다.
③ 둘째 문단에 따르면, '원형'이란 정의하려는 대상의 자연 범주 중 그를 대표할 수 있는 가장 전형적이고 중심적인 보기를 의미하며 원형적 보기는 주변적 보기보다 의미 확인 시간이 적게 걸리며 더 먼저 습득된다는 특징이 있다고 한다. 따라서 '꽃'의 범주에서는 '장미'가 '사프란'보다 더 빨리 확인되며, 더 이른 시기에 습득되므로 '장미'는 원형적 보기이고 '사프란'은 주변적 보기임을 알 수 있다.

16 ③ [국어학의 이해와 활용 – 언어학 – 기타]

셋째 문단에 따르면, 만 3~6세 사이의 아동이 자신의 사고 과정을 혼잣말로 표현한다.

오답해설
① 첫째 문단과 마지막 문단에 따르면, 비고츠키는 언어와 사고가 별개로 발달하다 만 7세 이후 내적 언어 단계에서 사고가 언어화되어 더욱 정교해진다고 보았다.
② 둘째 문단에 따르면, 만 2세경부터 사회적 의사소통이 가능하다. 따라서 만 5세의 아동도 사회적 의사소통이 가능할 것이다.
④ 마지막 문단에 따르면, 내적 언어 단계에서 내적 언어는 외적 언어와 상호 작용하며 유사해진다.

17 ② [응용 추론 – 어휘 추론]

㉡이 포함된 문장은 언어와 사고가 따로 발달한다는 내용이다. 이는 언어와 사고가 다른 대상에 붙어서 발달한다는 내용이 아니므로, '종속적'과 바꿔쓸 수 없다. ㉡과 바꿔쓸 수 있는 유사한 표현으로 '독자적, 자립적, 자주적' 등이 있다.
㉡ 독립적(獨立的): 남에게 의존하거나 예속되지 아니한 것.
獨 홀로 독, 立 설 립, 的 과녁 적
종속적(從屬的): 어떤 것에 딸려 붙어 있는 것.
從 좇을 종, 屬 무리 속, 的 과녁 적

오답해설

① ㉠ 논쟁(論爭): 서로 다른 의견을 가진 사람들이 각각 자기의 주장을 말이나 글로 논하여 다툼.
論 논할 논, 爭 다툴 쟁
논란(論難): 여럿이 서로 다른 주장을 내며 다툼.
論 논할 논, 難 어려울 란
③ ㉢ 사고(思考): 생각하고 궁리함.
思 생각 사, 考 생각할 고
생각: 사물을 헤아리고 판단하는 작용.
④ ㉣ 정교하다(精巧하다): 내용이나 구성 따위가 정확하고 치밀하다.
精 정할 정, 巧 공교할 교
치밀하다(緻密하다): 자세하고 꼼꼼하다.
緻 빽빽할 치, 密 빽빽할 밀

18 ④ [논리 비판 – 논리 추론 – 명제논리]

제시된 전제를 기호화하면 다음과 같다.

> (가) 과도한 업무 ∨ 대인관계 갈등
> (나) 과도한 업무 → (수면 시간 감소 ∧ 불안 증가)
> (다) 대인관계 갈등 → (자존감 낮아짐 ∧ 불안 증가)

(가)에 따르면, '과도한 업무' 혹은(or) '대인관계 갈등'이 참이다. 그런데 '과도한 업무'가 참이면 (나)에 따라 '불안 증가'가 참이고 '대인관계 갈등'이 참이어도 (다)에 따라 불안이 증가한다. 즉, '불안 증가'는 항상 참이다. 따라서 (가)~(다)를 전제로 할 때 도출할 수 있는 결론은 '사람들의 불안이 증가한다'이다.

오답해설

① (나)와 (다)에 따르면, '과도한 업무'와 '대인관계 갈등'이 모두 참인 경우에 '수면 시간 감소'와 '자존감 낮아짐'이 모두 참이다. 하지만 '과도한 업무'와 '대인관계 갈등'이 모두 참인지 여부를 알 수 없으므로, '수면 시간 감소'와 '자존감 낮아짐'이 모두 참이라고 결론 내릴 수 없다.
② (나)에 따르면, '과도한 업무'가 참인 경우에 '수면 시간 감소'가 참이다. 하지만 '과도한 업무'가 반드시 참인지 여부를 알 수 없으므로 '수면 시간 감소'가 참이라고 결론 내릴 수 없다.
③ (다)에 따르면, '대인관계 갈등'이 참인 경우에 '자존감 낮아짐'이 참이다. 하지만 '대인관계 갈등'이 반드시 참인지 여부를 알 수 없으므로 '자존감 낮아짐'이 참이라고 결론 내릴 수 없다.

19 ① [논리 비판 – 비판 추론 – 비판적 이해]

ㄱ. 갑은 기업이 사회의 일부로서 책임을 다해야 한다고 주장한다. 반면, 을은 기업의 본질적인 목적은 이윤 창출이며, 사회적 책임을 강요하는 것은 시장 경제의 원리를 해칠 수 있다고 주장한다. 이를 통해 갑과 을의 주장은 대립한다는 것을 알 수 있다.

오답해설

ㄴ. 을은 기업이 자유롭게 경쟁할 수 있어야 혁신과 발전이 가능하므로 정부는 기업의 자율성을 최대한 보장해 주어야 한다고 하였다. 이는 기업 자율성 보장 원칙을 절대적인 원칙으로 여기는 것이다. 반면, 병은 정부가 기업이 사회적 책임을 다하도록 장려하되, 시장의 자율성을 유지할 수 있는 균형점을 찾아야 한다고 하였다. 즉, 이는 기업의 자율성을 보장하긴 하나, 이를 절대적인 원칙이라고 생각하지는 않는 것이다. 따라서 을은 기업 자율성을 절대적으로 보장해야 한다고 생각하지만 병은 그렇지 않음을 알 수 있다.
ㄷ. 갑은 기업이 자율적으로 사회적 책임을 다하지 않는다면, 정부가 규제를 통해 기업 활동을 통제해야 한다고 하였다. 을은 정부가 기업을 법적으로 규제한다면, 시장 경제에 자율성이 사라질 것이며 기업의 경쟁력이 약화될 것이라고 하였으며, 병은 사회적 책임의 무조건적인 의무화는 기업의 경쟁력을 약화시킬 수도 있다고 하였다. 이를 통해 정부가 기업의 사회적 책임을 강력하게 규제하는 법률을 제정한다면, 갑은 찬성할 것이지만 을과 병은 반대할 것임을 알 수 있다.

20 ① [확인 추론 – 긍정발문 – 문학]

첫째 문단에 따르면, 육가계 연시조는 중국 송나라 문천상의 「육가(六歌)」를 본받아 김시습이 칠언 고시의 형태로 「동봉육가」를 지은 데서 비롯되었다. 이를 통해 「동봉육가」가 최초의 육가계 연시조임을 알 수 있다.

오답해설

② 첫째 문단에 따르면, 육가계(六歌系) 연시조는 여섯 수가 하나의 틀로 창작된 시조나 2의 배수로 이루어진 시조를 의미한다고 하였다. 이를 통해 육가계 연시조라고 하여 꼭 6수나 12수가 아니라, 2의 배수로 지어진 것도 있음을 알 수 있다.
③ 둘째 문단에 따르면 17세기의 육가계 연시조는 성리학적 세계관이 반영된 강호가 주로 등장하였다고 하였으므로, 속세에 대한 비판이 주를 이뤘다고 볼 수 없다.
④ 마지막 문단에 따르면 「병산육곡」은 18세기의 대표적인 육가계 연시조라고 하였다. 글쓴이는 권구가 영남 남인인 이현일의 손녀 사위여서, 장희빈과 함께 무너진 남인들의 모습은 그에게 충격을 주었다. 하지만 그것이 「병산육곡」의 창작 계기인지는 알려지지 않았다고 하였으므로 적절하지 않은 선지이다.

2주 LEVEL 1/2 이유진 국어 화제의 모의고사 정답 및 해설

2주 LEVEL 1 정답

01	①	02	④	03	②	04	③	05	④
06	②	07	①	08	②	09	③	10	③
11	③	12	④	13	④	14	②	15	③
16	①	17	④	18	③	19	①	20	②

01 ① [국어학의 이해와 활용 – 작문 형식]

'운영 위원'은 '총회'에 의해 선출되는 존재이므로, ㉠을 고려하여 '이번 심사에서 운영위원 ○○○명이 선출되었다'라고 해야 한다.

오답해설

② '선물하다'는 목적어와 부사어를 필요로 하는 서술어이다. '그녀는 애인에게 선물하였다'에는 그녀가 애인에게 선물하는 것이 생략되어 있으므로, '꽃을'을 추가하는 것이 적절하다.
③ '필수품(必需品)'은 '일상생활에 없어서는 안 되는 반드시 필요한 물건'을 의미하는데, 이미 '필요하다'라는 의미가 포함되어 있다. 따라서 ㉢을 고려하여 '꼭 필요한 필수품으로'를 '필수품으로'로 수정하는 것이 적절하다.
④ '별로'는 부정을 뜻하는 말과 함께 쓰는 부사이므로 '사업은 별로 생각해 본 적이 없습니다.'로 수정해야 한다.

02 ④ [국어학의 이해와 활용 – 언어학 – 단어]

제시된 '춘추'는 '봄과 가을을 아울러 이르는 말'로, 두 단어나 어근이 본래의 의미를 가지고 대등한 자격으로 연결된 병렬 합성어이다. '춘추'가 융합 합성어로 쓰일 때에는 '나는 먼저 그녀의 아버님께 춘추가 어떻게 되시는지 여쭈어보았다'와 같이 '어른의 나이를 높여 이르는 말'이라는 뜻으로 쓰인다.

오답해설

① 제시된 '앞뒤'는 '앞과 뒤를 아울러 이르는 말'로, 두 단어나 어근이 본래의 의미를 가지고 대등한 자격으로 연결된 병렬 합성어이다.
② 제시된 '팔다리'는 '팔과 다리를 아울러 이르는 말'로, 두 단어나 어근이 본래의 의미를 가지고 대등한 자격으로 연결된 병렬 합성어이다.
③ 제시된 '손수건'은 '몸에 지니고 다니며 쓰는 얇고 자그마한 수건'이라는 뜻으로, 두 단어나 어근이 본래의 의미를 유지하지만, 서로 주종(主從) 관계로 연결된 종속 합성어이다.

03 ② [확인 추론 – 긍정발문 – 문학]

㉠은 작품을 작가의 체험이 표현된 것으로 보고, 작가의 성장 환경을 고려하여 작품을 감상한 것이다. 따라서 ㉠에 사용된 관점은 '표현론적 관점'이다.

04 ③ [의사소통 – 작문 내용]

㉢에는 부처를 소재로 한 불화에 보살이 함께 그려진 이유가 서술되어야 한다. 부처가 다양하게 표현되었다는 것은 보살이 함께 그려진 이유에 해당하지 않는다. 따라서 승려들은 부처만 단독으로 그리지는 않았다고 고쳐 쓰는 것이 적절하다.

오답해설

① ㉠에는 귀족들 사이에서 승려로부터 불화를 구입하여 걸어두는 행위가 유행처럼 번지게 된 이유가 서술되어야 한다. 불화를 후손들에게 전해주면 복을 받을 수 있다는 믿음은 불화 구입이 유행하게 된 근거가 되므로 기존의 서술을 유지하는 것이 적절하다.
② 지문에 따르면, '극락의 모습을 표현한 불화도 있었고 중생의 고통을 덜어주고자 열반에 들어가기를 거부하는 보살을 그린 것도 있었'으며 '부처를 소재로 한 불화도 많았다'고 한다. 이는 불화의 종류가 다양했음을 나타내며 불화의 가격과는 무관한 내용이다. 따라서 기존의 서술을 유지하는 것이 적절하다.
④ 지문에 따르면, '불화는 당시 고려 사회의 분위기를 반영하기도 하였다'고 한다. 고려의 신분 사회는 당시 고려 사회의 분위기를 나타내므로 기존의 서술을 유지하는 것이 적절하다. 승려들의 뛰어난 미적 감각은 당시 고려 사회의 분위기와는 무관하다.

05 ④ [구조 독해 – 주제]

지문에서는 조선이 중화의 글이 아닌 별도의 언문을 창조하는 것을 비판하며, 따로 언문을 만드는 것이 오랑캐와 같아지는 것이고 사람들이 애써 성리학을 궁구하지 않게 될 것이라고 지적하고 있다. 따라서 지문의 중심 내용은 '언문을 창제하는 것은 부작용을 야기할 수 있다.'가 된다.

오답해설

① 지문에 따르면, 조선은 이미 중화의 제도를 존숭하며 글과 법도를 같이해 왔다. 따라서 중화의 법도와 풍속을 받아들여야 한다는 것이 글의 중심 내용이라 보기는 어렵다.
② 우리 고유의 문물과 예악을 발전시키자는 것은 지문의 내용과 거리가 멀다.
③ 지문에서는 언문으로 인해 사람들이 성리학을 궁구하지 않게 될 것이라고 지적하였다. 하지만 성리학을 통해 관리를 선발하고 시험해야 한다는 내용이 지문에 제시되지 않았다.

06 ② [응용 추론 – 빈칸 추론]

㉠의 앞부분에서 순자는 예와 악 등의 제도를 통한 교화를 주장하고 있다. 또한 둘째 문단에 따르면 순자는 '상과 벌이 아닌' 예·악 제도의 실천과 교육, 인위적 수양을 강조했다. 따라서 ㉠에는 이에 관한 '예의 규범을 통해 서로가 추구해야 할 바를 명확히 하고 갈등을 예방해야 한다는 것이'가 들어가는 것이 적절하다. 마지막 문단에 따르면 순자는 법가 사상가가 아니라, 유가 사상가이다. 또한 순자는 성악설을 주장했지만 맹자는 성선설을 주

장하였다. 따라서 ⓒ에는 '맹자와 달리 인간 본성을 부정적으로 파악했지만, 동일한 유가의 틀 안에서 '인(仁)·예(禮)' 실천을 중시했다'가 들어가는 것이 적절하다.

07 ① [논리 비판 - 비판 추론 - 강화약화]

ㄱ. ㉠은 표음문자 학습 과정에서는 음운과 관련된 뇌 부위와 능력이, 표의문자 학습 과정에서는 시각적 인지를 담당하는 뇌의 부위와 기능이 발달된다는 것으로, 연구 결과 표음문자 사용 집단의 음운 인식 능력 강화와 이를 담당하는 부위의 활성화가 관찰된다면 ㉠은 강화된다.

오답해설

ㄴ. 이 연구 결과는 표의문자 학습 과정에서는 시각적 인지를 담당하는 뇌의 부위와 기능이 발달된다는 ㉠의 주장에 부합하는 연구 결과이므로, ㉠을 약화하지 않는다.
ㄷ. ㉠은 사용 문자의 차이에서 뇌의 발달이 다르게 나타난다는 것이므로 각 문자의 사용에 따라 활성화되는 패턴이 유사하다면 ㉠은 강화되지 않는다.

08 ② [구조 독해 - 배열 - 문장 배열]

ㄱ. 결별을 먼저 요구한 쪽은 과학을 옹호하는 이들이라고 한다. 따라서 이 앞에 먼저 결별, 과학 등의 키워드와 관련된 내용이 제시되어야 한다.
ㄴ. '그들'은 형이상학적 연역에 대해 비판적인 입장을 지니고 있다. ㄴ 앞에는 '그들'이 지시하는 대상이 언급되어야 한다.
ㄷ. '관찰'에 대해 설명하고 있으므로, ㄱ 앞에 '관찰'에 대한 내용이 등장해야 한다.
ㄹ. 18세기 후반, 철학과 과학의 결별이라고 부르는 사건이 발생했다고 한다. 결별, 과학 등의 키워드가 나왔으므로, 이 뒤에 ㄱ이 이어지는 것이 자연스럽다. → 선지 ③, ④ 탈락
ㅁ. '그들'이라는 지시어가 등장했는데, 맥락상 '그들'은 ㄱ의 '과학'을 옹호하는 이들일 것이다. 과학을 옹호하는 이들의 주장을 설명하고 있으므로, ㄱ 뒤에 이어져야 한다. 또한 '관찰'에 대한 내용이 제시되었으므로, 이 뒤에는 ㄷ이 이어져야 한다. → 선지 ①, ④ 탈락
ㅂ. '따라서'라는 인과의 상황에서 뒤의 내용이 결과일 때 사용하는 접속어 이후에 '형이상학적 연역에 기반을 둔 철학을 거부하였다'는 내용이 등장했다. 이는 형이상학적 연역에 대한 비판적인 입장을 다룬 ㄴ의 뒤에 이어져야 한다. → 선지 ①, ③, ④ 탈락
따라서 'ㄹ-ㄱ-ㅁ-ㄷ-ㄴ-ㅂ'의 순서가 가장 자연스럽다.

09 ③ [확인 추론 - 부정발문 - 과학기술경제]

첫째 문단에 따르면, 온라인 쇼핑몰 등에서 사용하고 있는 추천 시스템은 고객의 성향과 기호를 파악하여 고객이 원할 것으로 예상되는 상품에 대한 자료와 정보를 제공함으로써 고객의 구매 의사 결정을 지원하는 정보 시스템이다. 따라서 추천 시스템은 해당 쇼핑몰의 특성과 운영 목적을 토대로 한 것이 아니다.

오답해설

① 첫째 문단에 따르면, 협업 필터링이란 다른 사용자가 어떤 상품을 선호했는지 파악해서 상품을 추천해 주는 기술이다. 이는 상품을 기준으로 하는 아이템 기반 필터링과 사용자를 기준으로 하는 사용자 기반 필터링으로 나눌 수 있다.
② 둘째 문단에 따르면 사용자들의 성별, 나이, 직업 등을 바탕으로 유사도를 판별하고, 유사도가 높은 동질 집단을 이웃 집단으로 상정한다.
④ 둘째 문단에 따르면, 유사도는 추천 대상이 되는 사용자와 다른 사용자들의 구매 이력을 비교하였을 때 같은 물건을 구매하거나 선호하는 물건이 같을수록 높다. 따라서 유사도를 높이기 위해서는 같은 물건을 구매하는 방법이나 선호하는 물건을 같게 만드는 방법이 있다.

10 ③ [응용 추론 - 어휘 추론]

㉠이 포함된 문장은 협업 필터링을 아이템 기반 필터링과 사용자 기반 필터링으로 나눌 수 있다는 내용이다. 이때 '㉠ 나눌'을 대체할 수 있는 유의어로 '구분할' 등이 있으며, ㉠이 포함된 문장의 구조는 'a를 b로 나누다'이다.
선지 ③은 보건소를 찾는 환자를 두 가지 부류로 나눌 수 있다는 내용이다. 이때 '나눌'은 '구분할'이라는 유의어를 제시된 문장과 공유하며, 'a를 b로 나누다'의 구조도 일치한다. 따라서 ㉠의 문맥적 의미와 가장 가까운 것은 선지 ③이다.
1【…을 …으로】「2」 여러 가지가 섞인 것을 구분하여 분류하다.
예 나는 이 물건들을 불량품과 정품으로 <u>나누는</u> 작업을 한다.

오답해설

① **3**【(…과) …을】('…과'가 나타나지 않을 때는 여럿임을 뜻하는 말이 주어로 온다)「4」 같은 핏줄을 타고나다.
예 나는 그와 피를 <u>나눈</u> 형제이다.
② **3**【(…과) …을】('…과'가 나타나지 않을 때는 여럿임을 뜻하는 말이 주어로 온다)「2」 말이나 이야기, 인사 따위를 주고받다.
예 우리는 그 문제에 대해서 의견을 <u>나누었으나</u> 결론을 내지는 못했다.
④ **2**【…을 …에/에게】 몫을 분배하다.
예 각 부서에 작업량을 <u>나눌</u> 때는 인부들의 숙련도를 고려해야 한다.

11 ③ [확인 추론 - 긍정발문 - 인문사회예술]

마지막 문단에 따르면, 향거리선제에도 부정부패 가능성을 완전히 배제할 수 없었지만 제국 통치 기반을 다지는데 기여하였음을 알 수 있다.

오답해설

① 첫째 문단에 따르면, 효렴은 부모에게 효도하고 청렴결백한 인물을 의미한다. 이는 시험이 아닌 추천을 통해 선발되었다.
② 둘째 문단에 따르면, 향거리선제의 도입과 유교의 통치 이념화로 평민도 관리가 될 수 있게 되었다.
④ 둘째 문단에 따르면, '지방 엘리트와 중앙 조정이 긴밀한 연결되면서 국가 운영의 전문성과 효율성이 높아'진 것이지 효렴 제도가 악용된 것이 아니다.

12 ④ [응용 추론 – 문맥 추론]

(가)는 지문의 앞에서 설명해 온 향거리선제를 의미하나, ㉣은 후대 중국 왕조가 인재 선발에 활용한 제도를 의미하는 것이므로 그 의미가 서로 다르다.

오답해설

① ㉠은 향거리선제를 의미한다.
② ㉡은 효렴으로 추천된 사람을 중앙에서 관리로 선발하는 제도로, 향거리선제를 의미한다.
③ ㉢의 시행으로 평민이 관리가 될 수 있게 되었고, 중앙과 지방의 긴밀한 연결이 가능해졌으므로 이는 향거리선제를 의미함을 알 수 있다.

13 ④ [의사소통 – 작문 내용]

〈지침〉에 '결론은 기대 효과와 향후 과제를 1개의 장으로 작성할 것'이라는 내용이 제시되어 있다. Ⅳ-1에 '가정 내 원활한 소통을 통한 건강한 가족 관계 형성'이라는 기대 효과가 제시되어 있으므로, ㉣에는 향후 과제가 제시되어야 한다. 그러나 '가족 구성원 간 신뢰 및 애착 형성으로 정서적 안정 증대'도 기대 효과이므로, ㉣에 들어갈 내용으로 적절하지 않다. ㉣에는 '지속 가능한 가정 내 소통 환경 조성'과 같은 향후 과제가 제시되어야 한다.

오답해설

① 제목을 보았을 때, 글의 중심 소재는 '가정 내 소통 부족'이다. 〈지침〉에 '서론은 중심 소재의 개념 정의와 문제 제기를 1개의 장으로 작성하라'고 하였으므로, ㉠에는 '가정 내 소통 부족'과 관련된 문제 제기가 들어가야 한다. 따라서 '소통 부족이 초래하는 가족 관계 및 사회적 문제'는 이러한 문제 제기로 적절하다.
② 〈지침〉에 '본론은 제목에서 밝힌 내용을 2개의 장으로 구성하되 각 장의 하위 항목끼리 대응되도록 작성하라'고 하였다. 따라서 '디지털 기기 사용 증가로 인한 직접적인 대화 시간 감소'는 Ⅲ-1(스마트폰·TV 사용 시간 조절을 통한 직접적인 소통 시간 활성화)과 대응되는 Ⅱ-1(㉡)의 내용으로 적절하다.
③ 〈지침〉에 '본론은 제목에서 밝힌 내용을 2개의 장으로 구성하되 각 장의 하위 항목끼리 대응되도록 작성하라'고 하였다. 따라서 '가족 내 의사소통 개선을 위한 심리적 지원 시스템 마련'은 Ⅱ-2(감정 표현 및 공감 능력 부족으로 인한 거리감 형성)와 대응되는 Ⅲ-2(㉢)의 내용으로 적절하다.

14 ② [논리 비판 – 비판 추론 – 강화약화]

㉡은 세 요소 모두를 달성하는 것이 정책 성공의 충분조건은 아니라는 것이다. 민간 투자 유도가 성공한 모든 국가에서 정책이 성공하였다는 것은 ㉡에 부합하는 사실이 아니므로 ㉡을 강화하지 않는다.

오답해설

① ㉠은 세 요소 모두를 달성하는 것이 성공의 필요조건이라는 것이다. 개인정보 보호 의식 교육에 실패한 모든 국가에서 정책이 실패하였다는 것은, 해당 요소가 정책 성공의 필요조건임을 의미한다. 따라서 ㉠은 강화된다.
③ 기술 표준화에 실패한 국가에서도 정책 성공 사례가 존재한다는 것은 기술 표준화가 정책 성공의 필요조건이 아니라는 것을 의미한다. 따라서 ㉠은 약화된다.
④ 세 요소를 모두 충족한 국가에서 항상 정보 보안 정책이 성공하였다는 것은 세 요소를 모두 충족하는 것이 정책 성공의 충분 조건이 아니라는 ㉡에 반대되는 결과로 ㉡을 약화한다.

15 ③ [확인 추론 – 긍정발문 – 문학]

둘째 문단에 따르면, '고전 소설의 경우, 사건 전개는 우연성이 강'하다고 하였다. 반면 현대 소설의 경우 '개연성을 매우 중시'하며, '사건 전개 과정 중 나오는 내용들은 모두 사실적이고 인과관계도 분명해야 한다'고 하였다. 이를 통해 현대 소설의 사건 전개는 고전 소설에 비해 우연의 정도가 약하다는 것을 알 수 있다.

오답해설

① 첫째 문단에 따르면, 고전 소설 주인공은 '착하고 슬기'롭지만 대체로 상투적이다. 개성적 성격을 지닌 것은 현대 소설 속 인물들의 특징이다.
② 첫째 문단에 따르면, 고전 소설 속 영웅적 인물은 '개과천선을 모르는 악인처럼 처음 주어진 성격이 이야기의 전개 과정에서 변하지 않는다'고 하였다. 따라서 고전 소설의 영웅적 인물과 악인 모두 성격이 변하지 않는다.
④ 마지막 문단에 따르면, 고전 소설에서는 '당대의 가장 상식적인 윤리였던 충효와 정절을 절대적 가치로 존중한다'고 하였다. 당대의 상식적 윤리, 즉 관습적 가치에 대해 의문을 제기한 것은 현대 소설의 특징이다.

16 ① [논리 비판 – 논리 추론 – 명제논리]

제시된 명제를 정리하면 다음과 같다.

(가)	~시험 → ~공무원 ⇔ 공무원 → 시험
(나)	
(결론)	시험n ∧ 정직n

전칭 명제인 (가)로부터 특칭 명제인 결론을 도출하는 유형이다. 이 경우, (나)에 반드시 특칭 명제가 제시되어야 한다.
(나)에 '공무원n ∧ 정직n'이 추가로 제시된다면, 이를 (가)의 '공무원 → 시험'과 결합하여 결론인 '시험n ∧ 정직n'을 도출할 수 있다.

오답해설

② '공무원 → ~정직'은 전칭 명제이므로, 이로부터 결론을 도출할 수 없다.
③ '시험 → ~정직'은 전칭 명제이므로, 이로부터 결론을 도출할 수 없다.
④ '~시험n ∧ 정직n'이라는 명제와 결론 간에는 아무 관련이 없다.

17 ④ [확인 추론 – 긍정발문 – 인문사회예술]

마지막 문단에 따르면, 현대 인도에서 카스트 제도가 점차 완화되고 있으나 농촌 지역과 일부 보수적인 지역에서는 차별이 잔존하고 있어 카스트 제도의 문제가 남아 있음을 알 수 있다.

오답해설

① 첫째 문단에 따르면 카스트 제도는 '고대 베다 시대부터 시작되어 이후 힌두교의 교리와 결합'하여 인도 사회에 자리 잡은 것

이므로, 힌두교에서 비롯되었다고 볼 수 없다.
② 첫째 문단에 따라 과거 인도 사회에서는 계층 간 혼인이 자유롭지 않았으며, 전통적 관습과 금기가 결혼 상대 선택에 '제약'을 주었음을 알 수 있다. 하지만 지문에서는 '계급이 다른 경우 혼인이 금지된다'라고 서술하지는 않았다. 오히려 마지막 문단에 따르면, 현대 인도 사회에서는 카스트 제도에 대한 인식이 변화하고 있으며 법률상 평등도 보장되고 있다고 하였다.
③ 둘째 문단에 따르면, 카스트 제도는 사회 안정에 기여하기도 하였으나 개인의 능력이나 노력과 무관하게 삶이 결정된다고 하였으므로 인재 양성에 도움이 되었다고 보기는 어렵다.

18 ③ [응용 추론 – 어휘 추론]
ⓒ이 포함된 문장은 카스트 제도의 아래에 위치한 수드라와 불가촉천민을 구분하고 있다. 이는 같은 저층을 나누어서 구분한 것이 아니므로, ⓒ은 '나누어 쪼개다'를 의미하는 '분할되다'와 바꿔쓸 수 없다.
ⓒ 분류되다(分類되다): 종류에 따라서 갈라지다.
分 나눌 분, 類 무리 류
분할되다(分割되다): 나뉘어 쪼개지다.
分 나눌 분, 割 나눌 할

오답해설
① ㉠ 전반(全般): 어떤 일이나 부문에 대하여 그것에 관계되는 전체. 또는 통틀어서 모두.
全 온전할 전, 般 일반 반
전체(全體): 개개 또는 부분의 집합으로 구성된 것을 몰아서 하나의 대상으로 삼는 경우에 바로 그 대상.
全 온전할 전, 體 몸 체
② ㉡ 제한(制限): 일정한 한도를 정하거나 그 한도를 넘지 못하게 막음. 또는 그렇게 정한 한계.
制 억제할 제, 限 한계 한
규제(規制): 규칙이나 규정에 의하여 일정한 한도를 정하거나 정한 한도를 넘지 못하게 막음.
規 법 규, 制 억제할 제
④ ㉢ 잔존하다(殘存하다): 없어지지 아니하고 남아 있다.
殘 쇠잔할 잔, 存 있을 존
남다: 다 쓰지 않거나 정해진 수준에 이르지 않아 나머지가 있게 되다.

19 ① [응용 추론 – 빈칸 추론]
'모두스 비벤디'의 원칙에 따르면, 이웃들에게 어떻게 살아야 하는가를 권위적으로 가르치지 않고 상대방을 최대한 존중해야 한다고 한다. 특히 사회적 합의를 요구하기보다 서로 존중하며 평화롭게 공존할 수 있도록 하는 태도가 중요하다. 이 규칙의 정당성은 '평화로운 공존이 아니면 정의도 불가능하다는 데 있다.'라고 할 수 있다. 정의에 대한 사회적 합의를 강요한다면 '파국'으로 이어질 수 있으며 '정의는 평화에 의해 보호되어야 한다'는 내용을 통해 이를 알 수 있다.

오답해설
② 모두스 비벤디 원칙은 정의에 대한 '사회적 합의'를 주장하지 않는다. 이를 강요할 경우 '파국'으로 이어질 수 있다고 하였다.
③ 모두스 비벤디의 정치는 상대방을 최대한 존중하는 정치이다. 따라서 힘의 균형을 위한 심판과 조정은 이에 어긋난다.
④ 의견을 교류하고 소통하는 것은 지문에 제시된 모두스 비벤디의 원칙을 실천하는 방안이 될 수 있으나 정당성을 표현하는 말이 아니다.

20 ② [국어학의 이해와 활용 – 언어학 – 문장]
'친구 따라 강남 간다'라는 문장은 '(주어가) 친구를 따르다'와 '(주어가) 강남에 간다'가 결합하여 하나로 이어진 문장이다.

오답해설
① 주어 '나는'과 서술어 '산다'의 관계가 한 번 이루어진 홑문장이다.
③ '하늘도 흐렸다'와 '바람도 불었다'가 결합하여 하나로 이어진 문장이다.
④ '시험이 언제부터니?'라는 문장이 다른 문장 속에 들어가서 하나의 문장 성분 역할을 하고 있는 안은 문장이다.

2주 LEVEL 2 정답

01	①	02	④	03	①	04	②	05	②
06	②	07	④	08	①	09	④	10	④
11	④	12	③	13	③	14	③	15	④
16	①	17	②	18	③	19	②	20	①

01 ① [국어학의 이해와 활용 – 작문 형식]

생략된 주어인 '나'가 미래(다음 주 월요일)에 출근한다고 하였으므로, 서술어도 미래 시제 선어말 어미를 사용해야 한다. 수정한 문장인 '다음 주 월요일이 나의 첫 출근 날이었다.'의 서술어는 과거를 나타내므로 적절하지 않은 쓰임이다. 따라서 수정 전 문장인 '다음 주 월요일이 나의 첫 출근 날이다.'와 같이 화자가 사건 발생에 대한 확신이 수반될 때는 미래의 일을 표시할 때 현재 시제형이 쓰일 수 있으므로, 원 문장을 수정하지 않는 것이 적절하다.

오답해설
② '온정'은 '따뜻한 사랑이나 인정'을 의미하는데, 이미 '따뜻하다'라는 의미가 포함되어 있다. 따라서 ⓒ에 따라 '따뜻한 온정'을 '온정'으로 수정하는 것이 적절하다.
③ '만약'은 조건을 나타내는 '-(으)면'과 같은 어미가 붙는 용언과 함께 쓰는 부사이다. 따라서 ⓒ에 따라 '온다면'으로 수정하는 것이 적절하다.
④ '말'을 수단으로 삼아 빚을 갚는다는 것이므로, '로써'를 사용해야 한다.

02 ④ [국어학의 이해와 활용 – 언어학 – 단어]

쇠사슬: '쇠로 만든 고리를 여러 개 죽 이어서 만든 줄'로 '수식어+피수식어'의 형태로 된 종속 합성어
작은집: '따로 살림하는 아들이나 아우, 작은아버지의 집'을 이르는 말로 의미가 바뀌어 쓰이는 융합 합성어

오답해설
① 피땀: '무엇을 이루기 위하여 애쓰는 노력과 정성'을 이르는 말로 의미가 바뀌어 쓰이는 융합 합성어
강산: '자연의 경치'를 이르는 말로 의미가 바뀌어 쓰이는 융합 합성어
② 앞뒤: 앞과 뒤를 아울러 이르는 말로, 대등하게 연결된 대등 합성어
오가다: '오다'와 '가다'가 대등하게 연결된 대등 합성어
③ 손수레: '손으로 끄는 수레'로 '수식+피수식' 구조의 종속 합성어
물걸레: '물을 묻혀 사용하는 걸레'로 '수식+피수식' 구조의 종속 합성어

03 ① [확인 추론 – 긍정발문 – 문학]

<보기>의 화자가 ㉠(구리거울)에 비친 '나'를 보며 지금까지 살아온 과거의 삶을 '욕되다'고 느끼며 자신의 삶을 참회하고 있다. 이를 통해 ㉠(구리거울)이 ㉮(자신을 객체화하는 매개체)에 해당한다는 것을 알 수 있다.

오답해설
② ⓒ(왕조의 유물)은 화자가 자기 얼굴에 남아 있는 것을 이전 왕국의 역사와 관련하여 인식한 것이므로, 화자를 비춘 것이라 볼 수 없다.
③ ⓒ(참회의 글)은 화자가 자신의 삶을 참회하며 쓴 글이므로, 화자를 비춘 것이라 볼 수 없다.
④ 화자는 ㉣(어느 즐거운 날)에 참회록을 써야 한다고 하였다. ㉣은 미래의 어느 날이므로, 화자를 비춘 것이라 볼 수 없다.

04 ② [의사소통 – 작문 내용]

을은 '행복은 도덕적인 삶과 목표를 같이 한다는 점에서 도덕적인 삶을 사는 것을 의미한다'고 한다. 도덕적인 삶이 행복의 필수 조건이라는 것은 서로 목표가 동일함을 의미하지 않는다. 따라서 행복과 도덕적인 삶은 모두 규범적인 목표에 해당한다고 고쳐 쓰는 것이 적절하다.

오답해설
① 갑은 행복이 '만족이라는 심리적 상태에 근거한다고' 한다. 이는 행복은 개인의 심리적인 상태에 따라 상대적임을 나타내므로 동일한 상황에 있더라도 누군가는 더 행복하기도 하고 덜 행복하기도 하다는 기존의 서술을 유지하는 것이 적절하다.
③ 병은 행복이 심리적 상태인 경우를 가정하여 반박 근거를 전개하였다. 이때 행복이 심리적 상태라고 주장한 자는 을이 아닌 갑이므로 기존의 서술을 유지하는 것이 적절하다.
④ ㉣에는 '도덕적으로 타락한 사람을 행복하다고 할 수 없'는 근거가 제시되어야 한다. 행복한 사람은 필연적으로 도덕적이라는 것은 도덕적으로 타락한 사람은 행복할 수 없음을 의미한다. 따라서 기존의 서술을 유지하는 것이 적절하다.

05 ② [구조 독해 – 주제]

지문은 논어를 읽는 바람직한 방법에 대해 고찰하고 있다. 논어에 대한 현대의 다양한 해설을 참고하며, 먼 옛날 공자의 가르침과 현재의 삶 사이에 놓인 차이를 바라보고, 과거와 현재의 극단 사이에서 균형을 잡는 법을 찾아야 한다는 것이 글의 핵심이다. 따라서 글의 논지는 '오늘날에 맞는 새로운 방법으로 논어를 읽어야 한다.'는 것이 된다.

오답해설
① 논어에 대한 현대의 다양한 해설도 참고하라는 내용이 있으나, 이 내용만으로 고전의 다양한 해석에 귀를 기울이라는 것이 글의 논지라 보기는 어렵다.
③ 지문은 논어를 읽는 바람직한 방법을 다루고 있을 뿐, 현대인에게 논어가 주는 가치에 대해 말하지 않았다.
④ 첫째 문장에서 논어가 고전적인 가치를 지닌 위대한 책임을 밝히고 있다. 이는 이미 사실로 전제한 내용이므로, 논어의 고전적 가치를 다시 평가해야 한다는 것이 글의 논지가 될 수는 없다.

06 ② [응용 추론 – 빈칸 추론]

㉠에는 프롤레타리아와 자본가의 구분 기준이 들어가야 한다. ㉠이 포함된 문단에 따르면, 자본가는 생산 수단이 있지만, 노동자

는 생산 수단이 없음을 알 수 있다. 또한 생산 효율성에 대해서는 구분하고 있지 않다. 따라서 ㉠에는 '생산 수단 소유 여부에 따른 본질적 대립이 존재한다'가 들어가는 것이 적절하다.
㉡의 뒷부분은 프롤레타리아 혁명의 의의에 대해 설명하고 있으며, ㉡이 포함된 문단에서 마르크스는 자본가와의 협력이 아닌 기존 자본주의 체제의 전복을 주장하고 있다. 따라서 ㉡에는 '자본가와의 계급투쟁을 통해 의식을 혁명적으로 고양하고'가 들어가는 것이 적절하다.

07 ④ [논리 비판 – 비판 추론 – 강화약화]

ㄱ. ㉠은 제국 통치 구조 및 무역 시스템 변화와 농업 인프라 관리의 실패가 북아프리카 농경지의 직접적인 몰락 요인이라는 것이다. 따라서 이와 같은 사실은 ㉠의 주장에 부합하는 사실이므로 ㉠을 강화한다.
ㄴ. 이러한 사실은 북아프리카 농경지의 쇠퇴가 기후 요인과 관련이 있다는 연구 결과이다. 따라서 이는 기후와 별개로 농경지 몰락이 이루어졌다는 ㉠과 배치되는 사실로 ㉠을 약화한다.
ㄷ. 이는 기후 변화가 아닌 로마 통치 구조 변화로 북아프리카 농경지가 쇠퇴하였다는 것으로 ㉠에 부합하는 사실이므로 ㉠을 강화한다.

08 ① [구조 독해 – 배열 – 문장 배열]

㉠은 '대중'의 한계를 제시하고 있다.
㉡은 선거 투표에서 대표자를 선출할 때 대중이 '제약' 안의 선택을 한다는 내용을 제시하고 있으며, '~는 것이다.'를 통해, 이렇게 평가할 만한 근거가 앞에 나온다는 것을 알 수 있다.
㉢은 대중에게는 정치적 행위에 필요한 특별한 훈련과 능력이 결여되어 있다는 내용을 제시하고 있다. 이는 ㉠의 내용을 구체화한 것이다.
㉣은 대중이 정치 문제를 검토하고 실천할 만큼의 여유와 야심이 없다는 내용을 제시하였다. 이는 ㉢의 이유를 진술한 것이라 볼 수 있다.
㉤은 결론을 도출하는 접속어 '따라서'를 쓴 뒤, 현실 정치에서는 국민의 자치가 어렵다는 결론을 제시하고 있다.
선거의 투표 상황을 예로 든 ㉡은 ㉤의 예시라 할 수 있으므로, 이 글은 '㉠ → ㉢ → ㉣ → ㉤ → ㉡'의 순서로 진술되어야 한다.

09 ④ [확인 추론 – 부정발문 – 과학기술경제]

액체질소를 이용한 급속동결법을 이용할 때, '최대빙결정생성대'를 통과하는 시간을 짧게 함으로써 식품의 변화를 최소화, 즉 식품의 현재 상태를 최대한 유지할 수 있다.

오답해설
① 송풍동결법은 선반 위에 식품을 올리고 영하의 공기를 송풍시켜 식품을 동결하는 방법이고, 유등층동결법은 식품을 연속적으로 벨트 위에 올려놓고 냉동 장치를 통과하는 동안 동결이 이루어지게 하는 것이다.
② 송풍동결법은 포장을 하지 않은 식품의 경우 탈수가 일어날 수 있다고 했으므로, 동결하기 전에 식품을 포장하면 식품의 탈수를 줄일 수 있다.
③ 접촉식동결법은 냉각된 금속판 사이에 식품을 넣고 상하로 빈틈없이 밀착시켜 동결하는 방법이라고 하였다. 따라서 완전히 밀착되지 않으면 동결이 제대로 되지 않을 수 있다.

10 ④ [응용 추론 – 어휘 추론]

㉠이 포함된 문장은 송풍동결법 열이 통하지 않는 냉동실 안에서 이루어진다는 내용이다. 이때 '㉠ 통하지'를 대체할 수 있는 유의어로 '흐르지, 이동하지, 전달되지' 등이 있으며, ㉠이 포함된 문장의 구조는 'a가 통하다'이다.
선지 ④는 빨래는 바람이 잘 통하는 곳에 널어야 잘 마른다는 내용이다. 이때 '통하는'은 '흐르는, 이동하는, 전달되는'이라는 유의어를 제시된 문장과 공유하며, 'a가 통하다'의 구조도 일치한다. 따라서 ㉠의 문맥적 의미와 가장 가까운 것은 선지 ④이다.
1 「1」 막힘이 없이 들고 나다.
⑩ 숨이 통하다.

오답해설
① **4** 【…으로】 어떠한 자격이나 이름으로 알려지거나 불리다.
⑩ 그는 그 거리에서 사랑의 전도자로 통한다.
② **3** 【…에게】【…에서】 어떤 행위가 받아들여지다.
⑩ 그런 수는 하수에게나 통하지 나에게는 안 통한다.
③ **2** 【…에】「2」 어떤 방면에 능하고 잘 알다.
⑩ 실록에 따르면, 황제는 일찍이 정주의 성리학에 통하였다.

11 ④ [확인 추론 – 긍정발문 – 인문사회예술]

마지막 문단에 따르면, 소피스트와 사상적 지향이 달랐음에도 불구하고 소크라테스는 아테네 시민들에게 소피스트와 혼동되었음을 알 수 있다.

오답해설
① 첫째 문단에 따르면, 소피스트는 '진리보다 이익을 우선'하였다. 또한 마지막 문단에 따르면, 그들은 수사학을 통해 상대방을 설득하는 것을 목적으로 하였다. 이를 통해 소피스트가 수사학을 통해 진리를 탐구하는 것을 목표로 하였다는 것은 알 수 없다.
② 둘째 문단에 따르면 소크라테스는 산파술을 통해 상대방의 무지를 알게 하였으나, 이것은 논쟁에서 승리하기 위한 기술이 아니라 내면 진리 탐구의 과정이었다.
③ 마지막 문단에 따르면, 서양 사상사의 기틀이 된 것은 소피스트가 아닌 소크라테스이다.

12 ③ [응용 추론 – 문맥 추론]

(가)의 소피스트는 기원전 5세기경 고대 그리스에서 활동한 지식인 집단이다. 반면 '그(㉢)'는 산파술을 통해 자신의 무지를 깨닫게 한 철학자 소크라테스를 의미하므로 서로 의미가 다르다.

오답해설
① 그리스어로 '지혜로운 사람(㉠)'을 의미하는 것은 '소피스트'이다.
② '진리보다 이익을 우선하는 모습을 보이기도 하였기 때문'에 '궤변학파(㉡)'로 불린 집단은 '소피스트'이다.
④ '그들(㉣)'은 소크라테스와 대조적으로 형식적 지식과 웅변을 가르치는 역할을 맡은 사람들로, 소피스트를 의미한다.

13 ③ [의사소통 – 작문 내용]

〈지침〉에 '본론은 제목에서 밝힌 내용을 2개의 장으로 구성하되 각 장의 하위 항목끼리 대응되도록 작성하라'고 하였다. 하지만 '온라인 교육 프로그램 확대를 통한 대학 경쟁력 제고'는 Ⅱ-1(정부 교육 정책의 수도권 쏠림 현상으로 인한 재원 부족)과 대응되는 Ⅲ-1(ⓒ)의 내용이 아니다. ⓒ에는 '재원 부족'을 해결할 수 있는 방안이 제시되어야 한다.

오답해설

① 제목을 보았을 때, 글의 중심 소재는 '지방대학 위기'이다. 〈지침〉에 '서론은 중심 소재의 개념 정의와 문제 제기를 1개의 장으로 작성하라'고 하였으므로, ㉠에는 '지방대학 위기'와 관련된 문제 제기가 들어가야 한다. 따라서 '지방대학 위기가 초래하는 사회·경제적 문제'는 이러한 문제 제기로 적절하다.
② 〈지침〉에 '본론은 제목에서 밝힌 내용을 2개의 장으로 구성하되 각 장의 하위 항목끼리 대응되도록 작성하라'고 하였다. 따라서 '지역산업과의 연계 부족으로 인한 취업률 저조'는 Ⅲ-2(지역사회와의 협력을 통한 지방대학의 역할 강화)와 대응되는 Ⅱ-2(ⓒ)의 내용으로 적절하다.
④ 〈지침〉에 '결론은 기대 효과와 향후 과제를 1개의 장으로 작성할 것'이라는 내용이 제시되어 있다. Ⅳ-1에 '지방대학 활성화를 통한 지역균형 발전 도모'라는 기대 효과가 제시되어 있으므로, ㉢에는 '지속 가능한 교육환경 조성을 위한 정책적·사회적 전략 수립'이라는 향후 과제가 제시되는 것이 적절하다.

14 ③ [논리 비판 – 비판 추론 – 강화약화]

㉠은 정책 시행을 통한 친환경 기술·산업 성장을 기대하고 있으며 국가 재정에 대한 영향은 고려하고 있지 않다. 따라서 보조금 확대로 국가 재정이 악화되었어도 친환경 산업이 성장하였다면 이는 ㉠에 부합하는 사실로 ㉠을 강화한다.

오답해설

① ㉠은 정책 시행을 통한 친환경 기술·산업 성장을 기대하는 것으로 전통 제조업에 대해서는 고려하지 않았다. 따라서 전통 제조업이 활성화되었다는 사실은 ㉠을 약화하지 않는다.
② ㉡은 정책 시행으로 중소기업 생산 비용 상승, 중소기업의 단기 침체 우려를 나타내고 있다. ㉡에서는 정부 지원을 일부만 받게 된 기업들 또한 고려 대상이므로 이 중 규제로 인한 생산 비용 부담이 증가한 기업이 존재한다면 ㉡은 강화된다.
④ 단기적으로 중소기업의 매출액이 증가하였다는 사실은 ㉡과 배치되는 사실이므로 ㉡은 약화된다.

15 ④ [확인 추론 – 긍정발문 – 문학]

마지막 문단에 따르면 현대 소설에서는 전쟁, 이념적 대립, 경제적 계층 갈등 등이 더해져 애정 문제가 더욱 복잡해지며, '현대 소설의 인물들은 자신들의 사랑을 이루기 위해 더 적극적으로 행동한다'고 하였다. 이를 통해 현대 소설에서는 이념적 대립과 경제적 계층 갈등이 애정 실현의 장애물로 작용하며, 주인공들은 더욱 적극적으로 사랑을 이루려 한다는 것을 알 수 있다.

오답해설

① 첫째 문단에 따르면, '중세 후기에 개성에 대한 자각이 이루어지면서 낭만적 사랑에 대한 관심도 커졌다'고 한다. 즉 낭만적 사랑에 대한 관심이 증가하면서 개성에 대한 자각이 이루어진 것이 아니다.
② 둘째 문단에 따르면, 조선 시대 애정 소설의 주인공들은 애정을 이루기 위해 신분 제도와 같은 장애에 맞섰지만 신분 제도로부터 벗어나지 못해 비극으로 마무리되는 작품이 나오기도 했다. 그러나 '『춘향전』처럼 주인공들이 애정 성취에 성공하는 작품이 나오기도 하였다'고 했으므로, 모두 비극적인 결말을 맞았다고 볼 수 없다.
③ 마지막 문단에 따르면 근대에 접어들면서 신분 제도가 법적으로 폐지되었지만, 관습적으로는 상당 기간 지속되었으며, 현대 소설에서도 신분이 애정 실현의 장애물로 등장한다고 하였다. 근대 이후 신분 제도가 완전히 사라졌다고 보는 것은 적절하지 않다.

16 ① [논리 비판 – 논리 추론 – 명제논리]

제시된 명제를 정리하면 다음과 같다.

(가) 어떤 권리 소유 → 그 권리와 관련된 욕망 보유
(가)-1 생명에 대한 권리 소유 → 생명과 관련된 욕망 보유
(나) ☐
(결론) 생명에 대한 권리 소유 → 개별존재로서 파악

(가)는 '어떤 권리'라는 일반적인 내용에 대해 서술하고 있는데, (가)의 '어떤 권리'를 '생명에 대한 권리'로 구체화한다면, (가)-1과 같이 '생명에 대한 권리 소유 → 생명과 관련된 욕망 보유'로 구체적으로 기호화할 수 있다.
(가)-1과 (나)를 통해 (결론)을 도출하기 위해서는 '생명과 관련된 욕망 보유 → 개별존재로서 파악'이라는 전제가 (나)에 추가로 들어가야 한다.

오답해설

② '~개별존재로서 파악 → ~권리 소유'와 (가)를 통해 결론을 도출할 수 없다.
③ '개별존재로서 파악 → 욕망을 가질 수 있는 능력'과 (가)를 통해 결론을 도출할 수 없다.
④ '생명과 관련된 욕망 보유 → 생명에 대한 권리 소유'는 (가)-1의 '역'에 불과하다. 따라서 이를 통해 결론을 도출할 수는 없다.

| 가언 명제(조건 명제)의 기호화

'A이면 반드시 B이다.', 'B일 경우에만/때에만 A이다', 'B에 한하여 A이다.'의 형태를 가진 가언 명제들은 모두 논리적으로 같은 의미이다. 이 명제들을 기호화하면 모두 'A → B'로 나타낼 수 있다.

17 ② [확인 추론 – 긍정발문 – 인문사회예술]

둘째 문단에 따르면, 주나라는 이민족인 견융의 침략을 받아 수도를 점령당하고 낙읍을 중심으로 하여 동주 시대를 시작하였다. 또한 마지막 문단에 따르면, 주나라가 확립한 천명사상이 이후에도 지대한 영향을 끼쳤다고 하여, 주나라가 천명사상을 확립하였음을 알 수 있다.

오답해설
① 첫째 문단에 따르면, 은 왕조가 멸망한 이후 주나라가 세워졌으며 주나라의 초기 시기를 '서주'라고 불렀다. 그런데 둘째 문단에 따르면 낙읍을 중심으로 한 주나라 시기는 동주 시기로, 이는 서주 시기 이후를 의미하므로 옳지 않다.
③ 마지막 문단에 따르면, 동주 시기 천자의 권위는 명목상으로만 유지되었다고 한다. 따라서 동주 시기는 서주 시기보다 천자의 권위가 강화되었다고 볼 수 없다.
④ 둘째 문단에 따르면, 예약을 통한 통치와 봉건 제도는 춘추전국시대 이전인 서주 시기에 확립되었으므로 춘추전국시대가 본격화되며 예약을 통한 통치와 봉건 제도가 확산되었다는 것은 옳지 않다.

18 ③ [응용 추론 – 어휘 추론]

ⓒ이 포함된 문장은 춘추전국시대 제후국의 영향력 확대와 주 왕실의 약화를 설명하고 있다. 따라서 ⓒ은 '일을 확실하게 정하다.'를 의미하는 '확정'과 바꿔 쓸 수 없다.
ⓒ 확장(擴張): 범위, 규모, 세력 따위를 늘려서 넓힘.
擴 넓힐 확, 張 베풀 장
확정(確定): 일을 확실하게 정함.
確 굳을 확, 定 정할 정

오답해설
① ㉠ 세우다: 나라나 기관 따위를 처음으로 생기게 하다.
건립(建立)하다: 기관, 조직체 따위를 새로 조직하다.
建 세울 건, 立 세울 립
② ㉡ 밀접하다(密接하다): 아주 가깝게 맞닿아 있다. 또는 그런 관계에 있다.
密 빽빽할 밀, 接 접할 접
가깝다: 서로의 사이가 다정하고 친하다.
④ ㉣ 끼치다: 영향, 해, 은혜 따위를 당하거나 입게 하다.
미치다: 영향이나 작용 따위가 대상에 가하여지다. 또는 그것을 가하다.

19 ② [응용 추론 – 빈칸 추론]

광주 지사에 근무하면서 경영학을 전공한 사람 가운데 한 사람을 골라 '갑'이라 할 때, 갑은 서비스 분야를 담당하는 사람이 아님이 분명하다고 한다. 따라서 임의의 직원을 골라 이 직원이 서비스 분야 담당이 아님을 밝혔으므로, '광주 지사에는 서비스 분야 담당이 아닌 직원이 있다'는 사실이 증명된 것이다.

오답해설
① 광주 지사에 서비스 분야 담당인 직원이 있는지 여부는 알 수 없다. 갑의 사례를 통해 서비스 분야 담당이 아닌 직원이 있다는 사실만 추론할 수 있을 뿐이다.
③ 지문의 어떤 회사에서 서비스 분야를 담당하는 직원 중에서 경영학을 전공한 사람은 한 명도 없다고 하였다. 따라서 광주 지사에서 경영학을 전공하면서 서비스 분야 담당인 직원은 존재하지 않는다. 또한 '갑'은 경영학을 전공한 사람이면서 서비스 분야 담당이 아닌 직원이므로 '갑'의 사례를 통해서도 알 수 없는 내용이다.
④ '갑'은 경영학을 전공한 사람이면서 서비스 분야 담당이 아닌 직원이므로, 이러한 내용은 추론할 수 없다.

20 ① [국어학의 이해와 활용 – 언어학 – 문장]

'낙엽이 떨어지는 광경이 슬프구나.'의 관형절은 '낙엽이 떨어지는'이다. 이 관형절에는 문장의 필수 성분인 주어 '낙엽이'와 서술어 '떨어지다'가 완전하게 있으므로 〈보기〉 중 (가)의 예시에 해당한다.

오답해설
② '엄마가 내가 읽던 만화책을 가져가셨다.'의 관형절은 '내가 읽던'이다. 이를 완결된 문장으로 바꾸어 보면, '내가 만화책을 읽고 있었다'이다. 즉, 수식하는 명사 '만화책'은 관형절의 일부이다. 그러므로 (나)와 같은 유형의 관형절이라고 할 수 있다.
③ '한국인의 따뜻한 마음을 안고 돌아갑니다.'의 관형절은 '따뜻한'이다. 이를 완결된 문장으로 바꾸어 보면 '마음이 따뜻하다'이다. 즉, 수식하는 명사 '마음'은 관형절의 일부이다. 그러므로 (나)와 같은 유형의 관형절이라고 할 수 있다.
④ '한영이가 그린 풍경화가 대회에서 1등으로 뽑혔다.'의 관형절은 '한영이가 그린'이다. 이를 완결된 문장으로 바꾸어 보면 '한영이가 풍경화를 그렸다'이다. 즉, 수식하는 명사 '풍경화'는 관형절의 일부이다. 그러므로 (나)와 같은 유형의 관형절이라고 할 수 있다.

이유진 국어 화제의 모의고사 정답 및 해설

3주 LEVEL 1 정답

01	①	02	②	03	②	04	③	05	②
06	④	07	③	08	③	09	④	10	①
11	②	12	③	13	①	14	③	15	④
16	③	17	④	18	③	19	①	20	①

01 ① [국어학의 이해와 활용 – 작문 형식]

'대등한 것끼리 접속할 때는 구조가 같은 표현을 사용할 것'에 따라 앞의 내용이 구라면 뒤에도 구를, 앞의 내용이 절이라면 뒤에도 절을 사용해야 한다. '어르신 복지 지원과 고령사회 대응 정책 발전을 위해'는 구와 구로 구성되어 있다. '어르신 복지 지원과 고령사회 대응 정책을 발전시키기 위해'는 구와 절로 구성되므로, 적절하지 않은 수정이 된다.

오답해설
② '유일하다'는 '오직 하나밖에 없다'를 의미하는데, 이미 '하나뿐이다'라는 의미가 포함되어 있다. 따라서 '중복되는 표현을 삼갈 것'을 고려하여 '유일한'으로 수정하는 것이 적절하다.
③ '연구'는 주어인 '본원'이 진행하는 대상이므로, '주어와 서술어를 호응시킬 것'을 고려하여 '연구를 진행하고 있습니다'로 수정하는 것이 적절하다.
④ '제공하다'는 목적어와 부사어를 필요로 하는 서술어이므로, 복지 정책을 제공하는 대상이 제시되어야 한다. 따라서 '필요한 문장 성분이 생략되지 않도록 할 것'을 고려하여 '어르신들에게'를 추가하는 것이 적절하다.

02 ② [국어학의 이해와 활용 – 언어학 – 소리]

'결단력'은 '단'의 받침 'ㄴ'이 '력'의 초성 'ㄹ'에 영향을 준 경우로, 비음화의 예시가 아니다.
한자어 중에서 2음절의 어휘와 접미사적 성격을 지닌 한자가 결합할 때 'ㄴ'과 'ㄹ'이 만나지만 [ㄴㄴ]으로 발음되는, 유음화가 적용되지 않는 예시들이 있는데, '결단력'은 그에 대한 예시이다.

오답해설
① '국물'은 받침으로 쓰이는 파열음 'ㄱ'이 뒤의 비음 'ㅁ'의 영향을 받아서 비음 'ㅇ'으로 바뀌었으므로 비음화의 예시로 적절하다.
③ '칼날'은 날의 'ㄴ'이 받침에 위치한 'ㄹ'의 영향으로 'ㄹ'로 바뀌어서 소리 나므로 유음화의 예시로 적절하다.
④ '난로'는 '난'의 'ㄴ'이 '로'의 'ㄹ'의 영향으로 'ㄹ'로 바뀌어서 소리 나므로 유음화의 예시로 적절하다.

03 ② [국어학의 이해와 활용 – 언어학 – 기타]

지문에 따르면, 언어의 자의성이란 언어의 내용인 '의미'와 그것을 나타내는 형식인 '말소리' 사이의 관계가 필연적이지 않다는 것이다. 인간은 상상의 산물인 '유니콘, 악마, 천사'와 같은 말을 언어로 만들어 낼 수 있다는 것은 언어의 내용인 의미와 형식 사이의 관계를 나타내는 것이 아니라 인간이 언어를 통해 상상의 산물이나 추상적인 개념까지도 무한하게 표현할 수 있다는 것이다. 이를 언어의 창조성(= 개방성, 생산성)이라고 한다.

오답해설
① '어리다'의 뜻이 시간의 흐름에 따라 변한 경우이므로 언어의 역사성의 예시로 적절하다.
③ 원어로는 '셀룰러폰'이라 하지만, 우리 사회에서는 '핸드폰'이라는 말이 더 널리 쓰인다는 것은 말소리와 의미가 사회의 인정을 통해 관습적으로 결합되어 있음을 나타낸다. 따라서 이는 언어의 사회성의 예시로 적절하다.
④ '뺨, 턱, 이마' 사이에 정확한 구획이 있는 것이 아니지만 우리는 언어를 통해 이를 분절적으로 인식하므로 이는 언어의 분절성의 예시로 적절하다.

04 ③ [구조 독해 – 배열 – 문장 배열]

ㄱ. 과학적 지식의 정당화 방법을 모색한 논리 실증주의의 입장이 제시되어 있다.
ㄴ. '이처럼'을 통해, 앞에 '과학 이론의 누적'에 대한 내용이 제시되어야 한다.
ㄷ. 예시를 들고 있으므로, 바로 앞에 예시와 관련된 일반화 진술이 제시되어야 한다.
ㄹ. 과학적 지식이 일상적 상식에 의해 정당화되지 못하는 상황은 처음에 제시된 문장과 이어지는 내용이므로 첫 문장 바로 뒤에 위치해야 하며, 질문으로 끝나는 문장이므로 ㄹ 뒤에 이에 대한 답을 제시하기 시작하는 ㄱ이 오는 것이 가장 적절하다. → 선지 ①, ② 탈락
ㅁ. 이전의 이론이 새로운 이론과 상충되지 않을 경우와 상충될 경우 각각 이전의 이론이 포섭되거나 배척된다는 내용이다. 이는 ㄷ의 예시에 대한 일반화 진술이므로, ㄷ 바로 이전에 위치하는 것이 적절하다. → 선지 ②, ④ 탈락
이를 종합하면, 'ㄹ-ㄱ-ㅁ-ㄷ-ㄴ'의 배열이 논리적인 순서에 부합한다.

05 ② [논리 비판 – 논리 추론 – 명제논리]

- C 역사서 ∧ C 소설 → ~D 에세이
- A 시집 ∨ B 시집
- D 에세이
- A 시집 → C 역사서 ∧ C 소설

첫째 명제와 넷째 명제를 결합하면 'A 시집 → (C 역사서 ∧ C 소설) → ~D 에세이'가 된다. D가 에세이를 읽었다고 하였으므로, 후건 부정을 통해 '~A 시집'을 확정할 수 있다. 그리고 'A 시집 ∨ B 시집'이 주어졌으므로, 선언지 제거를 통해 'B 시집'을 도출할 수 있다.

06 ④ [확인 추론 – 부정발문 – 문학]

둘째 문단에 따르면, 직접적 제시는 '인물의 특색이나 특성을 서술자가 직접 요약하여 설명'하기 때문에 '독자의 상상력이 제한'된다고 하였다. 그리고 마지막 문단에 따르면, 간접적 제시는 인물의 특성을 간접적으로 드러내어 인물에 대한 해석을 독자에게 맡기기 때문에 '독자가 나름대로 인물을 해석'할 수 있다고 하였다. 따라서 간접적 제시에서 독자의 상상력은 제한을 받지 않는다.

오답해설

① 첫째 문단에 따르면 '소설의 인물'은 이 두 개, 즉 작품 속 '인물'과 그 인물의 '성격'을 상호 보완하는 의미라고 하였다.
② 둘째 문단에 따르면, 직접적 제시는 '서술 시간이 절약되어 사건 전개의 속도가 빠르'다고 하였다. 그리그 마지막 문단에 따르면, 간접적 제시는 인물의 특성을 간접적으로 드러내어 '사건 전개가 느려'진다고 하였다. 따라서 사건 전개 속도는 간접적 제시보다 직접적 제시가 더 빠를 것이다.
③ 둘째 문단에 따르면, 직접적 제시는 '서술자의 설명과 판단이 일방적으로 제시'된다. 하지만 마지막 문단에 따르면, 간접적 제시는 '서술자의 견해를 드러내는 데는 한계가 있다'고 하였다. 이를 통해 직접적 제시와 달리 간접적 제시의 경우, 서술자의 견해 파악이 어렵다는 것을 알 수 있다.

07 ③ [의사소통 – 작문 내용]

ⓒ 다음 문장에 따르면, '이에 따라 따뜻한 물의 양은 차가운 물의 양보다 적어지게' 된다고 하므로 ⓒ에는 물 분자의 활동성과 물의 양의 상관관계가 서술되어야 한다. 물 분자가 활동하기 위한 조건이 까다롭다는 것은 이러한 내용과 무관하므로 '물 분자의 활동성은 물의 증발 가능성을 높'인다고 고쳐 쓰는 것이 적절하다.

오답해설

① ㉠에는 다음 문장이 서술하고 있는 '이러한 온도 차'에 대한 내용이 서술되어야 한다. '외부와 접촉한 곳의 온도가 먼저 내려간다'는 것은 온도 차를 만들어 내는 상세 서술에 해당하므로 기존의 서술을 유지하는 것이 적절하다.
② ㉡에는 따뜻한 물이 더 빨리 어는 근거가 제시되어야 한다. 대류 현상이 따뜻한 물에서 더 활발하게 일어난다면 물의 온도가 더 빨리 내려가게 될 것이므로 이는 ㉡ 다음 문장에 대한 근거가 된다. 따라서 기존의 서술을 유지하는 것이 적절하다.
④ 지문에 따르면, '용해기체가 많을수록 어는점은 더 많이 떨어'지며 '차가운 물의 어는점은 상대적으로 낮다'고 한다. 차가운 물의 어는점이 낮아지기 위해서는 차가운 물에 용해기체가 더 많이 녹아 있어야 할 것이다. 따라서 기존의 서술을 유지하는 것이 적절하다.

08 ③ [의사소통 – 작문 내용]

〈지침〉에 '본론은 제목에서 밝힌 내용을 2개의 장으로 구성하되 각 장의 하위 항목끼리 대응되도록 작성하라'고 하였다. 하지만 '효과적인 소통을 위한 교육 및 프로그램 도입'은 Ⅱ-2(성적 압박과 책임 과부하로 인한 심리적 압박)와 대응되는 Ⅲ-2(ⓒ)의 내용이 아니다. ⓒ에는 '성적 압박과 책임 과부하로 인한 심리적 압박'을 줄일 수 있는 방안이 제시되어야 한다.

오답해설

① 제목을 보았을 때, 글의 중심 소재는 '직장 내 스트레스'이다. 〈지침〉에 '서론은 중심 소재의 개념 정의와 문제 제기를 1개의 장으로 작성하라'고 하였으므로, ㉠에는 '직장 내 스트레스'와 관련된 문제 제기가 들어가야 한다. 따라서 '직장 내 스트레스가 개인과 조직에 미치는 영향'은 이러한 문제 제기로 적절하다.
② 〈지침〉에 '본론은 제목에서 밝힌 내용을 2개의 장으로 구성하되 각 장의 하위 항목끼리 대응되도록 작성하라'고 하였다. 따라서 '과중한 업무와 불합리한 업무 배분'은 Ⅲ-1(업무 배분의 합리화 및 업무 지원 시스템 강화)과 대응되는 Ⅱ-1(ⓒ)의 내용으로 적절하다.
④ 〈지침〉에 '결론은 기대 효과와 향후 과제를 1개의 장으로 작성할 것'이라는 내용이 제시되어 있다. Ⅳ-1에 '직장 내 스트레스 감소를 통한 직원의 직무 만족도 향상'이라는 기대 효과가 제시되어 있으므로, ㉣에는 '직장 내 스트레스를 관리하기 위한 관리 시스템 도입'이라는 향후 과제가 제시되는 것이 적절하다.

09 ④ [논리 비판 – 비판 추론 – 강화약화]

ⓒ에서는 선별적 복지가 부정적인 결과를 불러일으킬 수 있다고 하였을 뿐, 선별적 복지의 긍정적인 효과를 부정한 것이 아니다. 따라서 선별적 복지의 장점이 사실이라고 하더라도 그 부정적인 결과의 가능성에 영향을 미치는 것은 아니므로 ⓒ이 강화되거나 약화되지 않는다.

오답해설

① 교육과 의료의 보편적 복지가 노동력의 질을 높이고, 장기적으로 경제 성장에 기여한 것은 보편적 복지가 국민의 삶을 나아지게 하는 것이므로 ㉠을 강화하는 사례이다.
② 국가가 운영하는 연금 제도 때문에 조기 은퇴자가 증가하였고 이것이 결국 사회적 혼란을 일으켰다면 이는 사회적 통합을 촉진하는 경우와 반대되는 경우이므로 ㉠을 약화하는 사례이다.
③ 복지 신청자에 대한 사회적 낙인이 심해지면서, 도움을 필요로 하는 사람들이 지원을 포기하는 경우 발생하였다면, 이는 ⓒ의 주장을 뒷받침하는 경우이므로 ⓒ을 강화한다.

10 ① [확인 추론 – 긍정발문 – 인문사회예술]

첫째 문단에 따르면, 정약용은 '형이상학적인 유학보다는 실제 현장에서 얻은 지식과 경험이 중요하다고 보았으며 이를 바탕으로 당시 조선 사회의 구조적 모순에 대해 날카롭게 비판하였'음을 알 수 있다.

오답해설

② 둘째 문단에 따르면 정약용이 유배 생활 도중 행정 조직에 대한 개혁안을 담은 저술을 한 것을 알 수 있을 뿐, 이러한 저술로 인해 유배를 가게 된 것인지는 알 수 없다.
③ 첫째 문단에 따르면 정약용은 '형이상학적인 유학보다는 실제 현장에서 얻은 지식과 경험이 중요'하다고 보았을 뿐, 유학의 실제적 탐구가 중요하다고 본 것은 아니다.
④ 마지막 문단에 따르면 정약용의 실학사상이 근대적 개혁 사상의 토대에 기여하기는 하였으나, 이로부터 실제 정치 개혁이 일어났는지는 알 수 없다.

11 ② [응용 추론 – 어휘 추론]

ⓒ이 포함된 문장은 정약용의 저서「목민심서」의 내용인 지방 관리들의 역할에 대해 설명하고 있다. 따라서 ⓒ은 '한 번 말한 것을 다시 말하다.'를 의미하는 '재언하다'와 바꿔 쓸 수 없다.
ⓒ 강조하다(強調하다): 어떤 부분을 특별히 강하게 주장하거나 두드러지게 하다.
強 강할 강, 調 고를 조
재언하다(再言하다): 한 번 말한 것을 다시 말하다.
再 다시 재, 言 말씀 언

오답해설
① ⓐ 제시하다(提示하다): 어떠한 의사를 말이나 글로 나타내어 보이게 하다.
提 끌 제, 示 보일 시
내놓다: 생각이나 의견을 제시하다.
③ ⓒ 분석하다(分析하다): 얽혀 있거나 복잡한 것을 풀어서 개별적인 요소나 성질로 나누다.
分 나눌 분, 析 가를 석
검토하다(檢討하다): 어떤 사실이나 내용을 분석하여 따지다.
檢 검사할 검, 討 칠 토
④ ⓓ 마련하다: 헤아려서 갖추다.
갖추다: 있어야 할 것을 가지거나 차리다.

12 ③ [응용 추론 – 빈칸 추론]

지문에서는 주요 선진국들의 경기가 침체되자 자국에서 유리한 기회를 찾지 못한 투자가나 기업가들이 세계에 위협이 될지도 모르는 중국에 많은 자본을 투자했다는 내용이 제시되어 있다. 즉, 기업가나 투자가는 자국의 이익보다 자신의 이익을 더 중시하여 투자 여부를 결정한다는 것이다. 따라서 빈칸에는 이러한 투자가의 속성과 관련된 내용이 들어가야 하므로 '자본가들에게 자국의 영원한 번영은 부차적인 목표에 불과한 것이다.'가 가장 적절하다.

13 ① [논리 비판 – 비판 추론 – 강화약화]

ㄱ. ⓐ은 낙랑군의 위치가 평양 인근이었다는 것으로, 고구려가 평양의 대동강 유역 낙랑군 지역을 침공하여 빼앗았다는 역사 기록은 이에 부합하는 사실이므로 ⓐ을 강화한다.

오답해설
ㄴ. 한반도 외부에 있는 요동 지역에서 낙랑(樂浪)이라고 새겨진 기와 조각이 잇달아 출토되었다면 이는 낙랑군이 한반도 내의 평양에 있었다는 ⓐ의 주장과 배치되므로, ⓐ은 약화된다.
ㄷ. ⓐ은 낙랑군이 과거 고조선 영토의 내부에 있다는 것으로, 낙랑군의 위치가 고조선의 국경과 맞닿은 한나라 내에 있었다는 역사 기록은 이와 배치되는 사실로 ⓐ을 약화한다.

14 ③ [논리 비판 – 비판 추론 – 비판적 이해]

ㄱ. 갑은 AI는 단순히 데이터를 분석하고 조합하는 과정을 수행할 뿐이므로, 인간의 창작 행위와 동일하게 취급할 수 없다고 하였다. 이는 인공지능의 창작물에 저작권을 인정할 수 없다는 것이다. 반면 을은 저작권의 핵심은 창작 과정이 아니라 창작 결과라고 하며, 인공지능의 창작물이 독창성을 가진다면 저작권을 인정할 수 있다고 본다. 이를 통해 갑과 을의 주장은 대립한다는 것을 알 수 있다.
ㄴ. 을은 저작권의 핵심은 창작 과정이 아니라 창작 결과라고 하며, 인공지능의 창작물이 독창성을 가진다면 저작권을 인정할 수 있다고 본다. 반면 병은 만약 AI 창작물에 저작권을 인정한다면, 그 권리는 누구에게 귀속되어야 하는지 문제가 생긴다며 AI의 저작권을 반대하고 있다. 이를 통해 인공지능의 창작물의 저작권 인정 여부에 대해 을과 병의 주장은 대립한다는 것을 알 수 있다.

오답해설
ㄷ. 병은 만약 AI 창작물에 저작권을 인정한다면, 그 권리는 누구에게 귀속되어야 하는지의 문제가 생긴다며 AI의 저작권을 반대하고 있다. 갑은 AI는 단순히 데이터를 분석하고 조합하는 과정을 수행할 뿐이므로, 인간의 창작 행위와 동일하게 취급할 수 없다고 하였다. 이는 인공지능의 창작물에 저작권을 인정할 수 없다는 것이다. 이를 통해 인공지능의 창작물의 저작권 인정 여부에 대해 병과 갑의 주장은 대립하지 않는다는 것을 알 수 있다.

15 ④ [확인 추론 – 긍정발문 – 문학]

마지막 문단에 따르면, 통과 의례의 마지막 단계에서는 '집단에 복귀하는 의례를 통해 새로운 사회적 지위를 얻은 사실을 공인 받는다'고 하였다. 이를 통해 인간은 통과 의례를 통해 새로운 사회적 지위를 얻을 수 있다는 것을 알 수 있다.

오답해설
① 첫째 문단에 따르면, 변신 모티프는 '매우 광범위하게 퍼져 있어 동서양의 서사 문학에서 찾아볼 수 있다'고 하였다. 따라서 변신 모티프는 동양의 문학에서만 찾아볼 수 있는 것이 아니다.
② 둘째 문단에 따르면,「나무꾼과 선녀 설화」는 인간이 동물로 바뀐다고 하였다. 따라서 이 설화에 나타나는 변신의 양상은 동물 변신형에 해당한다.
③ 마지막 문단에 따르면, 격리된 장소에서 시련을 거치는 상징적 죽음의 의식은 통과 의례의 첫 번째 단계에 해당한다.

16 ③ [응용 추론 – 문맥 추론]

「단군 신화」에서는 곰(동물)이 사람으로 변하였다고 하였으므로, ⓒ(동물 변신형)이 아니라 ⓐ(인간 변신형)에 해당한다. 이때 곰은 햇빛이 들지 않는 격리된 공간에서 쑥과 마늘을 먹는 시험을 치렀다. 이를 통해 곰이 변신한 방법은 ⓒ(약물이나 목초의 복용)이며, ⓓ(상징적 죽음의 의식)을 치렀다는 것을 알 수 있다. 따라서 ⓐ~ⓓ 중 (가)의 특징을 모두 고른 것은 'ⓐ, ⓒ, ⓓ'이다.

17 ④ [논리 비판 – 논리 추론 – 명제논리]

(가) 행사 참석 → 커피 쿠폰 ⇔ ~커피 쿠폰 → ~행사 참석
(나) ~커피 쿠폰n ∧ 신입사원n
―――――――――――――――――
따라서 (ⓐ   )

(가)의 대우는 '~커피 쿠폰 → ~행사 참석'이다. (가)의 대우의 전건인 '~커피 쿠폰'은 (나)의 '~커피 쿠폰n'을 포함하므로, (가)의 대우와 (나)를 함께 고려하면, '~행사 참석n ∧ 신입사원n'이 된다.

18 ③ [확인 추론 – 부정발문 – 인문사회예술]

첫째 문단에 따르면 직관은 대상과 직접적이며 즉각적으로 관계하는 경험의 방식이며, 이 직관을 수행하는 것은 오성이 아니라 감성이다.

오답해설

① 첫째 문단에 따르면, 오성은 다양한 현상들을 통합해서 판단하여 인식을 이룬다.
② 첫째 문단에 따르면, 칸트가 말하는 직관은 감각적 경험 안에서 이루어진다.
④ 둘째 문단에 따르면, 상상력은 오성이 현상들에 적합한 범주를 적용할 수 있도록 범주를 정해주는 일을 수행한다. 따라서 상상력이 없다면 오성이 현상들에 적합한 범주를 적용하기 어려울 수 있다.

19 ① [응용 추론 – 어휘 추론]

㉠이 포함된 문장은 오성이 '컵이 둥글다'라는 판단을 한다는 내용이다. 이때 '㉠ 내리게'를 대체할 수 있는 유의어로 '하게' 등이 있으며, ㉠이 포함된 문장의 구조는 'a가 b를 내리다'이다.
선지 ①은 재판관이 어떠한 판결을 내렸다는 내용이다. 이때 '내렸다'는 '했다'라는 유의어를 제시된 문장과 공유하며, 'a가 b를 내리다'의 구조도 일치한다. 따라서 ㉠의 문맥적 의미와 가장 가까운 것은 선지 ①이다.
내리다¹ 4 【…을】「2」 판단, 결정을 하거나 결말을 짓다.
예 심사 위원들은 이번에 응시한 수험생들에 대해 높은 평가를 내렸다.

오답해설

② 내리다¹ 2 【…에】「1」 타고 있던 물체에서 밖으로 나와 어떤 지점에 이르다.
예 우리는 서울역에 내려 전철을 타고 집에 갔다.
③ 내리다¹ 4 【…을】「1」 위에 있는 것을 낮은 곳 또는 아래로 끌어당기거나 늘어뜨리다.
예 그녀는 머리를 앞으로 내린 채 울고 있었다.
④ 내리다¹ 1 「1」 눈, 비, 서리, 이슬 따위가 오다.
예 이 지역은 강우가 어느 특정한 계절에 내리는 것이 아니라 산발적으로 내리는 경향이 있다.

20 ① [구조 독해 – 주제]

첫째 문단에 제시된 내용은 자연에 대한 관찰에서 발명의 아이디어를 얻은 사례이다. 그리고 둘째 문단은 첫째 문단의 사례로부터 과학적 연구 과제가 자연에 대한 관찰에서 비롯됨을 이야기하고 있다. 따라서 '과학은 자연에 대한 끝없는 관찰에 따른 인식의 결과이다.'가 지문의 논지로 가장 적합하다.

오답해설

② 종교와 과학의 관계는 지문에 제시되지 않았다.
③ 이 글은 과학적 사실을 찾아낸 계기를 제시할 뿐, 과학이 진리 탐구의 수단으로 활용된다는 내용이 아니다.
④ 훈련과 조직화로부터 과학이 도출된다는 내용은 지문에 제시되지 않았다.

3주 LEVEL 2 정답

01	②	02	④	03	④	04	②	05	③
06	①	07	①	08	④	09	①	10	③
11	③	12	③	13	①	14	①	15	③
16	②	17	①	18	④	19	②	20	③

01 ② [국어학의 이해와 활용 - 작문 형식]
'청소년 복지'는 향상해야 하는 대상이지만, 예방해야 하는 대상은 아니다. '유해환경'은 예방해야 하는 대상이지만, 향상해야 하는 대상은 아니다. 따라서 '목적어와 서술어를 호응시킬 것'을 고려하여 '청소년 복지 향상과 유해환경 예방에'로 수정하는 것이 적절하다.

오답해설
① '대등한 것끼리 접속할 때는 구조가 같은 표현을 사용할 것'에 따라 앞의 내용이 구라면 뒤에도 구를, 앞의 내용이 절이라면 뒤에도 절을 사용해야 한다. '청소년을 보호하고 복지 강화를 위해'는 절과 구로 구성되어 있다. 이를 '청소년을 보호하고 복지를 강화하기 위해'로 수정할 경우, 절과 절로 구성되므로 적절한 수정이 된다.
③ '체계적인 청소년 보호 시스템'은 생략된 주어인 '청소년정책연구원'이 구축하는 대상이므로, '주어와 서술어를 호응시킬 것'을 고려하여 '체계적인 청소년 보호 시스템을 구축하고'로 수정하는 것이 적절하다.
④ '개최하다'는 목적어를 필요로 하는 서술어이므로, 개최하는 대상이 제시되어야 한다. 따라서 '필요한 문장 성분이 생략되지 않도록 할 것'을 고려하여 '자문회의를'을 추가하는 것이 적절하다.

02 ④ [국어학의 이해와 활용 - 언어학 - 기타]
지문에 따르면, 언어가 사고방식을 결정한다고 하였다. 또한 우리가 보고 느끼는 세계는 있는 그대로의 객관적인 세계라기보다는 언어를 통해서 굴절된 주관적인 세계라고 하였다.
ㄷ. 인간은 언어를 도구로 하여 세상을 바라본다는 것이므로 지문의 언어관과 같은 내용이다. ㄹ. 같은 언어를 사용하는 사람들을 하나의 공동체로 묶어 준다는 것은 첫째 문단의 '특정 언어를 모국어로 쓰는 사람들은 자연이나 문화 현상에 대해서 자신들만의 방식으로 해석하거나 개념을 정하기도 한다'와 관계가 있는 내용이다.

오답해설
ㄱ. 언어가 시대에 따라 변한다는 것은 언어의 역사성에 관한 것이다.
ㄴ. 언어가 언어 정책의 영향을 받는다는 것은 지문을 통해 알 수 없다.

03 ④ [국어학의 이해와 활용 - 언어학 - 소리]
'눈요기'[눈뇨기]에서 '요'에 없던 음운인 'ㄴ'이 새롭게 덧붙었으므로 '첨가' 현상이 일어났음을 알 수 있다.

오답해설
① '닭'이 [닥]으로 발음되는 것은 받침의 'ㄺ' 중 'ㄹ'이 없어지는 현상이므로 탈락에 해당한다.
② '국밥'[국빱]에서 '밥'의 'ㅂ'이 'ㅃ'이 되는 것은 어떤 음운이 수적인 변화 없이 다른 음운으로 바뀌는 현상이므로 교체에 해당한다.
③ '입학'이 [이팍]과 같이 발음되는 것은 '입'의 'ㅂ'이 뒤의 'ㅎ'과 합쳐져서 제3의 음운 'ㅍ'으로 바뀐 것이므로 축약에 해당한다.

04 ② [구조 독해 - 배열 - 문장 배열]
ㄱ. 토지 사유제 찬성자의 사례에 대한 의견이다. '이런 사례들'이 나오므로 ㄱ보다 먼저 사례에 대한 언급이 있어야 한다. 따라서 고정된 부분 다음에 바로 제시될 수 없다. → 선지 ① 탈락
ㄴ. 그들은 '오히려' 토지의 공공성 강조가 사회주의적 발상이라고 비판하는 내용인데, 여기서 그들은 문맥상 ㄱ의 '토지 사유제를 당연하게 여기는 사람들'이라는 것을 알 수 있다. 이들은 토지 사유제는 인정하지만 토지의 공공성을 인정하지 않는 사람들이다. 또한 ㄴ의 '오히려'는 그 앞에 부정문이 오는 것이 자연스러우므로 ㄱ-ㄴ 순으로 전개되어야 한다. → 선지 ①, ③, ④ 탈락
ㄷ. 토지 사유제를 찬성하는 사람들이 간과하는 부분이다. 토지 사유제를 찬성하는 사람의 주장에 대한 반박으로 적절하다. ㄷ 앞에 토지 사유제 찬성자의 주장이 필요하다.
ㄹ. '이들은 ~ 사례이다'를 통해 ㄹ 앞에 사례가 제시되었음을 알 수 있다. 따라서 고정된 부분 바로 다음에 올 수 없다. → 선지 ③ 탈락
ㅁ. 자본주의 경제가 토지 사유제 없이 성립할 수 있을 것인가에 대한 답을 사례로 제시한다. ㅁ에서 언급된 싱가포르, 홍콩, 대만, 핀란드 등의 사례는 ㄹ에서 구체적으로 소개되고 있다. 따라서 ㅁ-ㄹ 순으로 전개되는 것이 자연스럽다. 또한 ㄱ에서 '토지 사유제 찬성자들이 이런 사례들을 토지 공공성을 인정해야 하는 당위의 근거로서 받아들이는 것은 아니다'라는 내용이 제시되고 있으므로, ㄱ은 사례에 대한 설명인 ㅁ-ㄹ 이후에 오는 것이 자연스럽다. → 선지 ①, ③ 탈락
따라서 ㄷ-ㅁ-ㄹ-ㄱ-ㄴ의 순서가 가장 자연스럽다.

05 ③ [논리 비판 - 논리 추론 - 명제논리]

- 갑 알로에 ∨ 병 알로에
- 을 선인장 ∧ 을 난초 → ~정 로즈마리
- 정 로즈마리
- 병 알로에 → 을 선인장 ∧ 을 난초

넷째 명제와 둘째 명제를 결합하면 '병 알로에 → (을 선인장 ∧ 을 난초) → ~정 로즈마리'가 된다. 정이 로즈마리를 기른다고 하였으므로, 후건 부정을 통해 '~병 알로에'를 확정할 수 있다. 그리고 '갑 알로에 ∨ 병 알로에'가 주어졌으므로, 선언지 제거를 통해 '갑 알로에'를 도출할 수 있다.

06 ① [확인 추론 - 부정발문 - 문학]
첫째 문단에 따르면 슬픔은 '감정의 깊이를 더'한다는 장점이 있기 때문에, '우리의 삶에 부정적인 결과만 낳는 것은 아니'라고 하였다.

오답해설
② 둘째 문단에 따르면, 서정시의 주체는 부정적인 상황을 '내면의 확장 혹은 심화의 계기로 수용'한다.
③ 마지막 문단에 따르면, 「한」의 화자는 '삶과 죽음 사이의 경계로 인해 자신의 사랑을 실현하지 못'한다는 부정적 상황에 처하게 된다. 그러나 화자는 이 상황에 빠지지 않고 오히려 '사랑의 감정이 자신의 전(全) 존재에 해당하는 무게를 가진 것'이라는 깨달음을 얻었다.
④ 마지막 문단에 따르면, 「마음의 수수밭」의 화자는 자신을 괴롭히던 고뇌를 똑바로 보고 이를 현실 속에서 극복하고자 하였다.

07 ① [의사소통 – 작문 내용]
첫째 문단에 따르면, WTO 설립협정은 '의장이 상정한 타협안을 그대로 채택한다는 내용을 문서로써 명시하고 있다'고 한다. 문서에 명시하였다는 것은 관행적으로 운영된 것이 아니라 명문화된 것임을 의미한다. 따라서 WTO 설립협정은 관행적으로 유지되던 총의 제도를 명문화하였다고 고쳐 쓰는 것이 적절하다.

오답해설
② 첫째 문단에 따르면, '회원국의 수가 혼대되고 이해관계가 첨예해지면서 현실적으로 총의가 이루어지기 어려워졌다'고 한다. 총의가 현실적으로 이루어지기 어렵다면 새로운 무역협정의 체결은 지연될 것이고 무역자유화 역시 저해될 것이다. 따라서 기존의 서술을 유지하는 것이 적절하다.
③ 둘째 문단에 따르면, '협정에 따른 혜택은 WTO 체제 내에 보편적으로 적용'된다고 한다. WTO 체제 내에 보편적으로 적용되기 위해서는 협정 당사국뿐 아니라 체제 내에 있는 모든 회원국에 적용되어야 할 것이다. 따라서 채택된 협정의 혜택은 WTO 모든 회원국에 적용된다는 기존의 서술을 유지하는 것이 적절하다.
④ 둘째 문단에 따르면, '협정이 적용되는 품목의 무역량은 해당 품목의 전 세계적인 무역량의 90% 이상을 차지하여야 한다'고 한다. 이는 협정에 가해지는 제약으로서 협정에 필요한 조건을 나타낸다. 따라서 협정에는 일정한 조건이 요구된다는 기존의 서술을 유지하는 것이 적절하다.

08 ④ [의사소통 – 작문 내용]
〈지침〉에 '결론은 기대 효과와 향후 과제를 1개의 장으로 작성할 것'이라는 내용이 제시되어 있다. Ⅳ-1에 '한국어 발음 오류 해결을 통한 한국어 학습 효과 증대'라는 기대 효과가 제시되어 있으므로, ㉣에는 향후 과제가 제시되어야 한다. 그러나 '한국어 의사소통 능력 향상'도 기대 효과이므로, ㉣에 들어갈 내용으로 적절하지 않다.

오답해설
① 제목을 보았을 때, 글의 중심 소재는 '외국인 한국어 학습자의 발음 오류'이다. 〈지침〉에 '서론은 중심 소재의 개념 정의와 문제 제기를 1개의 장으로 작성하라'고 하였으므로, ㉠에는 '외국인 한국어 학습자의 발음 오류'와 관련된 문제 제기가 들어가야 한다. 따라서 '외국인 한국어 학습자의 발음 오류에 따른 의사소통 장애의 증가'는 이러한 문제 제기로 적절하다.

② 〈지침〉에 '본론은 제목에서 밝힌 내용을 2개의 장으로 구성하되 각 장의 하위 항목끼리 대응되도록 작성하라'고 하였다. 따라서 '한국어의 음운적 특성에 대한 이해 부족'은 Ⅲ-1(한국어 발음의 근본적인 원리와 음운론 교육)과 대응되는 Ⅱ-1(㉡)의 내용으로 적절하다.
③ 〈지침〉에 '본론은 제목에서 밝힌 내용을 2개의 장으로 구성하되 각 장의 하위 항목끼리 대응되도록 작성하라'고 하였다. 따라서 '자동화된 한국어 발음 피드백 시스템 구축'은 Ⅱ-2(한국어 발음 오류에 대한 피드백 부족)와 대응되는 Ⅲ-2(㉢)의 내용으로 적절하다.

09 ① [논리 비판 – 비판 추론 – 강화약화]
㉠은 세 요소 모두를 달성하는 것이 신제품 개발의 성공을 위해 필수적이라고 여긴다. 따라서 성공한 모든 프로젝트가 세 요소를 모두 달성하였다면, ㉠은 강화된다.

오답해설
② ㉠은 세 요소 모두를 달성하는 것이 신제품 개발의 성공을 위해 필수적이라고 여긴다. 따라서 성공하지 못한 개발 중 시장 트렌드 반영, 기술적 완성도, 그리고 팀워크 중 하나 이상에서 목표를 달성하는 데 실패한 사례가 있다면, 이는 ㉠의 주장을 뒷받침하는 근거가 되므로 ㉠은 강화된다.
③ ㉡은 세 요소 모두에서 목표를 달성했다고 하더라도 신제품 개발이 성공한 것은 아니라고 여긴다. 따라서 시장 트렌드 반영, 기술적 완성도, 그리고 팀워크 중 하나 이상에서 목표를 달성하는 데 실패했지만 성공한 개발이 있다는 것은 ㉡을 강화하지도 약화하지도 않는다.
④ ㉡은 세 요소 모두에서 목표를 달성했다고 해서 신제품 개발이 성공한 것은 아니라고 보아 세 요소의 달성이 성공의 충분조건은 아님을 의미한다. 따라서 세 요소를 모두 달성한 신제품 개발 중 실패한 경우가 있다면 ㉡은 강화된다.

10 ③ [확인 추론 – 부정발문 – 인문사회예술]
둘째 문단에 의하면, 유류분은 피상속인의 무상 처분 행위가 없었다고 가정할 때 상속인들이 상속받을 수 있었을 이익 중 법으로 보장된 부분이다. 따라서 피상속인에게 자녀가 없다면, 유류분이 없으므로 무상 취득자의 이익은 피상속인에게 자녀가 있는 경우보다 클 것이다.

오답해설
① 둘째 문단에 따르면 유류분은 '상속인들이 상속받을 수 있었을 이익 중 법으로 보장된 부분'이다. 따라서 유류분권은 상속인들이 가지는 권리이므로, 상속인이 아닌 사람에게는 인정되지 않는다.
② 첫째 문단에 따르면 '무상 처분자가 사망하면 상속이 개시되고, ~ 유류분권을 행사할 수 있'다고 하였다.
④ 첫째 문단에서 '무상 처분 행위가 행해졌을 때는 ~ 무상 처분자와 무상 취득자의 의사와 무관하게 그 결과가 번복될 수 있'다고 하였다.

11 ③ [응용 추론 - 어휘 추론]

ⓒ이 포함된 문장은 유류분이란 상속인들이 유류분을 돌려받을 수 있는 권리라고 하였다. 이는 남에게 빌려준다는 의미가 아니므로, ⓒ은 '대여하다'와 바꿔쓸 수 없다. ⓒ과 바꿔쓸 수 있는 유사한 표현으로는 '반환받다'가 있다.
ⓒ 돌려받다: 빌려주거나 빼앗겼거나 주었던 것을 도로 갖게 되다.
대여하다(貸與하다): 물건이나 돈을 나중에 도로 돌려받거나 대가를 받기로 하고 얼마 동안 내어주다.
貸 빌릴 대, 與 더불 여
반환하다(返還하다): 빌리거나 차지했던 것을 되돌려주다.
返 돌이킬 반, 還 돌아올 환

오답해설

① ㉠ 처분하다(處分하다): 처리하여 치우다.
處 곳 처, 分 나눌 분
처리하다(處理하다): 사무나 사건 따위를 절차에 따라 정리하여 치르거나 마무리를 짓다.
處 곳 처, 理 다스릴 리
② ㉡ 개시되다(開始되다): 행동이나 일 따위가 시작되다.
開 열 개, 始 비로소 시
시작되다(始作되다): 어떤 일이나 행동의 처음 단계가 이루어지다.
始 비로소 시, 作 지을 작
④ ㉣ 놓다: 값을 셈하여 매기다.
산정하다(算定하다): 셈하여 정하다.
算 셈 산, 定 정할 정

12 ③ [응용 추론 - 빈칸 추론]

한 무제는 유학을 국교로 삼고 강력한 지도자로 변해가기 시작했다. 이에 반해 지방 귀족들은 '아무것도 하지 않음으로써 모든 것을 한다'라는 노자의 주장을 추종했다. 이는 지방 귀족들이 강력한 중앙 집권 국가를 만들기 위해 한 무제 자신을 강력한 지도자로 만들려고 한 것에 대해 반대하는 입장을 가졌다는 것을 의미한다. 따라서 ㉠에는 '임금은 억지로 간섭하려 하지 말고 귀족들의 지배를 그대로 내버려 두어야 한다.'가 들어가야 한다.

오답해설

① 지방 귀족들은 한 무제가 강력한 지도자가 되는 것을 반대했다. 따라서 임금이 귀족들을 대신해서 지방을 다스리도록 하는 것은 지방 귀족들의 입장과 반대된다.
② 지방 귀족들은 '아무것도 하지 않음으로써 모든 것을 한다.'라는 노자의 주장을 추종했다. 임금이 강력한 통치력을 바탕으로 귀족들과 주종 관계를 유지해 나가야 한다는 것은 지방 귀족들의 입장과 반대된다.
④ 지방 귀족들은 노자의 주장을 추종하였다. 하지만 임금이 덕을 실천하는 정치를 하고 귀족들이 임금을 아버지를 대하듯 섬기는 것은 공자의 가르침과 유사하다. 따라서 ㉠에 들어가는 것은 적절하지 않다.

13 ① [논리 비판 - 비판 추론 - 강화약화]

ㄱ. ㉠은 가축 사육에는 식량 생산 총량 증가와 생태계 순환기여 등의 이점이 존재한다는 것이다. 따라서 축산 산업 발달 시 토지의 효율적 활용과 식량 생산 총량 증가가 가능하다는 연구 결과는 ㉠을 강화한다.

오답해설

ㄴ. 기존의 방목지를 숲 복원 지대로 전환하여 환경 개선이 이루어진 경우는 가축 사육의 이점에 해당하는 사례가 아니므로 ㉠이 강화되지 않는다.
ㄷ. 적절한 가축 사육과 농업의 조화로 농업 생태계가 균형을 이루는 사례는 가축 사육에 이점에 해당하는 사례이므로 ㉠을 강화한다.

14 ① [논리 비판 - 비판 추론 - 비판적 이해]

ㄱ. 갑은 공공장소에서의 흡연 금지 정책이 국민 건강을 보호하는 데 효과적이라고 주장하였다. 이는 공공장소에서의 흡연 금지 정책이 실효성이 있다고 보는 것이다. 반면, 을은 공공장소에서의 흡연 금지 정책이 실질적으로 흡연율을 낮추지 못하였을 뿐만 아니라 오히려 불법적인 흡연을 유발하였다는 것을 근거로, 정책이 실효성이 떨어진다고 주장한다. 이를 통해 공공장소에서의 흡연 금지 정책이 실효성이 있는지에 대해 갑과 을의 주장은 대립한다는 것을 알 수 있다.
ㄴ. 을은 공공장소에서의 흡연 금지 정책이 실질적으로 흡연율을 낮추지 못하였을 뿐만 아니라 오히려 불법적인 흡연을 유발하였다는 것을 근거로, 정책이 실효성이 떨어진다고 주장한다. 반면, 병은 공공장소에서의 흡연 금지 정책은 환경 보호에도 효과적이라고 하며, 이 정책이 실효성이 있다고 본다. 이를 통해 공공장소에서의 흡연 금지 정책이 실효성이 있는지에 대해 을과 병의 주장은 대립한다는 것을 알 수 있다.

오답해설

ㄷ. 병은 공공장소에서의 흡연 금지 정책은 환경 보호에도 효과적이라고 하며, 이 정책이 실효성이 있다고 본다. 갑은 공공장소에서의 흡연 금지 정책이 국민 건강을 보호하는 데 효과적이라고 주장하였다. 이는 공공장소에서의 흡연 금지 정책이 실효성이 있다고 보는 것이다. 이를 통해 공공장소에서의 흡연 금지 정책이 실효성이 있는지에 대해 병과 갑의 주장은 대립하지 않는다는 것을 알 수 있다.

15 ③ [확인 추론 - 긍정발문 - 문학]

둘째 문단과 마지막 문단에 따르면, 풍자는 현실이 부정적 인물에 의한 것임을 폭로하는 것으로, 이는 아이러니(반어)에 의해 이루어진다고 하였다. 「흥보가」에는 '관찰자의 관점에서 인지되는 상황의 아이러니'가 사용되었다고 하였으므로, 「흥보가」는 반어를 활용하여 현실이 부정적 상황에 의한 것임을 폭로하고 있다는 것을 알 수 있다.

오답해설

① 첫째 문단에 따르면, 판소리 사설 속 긍정적 인물은 '작가의 이상이 투영된 인물로 나타난다'고 하였다. 이를 통해 긍정적 인물은 작가의 이상과 대비되는 존재가 아니라는 것을 알 수 있다.
② 둘째 문단에 따르면, 희화화의 방법은 풍자와 해학에서 모두 사용되는 방법이다. 그런데 해학은 '왜곡된 환경에서 고통받는 인물에 대한 동정을 드러낸다는 점에서 풍자와 구별된다'고 하였다. 이를 통해 풍자가 왜곡된 환경에서 고통받는 인물에 대한 동정을 드러내지 않는다는 것을 추론할 수 있을 뿐, 희화화의 방법

이 그 인물에 대한 동정을 드러내지 않는다는 것은 알 수 없다.
④ 첫째 문단에 따르면 작가의 이상과 대비되는 인물은 부정적인 인물이며, 「흥보가」의 부정적인 인물은 '놀보'이다. 마지막 문단에 따르면, 관찰자는 「흥보가」의 놀보를 통해 '공격적인 웃음'을 짓는다.

16 ② [응용 추론 – 문맥 추론]

첫째 문단에 따르면 판소리 사설에서는 부정적 인물을 '작가가 추구하는 이상과 대조(㉠)'하여 형상화하며, 긍정적인 인물은 '작가의 이상이 투영(㉡)'되어 나타난다고 한다. 「흥보가」의 '흥보'는 긍정적인 인물이므로, '작가의 이상이 투영(㉡)'하여 형상화한 인물이다.
둘째 문단에 따르면, '「흥보가」는 부정적 인물에 대한 풍자와 긍정적 인물에 대한 해학이 곁들여진 양상을 보인다'고 하였다. 따라서 「흥보가」는 흥보에 대한 '해학(㉢)'이 사용되었다.
마지막 문단에 따르면, 풍자는 '아이러니(반어, ㉣), 기지, 조롱'에 의해 이루어진다고 하였다. 그중 「흥보가」의 '아이러니(반어, ㉣)'는 관찰자의 시점에서 인지되는 '상황'에 대한 아이러니가 사용된 것이므로, 이를 '(가) 흥보'의 특징이라 보기 어렵다.
따라서 '(가) 흥보'의 특징을 모두 고른 것은 '㉡, ㉢'이다.

17 ② [논리 비판 – 논리 추론 – 명제논리]

(가) 아픔 → 병원
(나) 아픔n ∧ 조퇴n
_____
따라서 (㉠)

(가)의 전건인 '아픔'은 (나)의 '아픔n'을 포함한다. 따라서 병원에 간 어떤 사람은 조퇴한다는 것을 알 수 있다(병원n ∧ 조퇴n).

18 ④ [확인 추론 – 부정발문 – 인문사회예술]

베이즈주의는 '확률을 통해 결론을 얼마나 신뢰할 수 있는지'에 대한 것이다. 따라서 증거에 의해 높아진 신뢰도는 강한 정도로 믿어도 되는 근거가 된다. 하지만 신뢰도가 낮다고 해서 신뢰해서는 안 되는 결론은 아니다. 왜냐하면 '신뢰도를 감소시키면 약한 정도로 믿으면 된다고 본다'고 했기 때문이다.

오답해설
① 둘째 문단에 따르면 시간의 흐름에 따라 새로운 사건을 경험하게 될 경우, 이 경험에 의해 신뢰도가 달라지는데, 이러한 시간의 흐름을 고려한 것이 '조건화'라고 하였다.
② 첫째 문단에 따르면, 베이즈주의는 확률을 통해 결론을 얼마나 신뢰할 수 있는지 판단하여 추론의 합리성을 담보한다.
③ 둘째 문단에 따르면, 베이즈 정리는 '사전 확률과 조건부 확률을 이용하여 사후 확률을 구'한다.

19 ② [응용 추론 – 어휘 추론]

㉠이 포함된 문장은 사전 확률과 조건부 확률을 이용하여 사후 확률을 구하는 베이즈 정리에 대해 설명하였다. 이때 '㉠ 구하는'을 대체할 수 있는 유의어로 '얻는' 등이 있으며, ㉠이 포함된 문장의 구조는 'a가 b를 구하다'이다.
선지 ②는 어머니가 세간을 팔아 먹을 것을 얻어 오시곤 했다는 내용이다. 이때 '구해'는 '얻기'라는 유의어를 제시된 문장과 공유하며, 'a가 b를 구하다'의 구조도 일치한다. 따라서 ㉠의 문맥적 의미와 가장 가까운 것은 선지 ②이다.
구하다¹ 「1」 […을] 필요한 것을 찾다. 또는 그렇게 하여 얻다.
⒨ 그는 신선한 생선을 구하러 바닷가까지 갔다.

오답해설
① 구하다¹ 「2」 […에/에게 …을] 상대편이 어떻게 하여 주기를 청하다.
⒨ 그 사람의 동정을 구하다.
③ 구하다³ […을] 「1」 물건 따위를 주어 어려운 생활 형편을 돕다.
⒨ 극빈자를 구하다.
④ 구하다³ […을] 「2」 위태롭거나 어려운 지경에서 벗어나게 하다.
⒨ 목숨을 바쳐 나라를 구하다.

20 ③ [구조 독해 – 주제]

지문에서는 음악이 반복을 활용한 이유와 다양한 시대에서 반복을 활용한 예가 제시되어 있다. 이를 통해 지문에서 '반복'이 다양한 시대에 걸쳐 음악 구성의 기초를 이루고 있다는 것을 이야기하고자 함을 추론할 수 있다.

오답해설
① 지문에 따르면, 음악에서는 음을 기억하기 위한 방법 중 하나로 반복을 활용하였다. 그러나 지문이 반복이 없는 음악은 예술이라고 볼 수 없다는 내용을 담고 있지는 않다.
② 지문에서 음악이 공간 예술보다 미적 특성이 뛰어나다는 내용과 그러한 음악을 보호하자는 내용은 찾아볼 수 없다.
④ 다양한 예술에서 반복을 사용했다는 내용은 지문에서 찾아볼 수 없으며, 음악에서 반복을 사용한 예시를 제시한 것이지 음악에서 반복을 활용해야 한다고 주장한 것은 아니다.

이유진 국어 화제의 모의고사 정답 및 해설
4주 LEVEL 1/2

4주 LEVEL 1 정답

01	①	02	③	03	③	04	①	05	③
06	①	07	③	08	③	09	④	10	②
11	④	12	①	13	②	14	④	15	②
16	④	17	②	18	②	19	④	20	①

01 ① [국어학의 이해와 활용 – 작문 형식]

서류 접수는 기관에서 하는 것이므로, 응시자는 서류를 제출해야 한다. 따라서 응시자의 관점에서 '제출'해 달라고 요청한 기존의 문장을 그대로 써야 한다.

오답해설

② '대등한 것끼리 접속할 때는 구조가 같은 표현을 사용할 것'에 따라 앞의 내용이 구라면 뒤에도 구를, 앞의 내용이 절이라면 뒤에도 절을 사용해야 한다. '주권을 수호하고 평등 보장을 위해'는 절과 구로 구성되어 있으므로, '주권 수호와 평등 보장을 위해'와 같이 구와 구로 수정하는 것이 적절하다.
• 구와 구: 주권 수호와 평등 보장을 위해
• 절과 절: 주권을 수호하고 평등을 보장하기 위해
③ 연월일 뒤에 마침표를 쓸 때는 '일'을 나타내는 숫자 뒤에도 마침표를 찍는다고 하였으므로, '20○○. 1. 4일'의 '일'도 '.'으로 수정해야 한다.
④ '~에 있어서'는 우리말에는 자연스럽지 않은 과도한 피동 표현이라고 하였으므로, '품질에 있어서'를 '품질 면에서'라고 수정하는 것이 적절하다.

02 ③ [논리 비판 – 비판 추론 – 강화약화]

㉡은 세 요소 모두에서 목표를 달성했다고 해서 공공 보건 개선에 성공하는 것은 아니라고 보아 세 요소의 달성이 성공의 충분조건은 아님을 의미한다. 따라서 세 요소를 모두 충족하였음에도 공공 보건 개선에 실패한 경우가 있다면 ㉡은 강화된다.

오답해설

① ㉠은 세 요소 모두를 달성하는 것이 성공의 필요조건이라는 것이다. 따라서 의료 인프라 확충이라는 하나의 요소를 충족하지 못했음에도 성공한 보건 개선 사례가 존재한다는 사실은 ㉠의 주장에 부합하지 않는 것으로 이를 약화한다.
② ㉠은 세 요소 모두를 달성하는 것이 성공의 필요조건이라는 것이다. 따라서 세 요소를 모두 충족한 국가에서만 공공 보건 개선에 성공하였다는 사실은 ㉠의 주장에 부합하는 것으로 ㉠을 강화한다.
④ ㉡은 세 요소 모두에서 목표를 달성하는 것이 성공의 충분조건이 아니라는 것이다. 따라서 세 요소 중 하나인 필수 예방접종 확대를 충족한 국가 중 성공 사례가 있다고 해서 ㉡이 약화되지는 않는다.

03 ③ [국어학의 이해와 활용 – 언어학 – 기타]

넷째 문단에 따르면, 파열음 표기에는 된소리를 쓰지 않는 것을 원칙으로 한다고 하였다.

오답해설

① 첫째 문단에 따르면, 국어에 없는 외국어 소리를 적기 위해 별도의 문자를 만들지 않겠다고 하였다.
② 둘째 문단에 따르면, 외래어의 1음운은 1기호로 적는다. 따라서 발음이 다르다고 해서 표기가 달라지지 않음을 알 수 있다.
④ 마지막 문단에 따르면, 'sh[ʃ]'는 어말과 그 외의 자리에서 적는 방법이 다르다. 즉, 어말에서는 '시'로 적지만 자음 앞에서는 '샤, 섀, 셔, 셰, 쇼, 슈'로 적는다.

04 ① [의사소통 – 작문 내용]

지문에 따르면, '이 원칙은 영조 시대부터 무너지기 시작했'으며 영조는 선조의 후궁이자 원종을 낳은 인빈 김 씨의 제사를 직접 국가의례로 거행했다고 한다. 영조도 여전히 국왕 부모에 대한 제사를 거행하였으므로 제사가 국왕에 의해 직접 거행되는 것이 지문이 지칭하고 있는 '이 원칙'에 해당한다고 할 수 없다. 영조가 국왕을 낳은 후궁의 제사를 국가의례로 거행했다는 점에서 국왕의 생모가 후궁이라면 그에 대한 제사는 국가의례로 간주하지 않는 것이 원칙이었다고 고쳐 쓰는 것이 적절하다.

오답해설

② 지문에 따르면, '이에 따라 후궁의 사당은 점차 늘어났'다고 한다. 이는 정조와 순조 때에도 계속하여 사당이 세워졌음을 나타낸다. 따라서 영조의 뒤를 이은 정조와 순조 역시 후궁인 생모의 제사를 사당을 세워 국가의례로써 제사를 지냈다는 기존의 서술을 유지하는 것이 적절하다.
③ 지문에 따르면, 후궁의 사당은 '그 위치가 제각각이어서 관리가 어려웠'다고 한다. 사당을 모두 육상궁 경내 한 곳으로 옮긴 것은 위치가 제각각이라는 문제를 해결하기 위한 해결 방법에 해당하므로 기존의 서술을 유지하는 것이 적절하다.
④ 지문에 따르면, 일제 강점기에도 '고종의 후궁이자 영친왕의 생모인 엄 씨의 사당이 세워졌으며' '육상궁 경내에서는 후궁을 모신 7개의 사당의 제사가 이뤄졌다'고 한다. 이를 통해 국권을 빼앗긴 이후에도 사당들에 대한 제사는 유지되었음을 알 수 있다. 따라서 기존의 서술을 유지하는 것이 적절하다.

05 ③ [응용 추론 – 빈칸 추론]

둘째 문단에 따르면, '단심가'의 특징인 정형화된 율격은 평시조의 특징이다. 반면, '개를 여라믄이나 기르되'의 특징인 풍부한 감정 표현과 길어진 중장은 사설시조의 특징이다. 따라서 ㉠에 들어갈 말은 평시조, ㉡에 들어갈 말은 사설시조이다.

06 ① [응용 추론 – 빈칸 추론]

㉠ 이전에는 도덕성과 이타성이 같은 것으로 간주될 수 있다고 설명하고 ㉠ 이후에는 부모와 자식 간의 관계를 예로 들며 도덕성을 토대로 이타적 행위가 일어나지 않을 수도 있다며 도덕성과 이타성이 다르다는 주장을 강화하고 있다. 따라서 ㉠에는 이타적 행위가 도덕성에 근거하지 않고도 발현될 수 있다는 내용이 들어가는 것이 가장 적절하다.

오답해설

② 이타적 행위가 도덕성에 근거하고 있음을 증명한다면 이는 '도덕성=이타성'이라는 명제를 강화할 것이다.
③ 도덕성이 타인에게 언제나 자기희생적 행위를 요구하는 것이 아니라고 인정해도 이후에 제시되는 사례와 관련성을 찾을 수 없다.
④ 지문에 따르면 도덕성은 보편화 가능성이 있으나 이타성은 보편화 가능성이 없다.

07 ③ [국어학의 이해와 활용 – 언어학 – 기타]

셋째 문단에 따르면, 한글은 외국어 교육에서도 적극적으로 활용되었다. 발음 사전인 「사성통해」에는 한글로 중국어 발음이 표시되어 있었고, 학습자들은 이를 통해 정확한 중국어 발음을 익혔다고 한다.

오답해설

① 첫째 문단에 따르면, 세종은 한글이 한자를 대신할 수 있을 것이라고 생각하지 않았다는 것과 한자와 한글의 역할을 다르게 보았을 것임을 알 수 있다고 하였다.
② 둘째 문단에 따르면, 한글은 교육의 중추였던 한문을 교육하는 데에 적극적으로 활용되었다고 한다.
④ 마지막 문단에 따르면, 15세기가 왕을 중심으로 한 전제 군주 사회였고 유교 이념이 새로운 사회 질서였다고 한다. 또한 한글은 교화의 효과를 극대화하기 위한 수단이었다고 하였다.

08 ③ [논리 비판 – 논리 추론 – 명제논리]

㉠ 책 집중력 부족 → 시 집중력 부족
㉡ ~연구 집중력 부족 → 책 집중력 부족
㉢ 시 집중력 부족
㉣ ~(연구 집중력 부족 ∧ 시 집중력 부족)
  ≡ ~연구 집중력 부족 ∨ ~시 집중력 부족

㉢과 ㉣을 함께 고려하면 선언지 제거를 통해 '~연구 집중력 부족'을 도출할 수 있다. '~연구 집중력 부족'은 ㉡의 전건을 긍정하며, 이를 통해 우리는 '책 집중력 부족'이 됨을 확인할 수 있다. ㉢을 통해 이미 '시 집중력 부족'임을 알 수 있으므로 정보를 정리해 보면, '~연구 집중력 부족', '책 집중력 부족', '시 집중력 부족'이다. 따라서 답은 ③이다.

09 ④ [확인 추론 – 긍정발문 – 인문사회예술]

마지막 문단에 따르면, 이황과 기대승의 사단칠정 논쟁은 '조선 유학이 독자적 사고 체계를 확립하는 중요한 토대를 마련한 논쟁으로 평가'된다고 하였다. 이를 통해 조선 유학이 사단칠정 논쟁을 기반으로 독자적인 체계를 확립하였다는 것을 알 수 있다.

오답해설

① 둘째 문단에 따르면, 이황은 사단은 이(理)의 발현으로, 칠정은 기(氣)와 밀접한 관련이 있는 기질지성에서 비롯된 감정이라고 하였다. 반면, 기대승은 사단과 칠정 모두 이와 기가 결합되어 나타나는 현상이라고 보며 이황이 이와 기를 기준으로 사단과 칠정을 나눈 것을 지나치게 절대적이라고 비판한다. 이는 기대승 또한 이와 기를 구분된 요소로 인식하고 있으며, 단지 그 작용 방식에 있어 이황과 다른 관점을 취하고 있다는 것을 보여준다.
② 둘째 문단에 따르면, 기대승은 사단 또한 칠정과 같이 이와 기가 결합해 나타난다고 보았다. 이는 감정의 기원에 대한 설명일 뿐, 이로부터 사단이 선하지 않을 수 있다고 보았는지는 알 수 없다.
③ 마지막 문단에 따르면, 이황과 기대승은 상호 비판과 보완을 거듭하였다고 한다. 따라서 두 사람이 서로의 의견을 배척하였다고 볼 수 없다.

10 ② [응용 추론 – 어휘 추론]

㉡이 포함된 문장은 성리학의 심성론에 대한 이황과 기대승의 입장에 차이가 있었음을 설명하고 있다. 따라서 ㉡은 '학식과 견문이라는 뜻으로, 사물을 분별할 수 있는 능력을 이르는 말.'을 의미하는 '식견'과 바꿔쓸 수 없다.
㉡ 시각(視角): 사물을 관찰하고 파악하는 기본적인 자세.
視 볼 시, 角 뿔 각
식견(識見): 학식과 견문이라는 뜻으로, 사물을 분별할 수 있는 능력을 이르는 말.
識 알 식, 見 볼 견

오답해설

① ㉠ 쟁점(爭點): 서로 다투는 중심이 되는 점.
爭 다툴 쟁, 點 점찍을 점
논점(論點): 논의나 논쟁 따위의 중심이 되는 문제점.
論 논의할 논, 點 점찍을 점
③ ㉢ 지나치다: 일정한 한도를 넘어 정도가 심하다.
과도하다(過度하다): 정도에 지나치다.
過 지날 과, 度 법도 도
④ ㉣ 거듭하다: 어떤 일을 자꾸 되풀이하다.
되풀이하다: 같은 말이나 일을 자꾸 하다. 또는 같은 사태를 자꾸 일으키다.

11 ④ [확인 추론 – 부정발문 – 인문사회예술]

마지막 문단에 따르면, '고대 그리스 시대 이후 기독교는 자기 성찰을 종교적 수련법으로 사용'한다고 하였다. 하지만 성찰에 대한 입장을 달리한다고 설명한 적은 없으며 명상보다 복음에 대한 갈망이 더 중요한 것이라고 설명하지도 않았다.

오답해설

① 첫째 문단에 따르면 '의식이란 자기 자신을 스스로 그려 보는 능력, 자신의 이미지를 스스로 만들 수 있는 능력'인데, '의식을 제대로 할 수 없는 사람'은 '자신 스스로 어떤 사람인지 정확하게 인지할 수' 없는 사람이다.

② 첫째 문단에 따르면, 내가 생각하는 나 자신인 자아상은 '내 의식의 허락하에 존재하는 모습'이다. 또한, 이때 자신에 대해 고찰한다면 자아가 가진 진짜 모습에 다가갈 수 있다고 하였다. 이를 통해 자아상과 실제 자아는 다를 가능성이 있다는 것을 알 수 있다.
③ 마지막 문단에 따르면 '반성적 의식으로 우리는 수동적으로 상황을 받아들이는 하나의 물건에 그치는 것이 아니라 능동적으로 욕망하는 개인'이 될 수 있는데, 이러한 반성적 의식에는 그리스 철학파들이 권장한 '혼자 조용히 깊게 생각'하는 것이 도움이 됨을 알 수 있다.

12 ① [응용 추론 – 어휘 추론]

제시된 문맥에서 (가) '만들어 내는'은 자신을 되돌아보는 반성적인 의식 자신의 개선점을 파악한 후 '자아상을 새로 만들어 낸다'는 의미로 사용되었다. 따라서 (가)의 의미와 가장 가까운 것은 '자신의 이미지를 스스로 ㉠ 창조하다'이다.
㉠ 창조하다(創造하다): 전에 없던 것을 처음으로 만들다.
創 비롯할 창, 造 지을 조

오답해설

② ㉡ 개선하다(改善하다): 잘못된 것이나 부족한 것, 나쁜 것 따위를 고쳐 더 좋게 만들다.
改 고칠 개, 善 착할 선
③ ㉢ 구축하다(構築하다): 체제, 체계 따위의 기초를 닦아 세우다.
構 얽을 구, 築 쌓을 축
④ ㉣ 고안하다(考案하다): 연구하여 새로운 안을 생각해 내다.
考 생각할 고, 案 책상 안

13 ② [논리 비판 – 비판 추론 – 강화약화]

ㄱ. ㉠은 오스만 제국의 쇠퇴가 정치적 요소에 기반한다고 본다. 따라서 지방에 대한 통제력이 약화되었다는 사실은 이에 부합하므로 ㉠을 강화한다.
ㄴ. 오스만 제국이 외교적 고립을 자초했다는 사실은 유럽 각국과의 외교적 마찰을 의미하는 것이므로 ㉠을 강화한다.

오답해설

ㄷ. 무기 제조 기술 및 산업 기술 격차에 의한 군사력 약화는 기존 가설과 부합하는 사실로 ㉠을 강화하지 않는다.

14 ④ [국어학의 이해와 활용 – 언어학 – 단어]

둘째 문단에 따르면, 의존 명사와 복수 접미사로 통용하는 '들'의 경우 둘 이상의 사물을 나열하는 경우에는 의존 명사이고 하나의 사물에 결합하는 경우에는 복수 접미사라고 하였다. '바구니에 배들과 사과들이 있다.'의 경우, '들'이 '배'와 '사과'에 각각 결합하였으므로 하나의 사물에 결합하는 경우이다. 따라서 이때의 '들'은 복수 접미사 '–들'이다.

오답해설

① 첫째 문단에 따르면 '다섯' 뒤에 조사가 붙으면 수사이지만, '다섯'이 뒤의 체언을 수식하면 관형사라고 하였다. 따라서 '귤을 일곱 조각 먹었다.'에서는 '일곱'이 '조각'을 수식하므로 '일곱'이 관형사임을 알 수 있다.

② 둘째 문단에 따르면 조사와 의존 명사로 통용하는 '뿐'은 조사일 때는 앞말에 붙여 쓰지만, 의존 명사일 때는 띄어 쓰며, '대로'는 '뿐'과 같은 방식을 적용하여 구분한다고 하였다. 따라서 '네가 원하는 대로 해라.'의 '대로'는 앞말과 띄어 쓰므로 의존 명사임을 알 수 있다.
③ 둘째 문단에 따르면 부사와 명사로 통용하는 '어제'와 같은 시간 표현은 용언을 직접 꾸미면 부사, 조사와 결합하여 쓰이면 명사로 본다고 하였다. 따라서 '오늘은 기다리던 내 생일이다.'에서는 '오늘'에 조사가 결합하여 '오늘은'의 형태로 쓰였으므로 이때의 '오늘'은 명사임을 알 수 있다.

15 ② [논리 비판 – 비판 추론 – 비판적 이해]

ㄷ. 병은 기후 변화가 앞으로 우리 사회에 큰 영향을 미칠 것이므로, 미래 세대가 이에 대비할 수 있도록 교육을 제공하는 것이 필수적이라고 하였다. 갑은 교육을 통해 기후 변화의 원인과 결과를 가르치면, 환경 보호에 대한 경각심을 높이고 지속 가능한 생활 방식을 실천하도록 유도할 수 있다고 하며 기후 변화 교육이 필요하다고 주장한다. 이를 통해 병과 갑의 주장이 대립하지 않는다는 것을 알 수 있다.

오답해설

ㄱ. 갑은 교육을 통해 기후 변화의 원인과 결과를 가르치면, 환경 보호에 대한 경각심을 높이고 지속 가능한 생활 방식을 실천하도록 유도할 수 있다고 하며 기후 변화 교육이 필요하다고 주장한다. 반면 을은 기후 변화 문제는 교육을 통해 해결할 수 있는 문제가 아니라며 기후 변화 교육이 필요하지 않다고 주장한다. 이를 통해 갑과 을의 주장이 대립한다는 것을 알 수 있다.
ㄴ. 을은 기후 변화 문제는 교육을 통해 해결할 수 있는 문제가 아니라며 기후 변화 교육이 필요하지 않다고 주장한다. 반면 병은 기후 변화가 앞으로 우리 사회에 큰 영향을 미칠 것이므로, 미래 세대가 이에 대비할 수 있도록 교육을 제공하는 것이 필수적이라고 하였다. 이를 통해 을과 병의 주장이 대립한다는 것을 알 수 있다.

16 ④ [구조 독해 – 배열 – 문장 배열]

글의 고정부는 법률의 규정과 계약의 내용이 어긋날 때 발생하는 문제 상황에 대해 설명하고 있다.
ㄱ. 인과의 상황에서 앞의 내용이 원인일 때 사용하는 접속어 '따라서' 뒤에 법률의 규정과 어긋난 내용으로 사법 계약을 체결한 경우, 계약 내용이 우선 적용된다고 설명한다. 따라서 ㄱ의 앞에는 법률의 규정과 어긋난 내용으로 계약 체결 시 계약 내용이 우선 적용되는 원인이 제시되어야 한다.
ㄴ. '사법'은 원칙적으로 임의 법규이므로, 당사자들 사이에 계약이 없었다면 법률의 규정이 적용된다고 설명한다.
ㄷ. 사법은 '계약 자유의 원칙'이 적용된다고 설명한다. ㄱ의 당사자들이 사법에 속하는 법률의 규정과 어긋난 내용으로 계약을 체결한 경우가 '계약 자유의 원칙'에 근거한 것이므로, ㄷ의 뒤에 ㄱ이 이어지는 것이 자연스럽다. → 선지 ② 탈락
ㄹ. '이처럼'이라는 정리 상황에서 사용하는 표지 뒤에 법률상 규정되어 있더라도 당사자가 자유롭게 계약 내용을 정할 수 있는 '임의 법규'에 대해 설명한다. 이는 당사자가 법률의 규정과 어긋난 내용으로 계약을 체결한 ㄱ의 내용을 정리하는 것이므로, ㄹ

은 ㄱ의 뒤에 이어지는 것이 자연스럽다. ㄴ은 사법이 임의 법규라고 설명하며 법률 규정의 적용을 이야기하고 있으므로 이와 관련된 원칙을 설명하는 ㄹ 뒤에 이어지는 것이 적절하다. → 선지 ①, ②, ③ 탈락
따라서 'ㄷ-ㄱ-ㄹ-ㄴ'의 순서가 가장 자연스럽다.

17 ② [확인 추론 – 부정발문 – 문학]

둘째 문단에 따르면, '원작이 문학사적으로 가치 있고 잘 알려진 작품일수록, 패러디는 창작의 가치를 인정받기 쉽다'고 하였다. 그러나 이를 통해 패러디 작품이 잘 알려진 작품이면 원작의 가치를 인정받기 쉽다는 것은 알 수 없다.

오답해설

① 첫째 문단에 따르면, 서양의 '히포낙스의 시'는 패러디를 활용한 작품이며 호메로스의 「일리아스」는 다른 사람들에 의해 패러디된 작품이다. 또한 우리나라의 「해가」는 「구지가」를 패러디한 작품이다. 이를 통해 패러디는 동서양의 문학에서 두루 쓰인 기법이었다는 것을 알 수 있다.
③ 마지막 문단에 따르면, 패러디와 표절은 원작과의 관계를 전제한다는 점에서 서로 유사해 보인다고 하였다. 그러나 패러디는 '원작과의 공통점을 의도적으로 부각한다는 점'에서 표절과 차이점을 보인다고 하였다. 이를 통해 표절은 원작과의 공통점을 의도적으로 부각하지 않는다는 것을 알 수 있다.
④ 마지막 문단에 따르면, 패러디 작가가 원작을 재구성하면서 드러나는 차이는 패러디 작품의 예술성을 평가하는 기준이 된다고 하였다. 오규원의 「꽃의 패러디」는 이러한 패러디의 특성을 잘 보여 준다고 하였으므로, 이 작품이 원작과의 차이점을 강조한 작품이라는 것을 알 수 있다.

18 ② [응용 추론 – 문맥 추론]

ⓒ(히포낙스의 시)과 ⓔ(해가)은 패러디의 결과물이다. 반면 ⓐ(일리아스)과 ⓓ(구지가)은 패러디 기법이 사용되지 않은 기존의 작품(원작)에 해당한다.
따라서 ⓐ~ⓔ 중 지시하는 바가 같은 것끼리 짝 지은 것은 'ⓐ, ⓓ', 'ⓒ, ⓔ'이다.

19 ④ [의사소통 – 작문 내용]

개요의 본론은 현재 문화적 흐름으로 인해 부정적 상황이 조성되고 있다는 내용이다. 서론은 본론에 들어갈 수 있도록 '최근의 전쟁들은 문화 충돌 양상을 보인다'는 내용을 제시하고, 결론은 서론과 본론의 흐름을 고려하여 문화적 충돌에 따른 '부정적 영향에 대한 대비책 마련의 필요성'과 관련된 내용이 들어가는 것이 적절하다.

오답해설

① 문화마다 가치관의 차이가 있다는 내용은 본론 중 1, 2와만 관련이 있고 3, 4의 갈등을 드러내지 못하므로 서론이 되기에는 적절하지 않다. 또한 본론의 내용을 통해 우리나라 문화와 타문화의 차이를 알아야 함을 도출할 수도 없다.
② 중동전의 성격은 본론 중 3만 관련이 있는 내용이다. 따라서 서론으로 적합하지 않다. 또한 본론의 내용을 통해 문화 충돌 상황을 조절할 중재자의 필요를 도출할 수도 없다.
③ 본론의 내용을 통해 문화 자원의 잠재 가능성을 도출할 수 없다.

20 ① [논리 비판 – 논리 추론 – 명제논리]

- 피곤한 날 → 일찍 잠
- 일찍 잠n ∧ ~누워서 핸드폰n

결론: ~누워서 핸드폰n ∧ 피곤한 날n

결론인 '~누워서 핸드폰n ∧ 피곤한 날n'을 이끌어내기 위해서는 둘째 전제의 '일찍 잠n'과 결론의 '피곤한 날n'을 연결해 줄 수 있는 전제가 필요하다. 특칭의 참이 보장되기 위해서는 전칭의 참이 전제되어야 하므로, 추가되어야 할 전제는 '일찍 잠 → 피곤한 날'이다.

4주 LEVEL 2 정답

01	③	02	②	03	②	04	④	05	②
06	④	07	④	08	③	09	①	10	②
11	③	12	①	13	③	14	④	15	③
16	①	17	①	18	②	19	④	20	②

01 ③ [국어학의 이해와 활용 – 작문 형식]

'출석'은 모음이나 'ㄴ' 받침으로 끝나는 명사가 아니므로 '-률'을 써야 한다. 따라서 수정 전의 문장인 '우리 반은 전교에서 출석률이 가장 높았다.'를 그대로 써야 한다.

오답해설

① '3킬로그램 정도의 과일 바구니'는 '3킬로그램 정도'가 '과일'을 수식하는지, '과일 바구니'를 수식하는지 모호하다. 이를 '과일 3킬로그램 정도를 담은 바구니'로 수정할 경우, '3킬로그램'이 '과일'을 수식하는지를 분명히 알 수 있게 된다.
② '그 건물은 유명 건축가에 의해 설계되었다.'는 '~에 의해 ~되다'라는 피동 표현이 사용되었으므로, '그 건물은 유명 건축가가 설계했다.'와 같이 능동 표현으로 수정해야 한다.
④ ○○청은 통계 서비스 개선을 남에게 시켜서 하는 것이 아니라, 스스로 개선하겠다고 한 것이다. 이는 '-하다'로 표현할 수 있는데도 '-시키다'를 쓴 경우이므로, '○○청은 통계 서비스를 개선할 수 있는 방안을 모색하겠다고 밝혔다'와 같이 수정하는 것이 적절하다.

02 ② [논리 비판 – 비판 추론 – 강화약화]

ⓒ은 디지털 격차로 인한 학습 불평등 심화, 전통 학원·학교 경영난을 우려한다. 정책 시행 이후 오프라인 학원 폐업률이 급격히 증가하였다는 것은 학원 종사자의 고용 불안이 가중될 것이라는 ⓒ의 주장에 부합한다. 따라서 ⓒ은 강화된다.

오답해설

① ㉠은 정책 시행을 통해 교육 접근성 확장, 에듀테크 산업 성장 등을 기대하고 있다. 따라서 소외 지역 학습 기회가 증가했다는 것은 이에 부합하는 사실이므로 ㉠을 강화한다.
③ 에듀테크 산업 성장으로 수업료가 인상되고 가정 환경에 따른 교육 격차가 발생하였다면, 이는 소외 계층을 대상으로 한 교육 기회가 늘어난다는 ㉠의 주장과 배치된다. 따라서 ㉠은 약화된다.
④ ⓒ은 정책 시행에 대한 우려를 나타낼 뿐, 에듀테크 산업에 대해서는 언급하지 않았다. 따라서 소프트웨어 개발 업체의 매출 급증과 같이 에듀테크 산업이 성장하더라도 ⓒ이 약화되는 것은 아니다.

03 ② [국어학의 이해와 활용 – 언어학 – 기타]

'낙동강'을 소리 나는 대로 적으면 [낙똥강]이 된다. 지문에 따르면, 된소리되기의 음운 변동 현상은 표기에 반영하지 않는다고 했으므로, 이를 'Nakdonggang'이라고 적는 것은 '음운 변화를 변화의 결과에 따라 적는다'는 기본 원칙을 적용한 것이 아니라 예외 규정을 적용한 것이다.

오답해설

① 우리말에서는 발음을 로마자로 옮기는 전사법의 방식을 취한다고 하였다. '법'을 로마자로 'beop'라고 표기한 것은 '법'의 초성음 'ㅂ'은 'b'의 소리로, 종성음 'ㅂ'은 'p'의 소리로 파악했기 때문이다. 즉 전사법에 근거하여 이 둘의 소리가 다르다고 판단한 것이다.
③ '북악'은 소리 나는 대로 발음하면 [부각]이다. 이때 '각'의 초성음 'ㄱ'은 'g'으로, 종성음 'ㄱ'은 'k'로 적어야 하므로, '북악 [부각]'을 로마자로 표기하면 'Bugak'이 된다. 따라서 이는 전사법을 충실히 따르고 있는 표기 방법이라고 할 수 있다.
④ 둘째 문단에 따르면, 발음상에 혼동의 우려가 있을 때는 음절 사이에 붙임표(-)를 쓸 수 있다고 하였다. 중앙의 로마자 표기에 붙임표가 없다면 이를 '준강'이라고 읽을 수도 있으므로 그 가능성을 차단하여 붙임표를 쓴 것이다.

04 ④ [의사소통 – 작문 내용]

지문에 따르면, 조선은 '다만 무무를 출 때 검과 창 하나씩만을 잡은 채 춤을 추게 하였다'고 한다. 이는 활과 화살은 무무를 출 때 사용하지 않았음을 나타낸다. 따라서 '이에 비해 조선에서는 활과 화살을 무구로 쓰지 않았다'라고 고쳐 쓰는 것이 적절하다.

오답해설

① 지문에 따르면, 조선은 제후국이며 '제후의 제사에는 육일무를 추는 것이 원칙이었다'고 한다. 조선의 조상 왕을 기리는 제사, 즉 제후의 제사에서는 육일무를 거행해야 한다. 따라서 기존의 서술을 유지하는 것이 적절하다.
② 지문에 따르면, '문무와 무무에는 정해진 순서가 존재하였'다고 한다. 문무를 먼저 춘 후 무무를 춘 것은 문무와 무무 사이의 정해진 순서를 나타내므로 기존의 서술을 유지하는 것이 적절하다.
③ 지문에 따르면, '문무를 추는 사람은 각각의 손에 모두 무구를 들어야 했다'고 한다. 이는 양손에 모두 무구를 들어야 했음을 나타낸다. 따라서 왼손에 피리를 들고 오른손에는 꿩 깃털을 들었다는 기존의 서술을 유지하는 것이 적절하다.

05 ② [응용 추론 – 빈칸 추론]

구운 밤이 싹이 나는 것은 현실에서 일어날 수 없는 일이다. 화자는 이러한 불가능한 상황이 일어나면 이별하겠다고 하였다. 이는 겉으로 보기에 모순된 표현에 해당하며, 임과 이별하지 않겠다는 화자의 의지를 표현한 것이므로 ㉠에는 '역설'이 들어가야 한다.
<보기>의 화자가 임과 이별하겠다는 말은 표면적으로 의미가 성립한다. 그러나 이는 화자가 실제로 임과 이별하고자 한 말이 아니라, 역설적인 상황을 통해 임과 이별하지 않겠다는 의도를 반대로 진술한 것이다. 따라서 ⓒ에는 '반어'가 들어가야 한다.

06 ④ [응용 추론 – 빈칸 추론]

지문에는 과속 방지용 둔덕의 사례가 제시되어 있다. 과속 방지용 둔덕은 운전자들이 자연스럽게 속도를 줄일 수 있도록 하는데, 어떤 학자는 이를 두고 '잠자는 경찰'이라 부르기도 했다고 한다. 따라서 기술은 '기존에 인간이 수행하던 역할을 대신 수행'함으로써 우리 사회의 훌륭한 행위자가 된다고 할 수 있다.

오답해설
① 과속 방지용 둔덕이 운전자들이 속도를 줄이도록 하는 유인이 되는 것은 맞으나, 이것이 인간의 삶을 제약한다고 보기는 어렵다.
② 과속 방지용 둔덕은 사람들의 도덕적인 태도를 발휘하게 해 주는 것이 아니라, 도덕적 심정을 이기적 태도로 바꾸는 역할을 한다.
③ 과속 방지용 둔덕은 인간이 사전에 계획한 과속 방지 기능을 수행할 뿐, 인간이 사전에 규정하지 않은 부분까지 개입하는 것이 아니다.

07 ④ [국어학의 이해와 활용 – 언어학 – 기타]

둘째 문단에 따르면, 중세 때 기존 사물과의 형태 유사성을 통해 식물명을 만드는 모습과, 기존의 사물명에 유추하여 새로운 사물명을 지었다. 따라서 중세 국어에서 새로운 사물을 명명할 때는 기존의 사물명에 바탕을 두는 경우가 있다는 사실을 알 수 있다.

오답해설
① 지문에서는 과거와 현재를 아우르는 상상력이 특정 단위에서 잘 드러난다고 설명한 적이 없다.
② 지문에서는 현재의 상상력이 관습의 영향으로 틀에 갇히기 쉽다는 내용을 제시하지 않았다. 다만 첫째 문단에서, 언어에는 관습뿐만 아니라 현재의 상상력도 포함되어 있다고 하였다.
③ 마지막 문단에 따르면, 중세 국어의 높임법에는 계급 질서가 반영된 것이라는 견해도 있으나 이는 타당성이 부족하다고 하였다. 또한 중세 국어의 높임법은 중세인들의 상상력이 반영된 것으로 보는 것이 적절하다고 하였다.

08 ③ [논리 비판 – 논리 추론 – 명제논리]

㉠ C → ~B
㉡ ~(~A ∧ ~C) ≡ A ∨ C
㉢ ~B → ~A
㉣ ~A

㉡과 ㉣을 함께 고려하면 선언지 제거를 통해 'C'를 도출할 수 있다. 'C'는 ㉠의 전건을 긍정하며, 이를 통해 우리는 '~B'가 됨을 확인할 수 있다. ㉣을 통해 이미 '~A'임을 알 수 있으므로 정보를 정리해 보면, '~A', '~B', 'C'이다. 따라서 답은 ③이다.

09 ① [확인 추론 – 긍정발문 – 인문사회예술]

첫째 문단과 둘째 문단에서 진나라를 세운 진시황제가 강력한 중앙집권 체제를 구축하였다는 것을 알 수 있다. 그런데 마지막 문단에 따르면, 강력한 중앙집권에도 불구하고 진시황제 사후 진나라 각지에서 봉기가 일어났다.

오답해설
② 둘째 문단에 따르면 진시황제가 군현제를 통해 전국을 직할 통치하는 구조를 완성했다는 것은 알 수 있으나, 백성들이 무거운 부역을 부담한 원인이 군현제였는지는 알 수 없다.

③ 둘째 문단에 따르면, 진시황제는 강압적 정책을 통해 엄격한 사상 통제를 시행하였다. 그런데 지문을 통해 진시황제가 법가 사상에 기초한 엄격한 법 집행을 통해 질서를 유지하고자 한 것은 알 수 있으나, 그가 법가 사상만 인정하였는지는 알 수 없다.
④ 둘째 문단에 따르면 통일된 문자와 제도는 오랜 세월 동안 유지되어 중국 전체가 문화·정치적으로 일원화되는 토대를 마련했으며, 이는 동아시아 역사 발전에도 많은 영향을 미쳤다. 이를 통해 진시황제가 통일한 문자와 제도들이 중국에만 영향을 미친 것이 아니라는 것을 알 수 있다.

10 ② [응용 추론 – 어휘 추론]

㉡이 포함된 문장은 진시황제 시절 통치 방법에 대한 설명으로 법가 사상에 근거한 법치를 설명하고 있다. 따라서 ㉡은 '정도가 지나치게 격렬하다.'를 의미하는 '과격한'과 바꿔 쓸 수 없다.
㉡ 엄격하다(嚴格하다): 말, 태도, 규칙 따위가 매우 엄하고 철저하다.
嚴 엄할 엄, 格 격식 격
과격하다(過激하다): 정도가 지나치게 격렬하다.
過 지날 과, 激 과격할 격

오답해설
① ㉠ 체제(體制): 국가나 사회를 조직하고 유지하는 전체적인 틀 또는 그 상태를 이르는 말.
體 몸 체, 制 억제할 제
체계(體系): 일정한 원리에 따라서 낱낱의 부분이 짜임새 있게 조직되어 통일된 전체.
體 몸 체, 系 이을 계
③ ㉢ 마련하다: 헤아려서 갖추다.
갖추다: 있어야 할 것을 가지거나 차리다.
④ ㉣ 토대(土臺): 어떤 사물이나 사업의 밑바탕이 되는 기초와 밑천을 비유적으로 이르는 말.
土 흙 토, 臺 돈대 대
기초(基礎): 사물이나 일 따위의 기본이 되는 것.
基 터 기, 礎 주춧돌 초

11 ③ [확인 추론 – 부정발문 – 과학기술경제]

가계가 보유한 주식이나 부동산 가격이 상승한다면, 가계는 해당 자산의 매각뿐만 아니라 해당 자산을 담보로 한 대출을 통해서도 소비를 늘릴 수 있다.

오답해설
① 둘째 문단의 '통화론자'나 마지막 문단의 '케인스주의자들'이나 시장금리가 인하되면 자산 가격이 상승한다고 하였다.
② '케인스주의자들은 채권 가격이 시장금리와 반대로 움직이는 점에 주목하여'를 통해 채권 가격은 시장금리와 반대로 움직인다는 것을 알 수 있다. 따라서 시장금리가 인상되면 채권 가격은 하락할 것이다.
④ 마지막 문단에 따르면 금리가 하락하더라도, 자산의 가격 하락과 같은 불확실성을 염두에 두어 소비를 증가시키지 않는 가계 비율이 높다면 소비가 실제로 증가하지 않을 가능성이 있다.

12 ① [응용 추론 – 어휘 추론]

㉠이 포함된 문장은 은행에서 돈을 빌린다는 내용이다. 이때 '㉠ 빌려'를 대체할 수 있는 유의어로 '대출하여'가 있으며, ㉠이 포함된 문장의 구조는 '(a가) b에게 c를 빌리다'이다.

선지 ①은 도서관에서 책을 빌렸다는 내용이다. 이때 '빌렸다'는 '대출했다'라는 유의어를 제시된 문장과 공유하며, '(a가) b에게 c를 빌리다'의 구조도 일치한다. 따라서 ㉠의 문맥적 의미와 가장 가까운 것은 선지 ①이다.

1 【…에서/에게서 …을】('…에게서' 대신에 '…에게'가 쓰이기도 한다) 남의 물건이나 돈 따위를 나중에 도로 돌려주거나 대가를 갚기로 하고 얼마 동안 쓰다.

㉹ 은행에서 돈을 빌리다.

오답해설

② **2**【…을】「1」 남의 도움을 받거나 사람이나 물건 따위를 믿고 기대다.

㉹ 남의 손을 빌려 일을 처리할 생각은 하지 말아야 한다.

③ **2**【…을】「3」 어떤 일을 하기 위해 기회를 이용하다.

④ **2**【…을】「2」 일정한 형식이나 이론, 또는 남의 말이나 글 따위를 취하여 따르다.

㉹ 성인의 말씀을 빌려 설교하다.

13 ③ [논리 비판 – 비판 추론 – 강화약화]

ㄴ. ㉠은 스마트폰 사용이 인지 기능, 특히 단기 기억력과 주의 집중력의 저하를 야기할 수 있다는 것이다. 따라서 스마트폰을 활용한 정보 검색을 금지한 수업이 그렇지 않은 수업보다 학업 성취도가 유의미하게 낮았다는 사실은 스마트폰 사용이 인지 기능을 떨어뜨리지 않는다는 것이다. 따라서 이는 ㉠을 약화한다.

ㄷ. 스마트폰 알람을 즉시 확인하는 경우 과제 해결에 필요한 시간이 증가했다는 것은 스마트폰 사용이 주의 집중력과 인지 기능을 저하시킨다는 ㉠에 부합하는 사실이다. 따라서 이는 ㉠을 강화한다.

오답해설

ㄱ. 스마트폰을 활용한 집단이 그렇지 않은 집단보다 시·공간 기억 과제에서 더 높은 향상도를 보인 경우 이는 ㉠의 예측과 배치되는 결과이므로, ㉠을 강화하지 않는다.

14 ④ [국어학의 이해와 활용 – 언어학 – 단어]

'새 책'에서는 '새 큰 책, 새 작은 책', '새 국어 책'과 같이 '새'와 '책' 사이에 다른 단어가 들어갈 수 있으므로 이때의 '새'는 접두사가 아닌 관형사라는 것을 알 수 있다.

오답해설

① '덧니'의 경우 '덧-'과 '이(니)' 사이에 다른 단어를 삽입할 수 없으므로 이때의 '덧-'은 접두사라는 것을 알 수 있다.

② '맏아들'의 경우 '맏-'과 '아들' 사이에 다른 단어를 삽입할 수 없으므로 이때의 '맏-'은 접두사라는 것을 알 수 있다.

③ '맨땅'의 경우 '맨-'과 '땅' 사이에 다른 단어를 삽입할 수 없으므로 이때의 '맨-'은 접두사라는 것을 알 수 있다.

15 ③ [논리 비판 – 비판 추론 – 비판적 이해]

ㄱ. 갑은 강력 범죄자의 신상을 공개하는 것은 국민이 자신의 안전을 보호할 권리를 보장하는 것이라며 강력 범죄자의 신상 공개를 찬성한다. 반면 을은 신상 공개가 범죄 예방 효과를 확실히 보장하는 것은 아니라며 신상 공개를 반대한다. 이를 통해 갑과 을의 주장은 대립한다는 것을 알 수 있다.

ㄴ. 을은 신상 공개가 범죄 예방 효과를 확실히 보장하는 것은 아니라며 신상 공개를 반대한다. 반면 병은 신상 공개는 잠재적 범죄자들에게 강한 경고가 될 수 있다며 신상 공개를 찬성한다. 이를 통해 을과 병의 주장은 대립한다는 것을 알 수 있다.

오답해설

ㄷ. 병은 신상 공개는 잠재적 범죄자들에게 강한 경고가 될 수 있다며 신상 공개를 찬성한다. 갑은 강력 범죄자의 신상을 공개하는 것은 국민이 자신의 안전을 보호할 권리를 보장하는 것이라며 강력 범죄자의 신상 공개를 찬성한다. 이를 통해 병과 갑의 주장은 대립하지 않는다는 것을 알 수 있다.

16 ① [구조 독해 – 배열 – 문장 배열]

ㄱ. 헌법상 종교는 두 가지 경우로 제한될 수 있는데, 그중 하나는 특정 종교에 대해서만 특수한 이유로 특별법을 제정하는 것이라 설명하고 있다. 따라서 ㄱ 뒤에는 다른 하나가 제시되어야 한다.

ㄴ. '그러나'라는 전환의 상황에서 사용하는 접속어 뒤에 종교 단체의 내적인 문제인 경우 자율권이 인정된다고 설명하고 있다. 따라서 ㄴ의 앞에는 순수하게 종교단체의 내적인 문제가 아닌 경우가 제시되어야 한다.

ㄷ. '또'라는 병렬의 상황에서 사용하는 접속어 뒤에 일반법에 의해 종교의 자유를 제한하는 경우가 있다고 설명하며 두 가지 형식 모두 위헌 시비가 있을 수 있으나 행위가 올바른 종교의 자유를 행사하는 것이라 보지 않을 때 적용된다고 제시되어 있다. 따라서 ㄷ 앞에 특별법을 제정해 종교의 자유를 제한하는 ㄱ이 제시되어야 한다. → 선지 ②, ③ 탈락

ㄹ. 국가의 안보, 질서 유지 및 공공복리와 관련한 문제가 발생하면 종교의 자유보다 일반법에 의한 규제가 행해지는 경우가 많다고 설명하고 있다. 이는 ㄷ의 구체화 진술이다. 따라서 ㄹ 앞에는 일반법에 의해 종교의 자유를 제한한다는 내용인 ㄷ이 제시되어야 한다. → 선지 ②, ③ 탈락

ㅁ. '다만'이라는 전환의 상황에서 사용하는 접속어 뒤에 꼭 제한을 해야 한다면 법적 규제가 종교에 가하는 부담과 그에 대한 공공 이익을 비교해 법적 규제의 여부와 정도를 결정한다는 내용이 제시된다. 따라서 ㅁ의 앞에는 종교 단체의 내적인 문제일 경우 자율권이 인정된다고 서술한 ㄴ이 제시되어야 한다. → 선지 ②, ④ 탈락

따라서 'ㄱ-ㄷ-ㄹ-ㄴ-ㅁ'의 순서가 가장 자연스럽다.

17 ① [확인 추론 – 부정발문 – 문학]

첫째 문단에 따르면, 의식 공간은 회상 공간과 상상 공간으로 나뉜다. 회상 공간은 화자가 과거에 경험했던 공간이므로, 의식 공간이 모두 화자가 경험해 보지 못한 공간들이라 볼 수 없다.

오답해설
② 둘째 문단에 따르면, 현실 공간은 화자가 처해 있는 상황을 드러낸다고 하였다. 시 안의 공간은 독자가 작품의 상황에 대해 특정 정서를 느끼도록 유도하는 경우도 있다고 하였으므로, 현실 공간을 통해 독자가 특정 정서를 느끼도록 유도할 수 있을 것이다.
③ 둘째 문단에 따르면 시 안의 공간은 시적 대상이나 상황에 대한 화자의 태도나 인식을 암시하는 경우도 있다고 하였으므로, 의식 공간을 통해 시적 대상이나 상황에 대한 화자의 태도를 암시할 수 있을 것이다.
④ 마지막 문단에 따르면, 「추억에서」는 이 시의 화자가 진주 장터 생어물전과 골방이라는 공간을 바탕으로 유년 시절에 대한 기억을 떠올리는 시이다.

18 ③ [응용 추론 – 문맥 추론]
㉠(현실 공간)은 시의 화자가 실제로 존재하고 있는 곳으로, 화자가 처해 있는 상황을 드러내는 공간이다.
㉡(회상 공간)은 화자가 과거에 경험한 곳으로, 화자의 그리움이나 안타까움과 같은 정서를 드러내는 공간이다.
㉢(상상 공간)은 화자가 경험해 보지 않은 곳으로, 화자가 지향하는 바를 드러내는 공간이다.
「추억에서」의 화자는 ㉣(골방)을 바탕으로 유년 시절을 회상하고, 이 공간을 통해 어머니에 대한 화자의 안타까움을 드러내고 있다고 하였다. 이를 통해 ㉣(골방)이 회상 공간이라는 것을 알 수 있다.
따라서 ㉠~㉣ 중 지시하는 바가 같은 것끼리 짝 지은 것은 '㉡, ㉣'이다.

19 ④ [의사소통 – 작문 내용]
ㄷ은 과일 껍질의 경우 물기를 제거한 후 폐기하면 쓰레기의 양도 줄일 수 있다고 했으므로 '4'에 '과일 껍질 등 물기가 있는 음식물 쓰레기는 건조 후 배출한다'를 추가하는 것은 적절하다.

오답해설
① ㄱ은 보관만 하다 못 먹은 식재료가 쓰레기가 된 경우이므로 ㄱ을 고려해 '1-나'를 수정하는 것은 적절하지 않다. '1-나'에서 남은 식재료를 고려하는 것은 그걸 먹기 위해서가 아니라 남은 식재료를 고려해 중복 구매를 피하기 위한 것이다.
② 냉장고를 정기적으로 정리하는 것은 식품 구매 단계에서 할 일이 아니다.
③ '가족 인원수에 알맞은 분량만 조리한다'와 '국과 찌개의 국물은 되도록 적게 잡는다'는 음식물 쓰레기를 줄이는 서로 다른 실천 방법이므로 ㄴ을 고려하여 '3-가'를 수정하는 것은 적절하지 않다.

20 ② [논리 비판 – 논리 추론 – 명제논리]

- 기온이 영하 → ~산책
- ~산책n ∧ ~아이스 아메리카노n

결론: ~아이스 아메리카노n ∧ 기온이 영하n

결론인 '~아이스 아메리카노n ∧ 기온이 영하n'를 이끌어내기 위해서는 두 번째 전제의 '~산책n'과 결론의 '기온이 영하n'를 연결해 줄 수 있는 전제가 필요하다. 특칭의 참이 보장되기 위해서는 전칭의 참이 전제되어야 하므로, 추가되어야 할 전제는 '~산책 → 기온이 영하'이다.

5주 이유진 국어 화제의 모의고사 정답 및 해설

5주 LEVEL 1 정답

01	②	02	③	03	②	04	①	05	②
06	③	07	④	08	④	09	①	10	③
11	①	12	②	13	③	14	①	15	④
16	③	17	②	18	④	19	①	20	④

01 ② [국어학의 이해와 활용 – 작문 형식]

'감사패'는 주어인 '○○시 청소년지원 센터장'이 수여하는 대상이므로, 기존의 '감사패를 수여하였다'를 유지하는 것이 적절하다.

오답해설

① '토크 콘서트(talk concert)'는 '출연자들이 다양한 주제로 강연을 하고 관객과 질문을 주고받으며 소통하는 방식으로 구성된 공연'을 의미한다. 이는 생소한 외래어에 해당하므로, '생소한 외래어나 외국어는 우리말로 다듬을 것'을 고려하여 '이야기 공연'으로 수정하는 것이 적절하다.
③ 〈공공언어 바로 쓰기 원칙〉에서 "조사, 어미, '–하다' 등을 지나치게 생략하지 말라"고 하였으므로, 이를 고려하여 '멘토링 경험을 공유하며'로 수정하는 것이 적절하다.
④ 목적어 '모습'은 서술어 '느끼다'와 호응하지 않으므로 이와 호응하는 서술어를 추가해야 한다. 따라서 '목적어와 서술어를 호응시킬 것'을 고려하여 '모습을 보며 보람을 느낀다'로 수정하는 것이 적절하다.

02 ③ [국어학의 이해와 활용 – 언어학 – 소리]

'깎는'은 [깡는]으로 발음되므로, 깎는의 음운은 'ㄲ, ㅏ, ㅇ, ㄴ, ㅡ, ㄴ'으로 총 6개이다.

오답해설

① 첫째 문단에서 초성의 'ㅇ'의 경우 음가가 없기 때문에 음운으로 인정하지 않는다고 했으므로, '일'의 'ㅇ'은 음운의 개수에서 제외한다. 또한 둘째 문단에서 현재 학교 문법은 이중 모음을 두 개의 음운으로 본다고 했으므로, '과'의 'ㅘ'는 두 개의 음운으로 센다. 따라서 '과일'은 [과일]로 발음되며, 과일의 음운은 'ㄱ, ㅘ(ㅗ+ㅏ), ㅣ, ㄹ'로 총 5개이다.
② 첫째 문단에서 초성의 'ㅇ'의 경우 음가가 없기 때문에 음운으로 인정하지 않는다고 했으므로, '음'의 'ㅇ'은 음운의 개수에서 제외한다. 따라서 '음악'은 [으막]으로 발음되며, 음악의 음운은 'ㅡ, ㅁ, ㅏ, ㄱ'으로 총 4개이다.
④ 첫째 문단에서 비분절 음운의 경우 경계가 모호하므로 숫자에서는 제외된다고 하였으므로, 장단을 표시한 ':'는 음운의 개수에서 제외한다. 따라서 '밟다'는 [밥따]로 발음되며, 밟다의 음운은 'ㅂ, ㅏ, ㅂ, ㄸ, ㅏ'로 총 5개이다.

03 ② [국어학의 이해와 활용 – 언어학 – 기타]

'(누가) 서둘렀다'와 '(누가) 갔다'가 이어진 문장으로, 본용언+본용언의 형태이다. 이 문장에서 '가다'를 생략하면 본래 문장의 의미 중 주요 부분이 사라지게 된다.

오답해설

① '있다'를 생략하고 '그는 모자를 썼다'라고만 해도 큰 의미의 차이가 없으므로, '있다'는 보조 용언이다.
③ '주었다'를 생략하고 '그에게 새 소식을 말했다'라고만 해도 큰 의미의 차이가 없으므로, '주었다'는 보조 용언이다.
④ '봐'를 생략하고 '내 말 좀 들어'라고만 해도 큰 의미의 차이가 없으므로, '봐'는 보조 용언이다.

04 ① [논리 비판 – 비판 추론 – 강화약화]

ㄱ. ㉠은 천연두로 인해 후계 구도가 불안정해지고, 제국 곳곳에서 군벌이 난립한 것이 잉카의 통치 구조를 약화시켜 잉카가 멸망한 것이라고 보았다. 즉, 천연두가 멸망의 원인(시초)이라고 본 것이다. 따라서 천연두로 인한 후계 구도의 혼란과 지방 세력의 이탈은 ㉠에 부합하는 사실이므로 ㉠을 강화한다.

오답해설

ㄴ. 이는 잉카 제국의 멸망이 천연두가 아닌 주변 부족과의 마찰과 같은 요인에 기반한다는 사실이므로 ㉠을 강화하지 않는다.
ㄷ. 천연두로 인해 이미 수많은 잉카군이 사망하였다는 사실은 '스페인이 상대적으로 적은 병력으로도 잉카의 수도를 장악할 수 있었다'는 것을 뒷받침한다. 따라서 이는 천연두가 잉카 제국의 멸망에 크게 기여하였다는 ㉠에 부합하는 사실이므로 ㉠을 약화하지 않는다.

05 ② [논리 비판 – 논리 추론 – 명제논리]

- ~계획 → ~목표
-
- ─────────────────────────────
- 결론: 우선순위 → 계획 ⇔ ~계획 → ~우선순위

결론인 '우선순위 → 계획'의 대우는 '~계획 → ~우선순위'이다. 이를 이끌어내기 위해서는 첫째 명제의 후건인 '~목표'와 결론의 대우의 후건인 '~우선순위'를 연결해 줄 수 있는 전제가 필요하다. 따라서 추가되어야 할 전제는 '~목표 → ~우선순위', 즉 '우선순위 → 목표'이다.

06 ③ [확인 추론 – 긍정발문 – 문학]

지문에 따르면, 소설가는 자신의 욕망에 따라 소설 속 세계를 자신의 방식으로 바꾸려고 하며 소설 속 인물들은 소설가의 욕망을 반영한 형태나 반대되는 형태로 자신의 욕망을 드러낸다고 하였다.

〈보기〉의 '형'은 자신의 환자가 죽은 뒤, 출근하지 않고 소설을 쓰기 시작한다. '형'이 쓴 소설은 본인의 경험을 구체화한 것이었다. '형'의 소설 창작 시발점이 '환자의 죽음'인 것과 소설의 내용이 '동료를 죽인 적이 있다는 고백'인 것을 통해, '형'이 늘 죄책감을 가지고 살고 있었음을 알 수 있다. 또한 소설 속 '형'은 오관모가 김 일병을 괴롭히는 것을 목격하나 침묵하고, 김 일병을 죽이겠다는 오관모의 말을 듣고 그가 죽어도 좋다고 생각한다. 그리고 소설은 이 부분에서 더 이어지지 않는다는 것을 통해서도 오관모의 괴롭힘을 방관한 것에 대해 죄책감을 느끼고 있었다는 것을 알 수 있다. '형이 환자의 죽음 이후 소설을 쓰기 시작한 행위'를 통해서 형이 그동안의 죄책감에서 벗어나고 싶다는 욕망을 가지고 있었다는 것을 알 수 있다.

07 ④ [의사소통 – 작문 내용]

지문에 따르면, 테아플라빈과 테아루비딘은 산화 과정을 거쳐 카데킨이 전환된 성분이다. 이때 비산화 차로 분류되는 녹차는 산화 과정이 일어나지 않아 카데킨이 테아플라빈과 테아루비딘으로 전환될 수 없을 것이다. 따라서 모든 차에 테아플라빈과 테아루비딘이 포함되어 있을 수 없다. 반면 '모든 찻잎에는 카데킨이 있'다고 하였으므로 모든 찻잎에는 카데킨이 포함되어 있다고 고쳐 쓰는 것이 적절하다.

오답해설

① 지문은 전체적으로 찻잎을 예로 들어 활성산소를 제거하는 항산화 물질에 대한 설명하고 있으며 정기적인 운동의 중요성에 대해서는 언급하고 있지 않다. 따라서 활성산소를 제거하는 항산화 물질을 섭취해야 한다는 기존의 서술을 유지하는 것이 적절하다.
② 지문에 따르면, 테아플라빈은 '차의 색을 오렌지색으로 변화시'키고 테아루비딘은 '차가 부드럽고 감미로운 맛을 내도록 한다'고 한다. 이는 두 물질이 홍차의 색상과 맛을 내는 것에 주된 영향을 미침을 나타내므로 기존의 서술을 유지하는 것이 적절하다.
③ 지문에 따르면, 홍차의 색에 영향을 주는 '테아플라빈은 산화가 시작될 때만 생기'는 반면 테아루비딘은 산화가 오래 진행되며 나타나는데 이는 차의 맛을 부드럽고 감미롭게 만든다고 한다. 그러므로 긴 산화 과정을 거친 차에서는 테아루비딘이 많이 나타날 것이고 이로 인해 더 부드럽고 감미로운 맛을 내게 될 것이다. 따라서 기존의 서술을 유지하는 것이 적절하다.

08 ④ [응용 추론 – 빈칸 추론]

㉠ 다음 문장에 따르면, 시민들은 정부에 권리를 신탁하므로 로크는 정부의 존재를 부정하지 않았음을 알 수 있다. 따라서 ㉠에는 '이 권리를 보전하기 위해서는 재판관이나 집행 권력이 결여된 자연 상태가 아닌, 합의된 정부가 필요하다'가 들어가는 것이 적절하다.
로크에 따르면, 정부는 신탁된 권리를 보호할 뿐, 그 권한을 남용하는 것을 허용하지 않는다. 또한 둘째 문단에 따르면, 시민에게는 부당한 국가 권력에 저항할 권리가 인정되므로 국가가 모든 권리를 독점하는 것은 아니다. 따라서 ㉡에는 국가 권력을 제한하는 내용인 '국가 권력이 모든 권리를 독점해선 안 되며'가 들어가는 것이 적절하다.

09 ① [논리 비판 – 논리 추론 – 명제논리]

- 빨래 → 청소
- 금요일 저녁 → 외식
- ~외식 → ~청소 ⇔ 청소 → 외식

첫째 명제, 그리고 셋째 명제의 대우를 결합하면 '빨래 → 청소 → 외식'이다.

오답해설

② 둘째 명제에 따라 금요일 저녁이면 외식한다. 이를 통해 빨래하는지는 알 수 없다.
③ 이 선지를 기호화하면 '외식 → 빨래'이다. 이는 위에서 도출한 첫째 명제와 셋째 명제의 대우를 결합한 '빨래 → 청소 → 외식'의 '역'에 해당한다.
④ 둘째 명제에 따라 금요일 저녁이면 외식한다. 이를 통해 청소하는지는 알 수 없다.

10 ③ [확인 추론 – 긍정발문 – 문학]

첫째 문단에 따르면, 수필은 형식적 제약과 소재의 제한이 비교적 적어 자유로운 생각과 감정을 풀어내는 문학 양식이므로 옳은 선지이다.

오답해설

① 둘째 문단에 따르면, 수필은 상상력을 동원한 우화적 이야기도 포함되므로 옳지 않다.
② 둘째 문단에 따르면, 수필에는 구체적인 줄거리가 존재하지 않아도 무방하므로 옳지 않다.
④ 둘째 문단에 따르면 수필은 기승전결의 틀은 따르지 않으나 '비유나 풍자, 반어 등 다양한 수사법을 활용해 강렬한 인상을 남길 수도 있다'고 하였으므로, 독자에게 강렬한 인상을 남길 수 없다고는 볼 수 없다.

11 ① [응용 추론 – 어휘 추론]

제시된 문장에서 '㉠ 전하기도'를 대체할 수 있는 유의어로 '전달하다' 등이 있다. ㉠이 포함된 문장의 구조는 'a에게 b를 전하다'이다. 선지 ①의 '전하는'은 '전달하는'이라는 유의어를 제시된 문장과 공유하며, 'a에게 b를 전하다'의 문장 구조도 일치한다. 따라서 ㉠의 문맥적 의미와 가장 가까운 것은 선지 ①이다.
전하다 **3** 【…에/에게 …을】 어떤 사실을 상대에게 알리다.
예 그녀에게 내 마음을 <u>전할</u> 수 없어 애를 태우고 있다.

오답해설

② 전하다 **1** 후대나 당대에 이어지거나 남겨지다.
예 ≪삼국유사≫에 <u>전하는</u> 선화 공주와 서동의 이야기는 널리 읽히고 있다.
③ 전하다 **2** 「1」 어떤 것을 상대에게 옮기어 주다.
예 편지를 친구에게 <u>전하다</u>.
④ 전하다 **2** 【…을 …에/에게】 「2」 남기어 물려주다.
예 문화유산을 후손들에게 <u>전하다</u>.

12 ② [응용 추론 – 사례 추론]

제시된 연구 결과는 자기 자신에 대한 낮은 평가가 오히려 부정적인 영향을 미칠 수 있음을 보여 준다. 따라서 이 연구 결과는 자기 자신에 대해 긍정적으로 평가해야 하며, 지나친 자기비판을 하지 말아야 한다는 식의 주장에서 근거로 활용될 수 있다. 이에 가장 부합하는 사례는 '자신의 사소한 게으름을 심각하게 고민하는 학생에게 자기통제가 지나친 것 같다고 조언하는 상담사'가 된다.

오답해설

① 자기비판과 감시는 제시된 연구 결과에 따르면 오히려 부정적 영향을 미칠 수 있기 때문에, 제시된 연구 결과를 활용할 수 있는 사례라 볼 수 없다.
③ 두려움 때문에 정신적 장애를 그대로 둔다면 자기 변화가 있을 수 없다고 주장할 경우, 두려움을 이겨 내고 정신적 장애를 해결해야 한다고 볼 것이다. 그런데 이는 제시된 연구 결과의 맥락과는 거리가 멀다.
④ 지문에 제시된 '이어폰으로 음악을 들으며 큰 소리로 책을 읽는 훈련'은 다른 일에 집중한 것이 아니라 약점을 강화하기 위한 훈련을 하되 그에 대한 낮은 평가를 자제한 것이다. 약점을 잊어버리고 다른 일에 집중하는 것은 자신에 대한 낮은 평가를 자제하는 것과는 차이가 있다. 평가가 아니라 아예 평가 요소에 대한 인식을 회피하라는 주장이기 때문이다.

13 ③ [논리 비판 – 비판 추론 – 비판적 이해]

ㄴ. 갑은 축산업은 전 세계 온실가스 배출의 주요 원인 중 하나로, 특히 메탄가스를 다량 배출하여 기후 변화에 큰 영향을 미친다고 하였다. 반면 병은 축산업이 반드시 환경에 해롭다고만 볼 수는 없다며 환경에 긍정적인 영향을 미친 사례들을 제시하였다. 이를 통해 갑은 축산업이 환경에 부정적 영향을 미친다고 생각하지만, 병은 그렇지 않음을 알 수 있다.
ㄷ. 갑은 정부가 식물성 대체육을 적극 장려해야 한다고 하였고 을은 대체육 기술 개발을 통해 자연스럽게 육류 소비를 줄이도록 해야 한다고 주장했다. 병은 육류 소비를 줄이려면 대체 단백질 개발이 필요하다고 하였다. 이를 통해 갑, 을, 병 모두 육류 소비를 대체할 육류 기술 개발에 찬성한다는 것을 알 수 있다.

오답해설

ㄱ. 갑은 육류 소비를 줄이는 것은 건강 증진 측면에서 반드시 필요하다고 하였다. 하지만 을은 육류가 가지고 있는 영양소 때문에 육류 소비를 무조건 줄일 수 없다고 주장한다. 이를 통해 갑은 건강 측면에서 육류 소비 제한이 필수적이라고 생각하지만 을은 그렇지 않다는 것을 알 수 있다.

14 ① [구조 독해 – 배치]

〈보기〉의 문장은 소비자에게 권장 소비자 가격보다 낮은 가격으로 물건을 샀다고 느끼게 하여 판매를 증가시키려는 의도에 대한 내용을 제시하고 있다. ① 앞에는 기업들이 왜 가격을 실제 판매 가격보다 높게 적는지에 대한 의문을 제시하며, ① 뒤에서 '이런 느낌'을 '거래 효용'이라고 한다고 설명한다. '이런 느낌'은 제시된 문장의 '권장 소비자 가격보다 낮은 가격으로 물건을 샀다고 느끼'는 것이므로, ①에 제시된 문장이 들어가는 것이 적절하다.

15 ④ [확인 추론 – 긍정발문 – 인문사회예술]

마지막 문단에 따르면, 종교개혁 과정에서 루터파를 비롯한 다양한 교파가 발전하며 서구 사회에 큰 영향을 미쳤다.

오답해설

① 첫째 문단에 따르면, 루터는 가톨릭교회를 비판하며 종교개혁을 이끌었다.
② 첫째 문단에 따르면, 면벌부를 판매한 것은 개신교 교파가 아니라 가톨릭교회이다.
③ 둘째 문단에 따르면, 만인사제설은 프로테스탄티즘의 특징으로, 루터파에 대립하는 이념이 아니다.

16 ③ [응용 추론 – 문맥 추론]

(가)의 시작이 전통 가톨릭의 면벌부 판매에 대한 루터의 비판이라고 하였으므로, (가)는 루터의 종교개혁 이후 기존의 가톨릭교회를 비판하며 발달한 프로테스탄티즘을 의미함을 알 수 있다. 반면 ⓒ은 프로테스탄티즘에 의한 개혁의 대상인 전통적 가톨릭교회를 의미하므로 (가)와 의미가 다르다.

오답해설

㉠이 포함된 문장에서는 '프로테스탄티즘'에 대해 설명하고 있다. 이는 로마 가톨릭교회로부터 분리된 '개혁적 기독교 신앙 전통'이라고 하였다. 따라서 ㉠은 (가)의 '개혁 사상'과 의미하는 바가 같음을 알 수 있다. 또한 ㉣도 (가)의 '개혁 사상'과 의미하는 바가 같음을 알 수 있다.
㉡의 앞 문장에서는 마르틴 루터의 '개혁 사상'에 대해 설명하였다. 따라서 ㉡의 '이 사상'은 (가)의 '개혁 사상'임을 알 수 있다.

17 ② [논리 비판 – 논리 추론 – 명제논리]

제시된 명제를 정리하면 다음과 같다.

> (단기거주 부동산 소유 ∨ 투기지역 부동산 소유) ∧ 부동산 공시가격 합산 10억원 초과 ∧ 다주택 소유자 → 특별 보유세 부과 대상

②의 전건을 정리하면 '~단기거주 부동산 소유 ∧ ~투기지역 부동산 소유 ∧ ~다주택 소유자'이므로, 제시된 명제에 따르면 특별 보유세의 부과 대상이 아니다.

오답해설

① '~단기거주 부동산 소유 ∧ 다주택 소유자'가 반드시 특별 보유세의 부과 대상이 되지 않는다고 말할 수는 없다. 만일 '투기지역 부동산 소유 ∧ 부동산 공시가격 합산 10억원 초과'의 조건이 충족된다면, 특별 보유세의 부과 대상이 된다.
③ '투기지역 부동산 소유 ∧ 부동산 공시가격 합산 10억원 초과 ∧ ~다주택 소유자'이므로, 제시된 명제에 따르면 특별 보유세의 부과 대상이 아니다.
④ 제시된 명제의 대우는 '~특별 보유세 부과 대상 → (~단기거주 부동산 소유 ∧ ~투기지역 부동산 소유) ∨ ~부동산 공시가격 합산 10억 원 초과 ∨ ~다주택 소유자'이다. 즉 어떤 사람이

특별 보유세의 부과 대상이 아니라면, 그가 다주택 소유자가 아니거나, 보유한 모든 부동산의 공시가격이 합산 10억 원 이하이거나, '단기 거주 목적의 부동산을 소유하고 있지 않고 투기 지역에 위치한 부동산을 소유하고 있지도 않은' 것이다.

18 ④ [확인 추론 – 부정발문 – 인문사회예술]

지문에 따르면, 토지는 공동으로 경작하되 수확된 곡물은 노동량과 경작 능력에 따라 분배해야 한다. 따라서 노동에 참여한 자들이 동일한 보상을 받아야 한다는 것이 지문에 내포된 주장이라 보기는 어렵다.

오답해설

① '무위도식은 허용되지 않으며 선비들도 농사에 몸담아야 한다'는 내용에서, 모든 사람이 노동을 해야 한다고 보고 있음을 알 수 있다.
② '여장은 여 내에서 수확량이 월등히 많은 여민으로 임명하되, 다른 여보다 수확량이 많다면 이장이나 방장'이 될 수 있다고 한다. 이를 통해 성과에 따라 직책을 다르게 해야 함을 알 수 있다.
③ '토지는 공유로 하고 사유 토지를 인정하지 않는다'는 내용에서, 토지가 어느 개인의 것이 되어서는 안 된다는 주장을 도출할 수 있다.

19 ① [응용 추론 – 어휘 추론]

㉠이 포함된 문장은 목민관이 소규모 공동체 집단인 '여'를 짠다는 내용이다. 이는 '여'라는 집단을 구성한다는 의미이지, 하나의 작품을 만든다는 내용이 아니다. 따라서 ㉠은 '편집하다'와 바꿔쓸 수 없으며, ㉠과 바꿔쓸 수 있는 유사한 표현으로는 '편성하다' 등이 있다.
㉠ 짜다: 사람을 모아 무리를 만들다.
편집하다(編輯하다): 일정한 방침 아래 여러 가지 재료를 모아 신문, 잡지, 책 따위를 만들다. 또는 영화 필름이나 녹음테이프, 문서 따위를 하나의 작품으로 완성하다.
編 엮을 편, 輯 모을 집
편성하다(編成하다): 예산·조직·대오 따위를 짜서 이루다.
編 엮을 편, 成 이룰 성

오답해설

② ㉡ 차지하다: 사물이나 공간, 지위 따위를 자기 몫으로 가지다.
점유하다(占有하다): 물건이나 영역, 지위 따위를 차지하다.
占 점령할 점, 有 있을 유
③ ㉢ 몸담다: 어떤 직업이나 분야에 종사하거나 그 일을 하다.
종사하다(從事하다): 어떤 일을 일삼아서 하다.
從 좇을 종, 事 일 사
④ ㉣ 앉히다: 어떤 직위나 자리를 차지하게 하다.
임명하다(任命하다): 일정한 지위나 임무를 남에게 맡기다.
任 맡길 임, 命 목숨 명

20 ④ [논리 비판 – 비판 추론 – 강화약화]

㉡은 세 요소 모두를 달성하는 것이 스타트업 생태계 활성화의 충분조건은 아니라는 것이지 세 요소가 필요조건이 아니라는 것은 아니다. 따라서 규제 완화가 스타트업 생태계 활성화를 위해 필수적이라고 해서 ㉡이 약화되지는 않는다.

오답해설

① ㉠은 세 요소 모두를 달성하는 것이 스타트업 생태계 활성화의 필요조건이라는 것이다. 세 요소 중 하나를 달성하지 못했음에도 활성화에 성공한 사례가 있다면 이는 ㉠과 배치되는 사실로 ㉠을 약화한다.
② 전문인력 육성이 충족되지 않은 모든 경우 스타트업 생태계 활성화에 실패하였다는 사실은 전문 인력 육성이 활성화의 필요조건이라는 것이므로 ㉠을 강화한다.
③ 세 요소 모두를 충족했지만 흥행에 실패한 공연이 존재한다면 이는 세 요소를 모두 충족하는 것이 성공의 충분조건이 아니라는 것으로, 이는 ㉡을 강화한다.

5주 LEVEL 2 정답

01	④	02	②	03	③	04	①	05	①
06	③	07	②	08	④	09	④	10	②
11	①	12	①	13	④	14	③	15	③
16	①	17	④	18	③	19	③	20	②

01 ④ [국어학의 이해와 활용 – 작문 형식]

'승인되어'는 피동의 의미를 나타내는 '되다'만 사용되었다. 하지만 이를 '승인되어져'로 수정할 경우 피동의 의미를 나타내는 '-어지다'도 포함되므로, '이중피동 표현은 삼갈 것'에 어긋나게 된다. 따라서 이를 수정하지 않는 것이 적절하다.

오답해설

① '완료하다'는 목적어를 필요로 하는 서술어이므로, 주택 임대차 계약 신고자가 계약 장소에서 완료할 대상인 '신고 절차'를 추가하는 것이 적절하다.
② '서비스'는 ○○청이 제공하는 대상이지, 서비스가 제공하는 대상이 아니다. 따라서 '목적어와 서술어를 호응시킬 것'을 고려하여 '서비스를 제공한다고'로 수정하는 것이 적절하다.
③ '매번'은 '매 때마다'를 의미하는데, 이미 '마다'의 의미가 포함되어 있다. '매번'과 '마다'는 반복을 나타내는 말이므로, '중복되는 표현을 삼갈 것'을 고려하여 '주택 임대차 계약을 신고할 때마다'로 수정하는 것이 적절하다.

02 ② [국어학의 이해와 활용 – 언어학 – 단어]

'형태상의 성질'이란 그 단어에 조사나 어미가 붙는지, 즉 굴절을 하는지를 의미한다. '새'는 조사나 어미가 붙지 않는 단어, 즉 굴절을 하지 않는 단어이다. 한편, '친구'는 뒤에 '친구가, 친구를'과 같이 조사가 붙는 단어이므로 굴절을 하는 단어이다. 따라서 '새'와 '친구'는 형태상의 성질이 다르다고 할 수 있다.
'직능상의 성질'이란 어떤 단어가 문장에서 다른 단어와 맺는 관계를 바탕으로 품사를 구별하는 기준이다. '새'는 꾸미는 말이고, '친구'는 꾸밈을 받는 말이므로, '새'와 '친구'는 직능상의 성질도 다르다.

03 ③ [국어학의 이해와 활용 – 언어학 – 문장]

제시된 문장은 주어인 '그 아이'가 훔치는 동작을 제힘으로 하는 경우이므로 피동 표현이 아니라, 능동 표현이다.

오답해설

① '잡히다'는 '잡다'에 피동 접사 '-히-'가 결합하여 주체인 '학생들'이 다른 주체인 '선생님'에 의해 잡힘을 당하였다는 것을 나타내므로 피동 표현이다.
② '지어지다'는 '짓다'에 '-어지다'가 결합하여 '새 건물'이 다른 주체에 의해 지음을 당하는 경우이므로 피동 표현이다.
④ '잃게 되다'는 '잃다'에 '-게 되다'가 결합하여 '우리 가족'이 '홍수'에 영향을 받은 경우이므로 피동 표현이다.

04 ① [논리 비판 – 비판 추론 – 강화약화]

ㄱ. ㉠은 신석기 시대 농업의 시작이 무리 생활에서 비롯되었다고 본다. 따라서 초기 신석기 시대 마을의 기원이 종교의식을 위한 집단 의례에서 비롯했다는 사실은 이에 부합하는 것으로 ㉠을 강화한다.

오답해설

ㄴ. ㉠은 농업의 시작이 무리생활에서 비롯되었다는 것으로, 단순히 채집 생활에 유리한 환경이 조성되었다는 사실은 ㉠을 강화하지 않는다.
ㄷ. ㉠ 또한 신석기 시대에 농업이 발전했다고 보는 관점이므로, 신석기 시대 농업 관련 유물이 발견되었다고 해서 ㉠이 약화되지는 않는다.

05 ① [논리 비판 – 논리 추론 – 명제논리]

- ~일요일 → 택배 도착 ⇔ ~택배 도착 → 일요일
- (　　　　　　　　　　　　　　　　　　)
- 결론: ~택배 도착 → ~외출

결론인 '~택배 도착 → ~외출'을 이끌어내기 위해서는 첫째 명제의 대우인 '~택배 도착 → 일요일'의 후건인 '일요일'과 결론의 후건인 '~외출'을 연결해 줄 수 있는 전제가 필요하다. 따라서 추가되어야 할 전제는 '일요일 → ~외출'이다.

06 ③ [확인 추론 – 부정발문 – 문학]

지문에서는 향가의 형식에 대해 설명하였다. [가]는 4구체 향가, [나]는 10구체 향가이다.
지문에 따르면, 8구체 향가는 4구체를 두 배로 늘렸다는 것을 제외하고는 특징이 없어 즐겨 불리지 못했다고 하였다. 따라서 별다른 특징이 없어 즐겨 불리지 못한 형식의 향가는 [가]와 같은 4구체 향가가 아닌, 8구체 향가임을 알 수 있다.

오답해설

① 지문에 따르면, 4구체 향가는 현전하는 향가 중 가장 초기 형태라고 하였다. 이를 통해 10구체 향가인 [나]보다 4구체 향가인 [가]가 초기 형태의 향가임을 알 수 있다.
② 지문에 따르면, 가장 정제된 형식의 향가는 10구체 향가이다. 따라서 4구체 향가인 [가]보다 10구체 향가인 [나]가 정제된 형식의 향가임을 알 수 있다.
④ 지문에 따르면, 10구체 향가의 셋째 단락인 낙구는 시조와 가사에도 영향을 주어 각각 종장의 첫 구와 가사의 낙구 첫머리에서 동일한 방식으로 나타난다고 한다.

07 ② [의사소통 – 작문 내용]

둘째 문단의 ㉡ 바로 뒤에 따르면, '물질의 질량과 온도 변화에 따라 열이 달라짐'을 알 수 있으며, '같은 온도의 두 물체라도 질량이 큰 물체는 더 많은 열을 포함하고 있다'는 것을 알 수 있다. 이를 통해 온도와 열이 정비례 관계를 가지는 것은 아님을 알 수 있다. 따라서 ㉡의 '온도가 높다고 해서 반드시 열이 많은 것은 아니며'라는 기존 표현을 유지하는 것이 적절하다.

오답해설

① 첫째 문단에 따르면, '온도는 물질 내 입자'들의 평균 운동 에너지 수준을 나타내는 물리적 척도'임을 알 수 있다. 이에 두 개의 금속 막대가 동일한 온도를 가진다면, 그들의 입자 평균 운동 에너지 수준은 동일할 것임을 추론할 수 있다. 따라서 ㉠을 '입자 평균 운동 에너지 수준은 동일하다'로 고치는 것이 적절하다.
③ 둘째 문단의 ㉢ 바로 앞에서는 열이 다양한 방식을 통해 전달됨을 설명하고, 그 예로 금속 스푼을 뜨거운 물에 담그면 스푼 끝이 뜨거워지는 현상을 들고 있다. 즉 이는 열의 전달을 설명하는 예시로 제시되었음을 알 수 있다. 따라서 ㉢을 '열이 금속을 통해'로 고치는 것이 적절하다.
④ 열과 온도를 구분하는 것과 윤리적 판단 가능성 간의 관계는 지문을 통해 제시된 바 없다. 따라서 ㉣을 '정확한 과학적 판단'으로 고치는 것이 적절하다.

08 ④ [응용 추론 – 빈칸 추론]

㉠에는 베이컨의 사상을 정리한 내용이 들어가야 한다. 지문에 따르면, 베이컨은 기술 발전의 부작용에 대해서는 언급하고 있지 않으며 첫째 문단에서 적극적인 지식의 발견과 기술의 발전을 추구하였다. 따라서 ㉠에는 '지식이 곧 인간의 힘이며, 자연에 대한 올바른 지식을 쌓아야 그 힘을 제대로 활용할 수 있다고 보았다'가 들어가는 것이 적절하다.
베이컨은 과학 기술을 통한 지속적인 발전을 강조하였으므로, 지식의 실용성을 중요시하였음을 알 수 있으며 지식은 자연의 진리 그 자체의 의미를 갖는다고 본 것은 아니다. 따라서 ㉡에는 '추상적 명제에 머무는 것이 아니라, 사람들의 생활을 풍요롭게 하고 자연을 효율적으로 활용하는 실제적 수단으로 작동해야 한다는 것이다'가 들어가는 것이 적절하다.

09 ④ [논리 비판 – 논리 추론 – 명제논리]

- 감수성 → 독서 ⇔ ~독서 → ~감수성
- 논리적 → ~감수성
- ~예술 → 감수성 ⇔ ~감수성 → 예술

첫째 명제의 대우와 셋째 명제의 대우를 결합하면 '~독서 → ~감수성 → 예술'이다. 이를 통해 독서를 싫어하는 사람은 예술에 흥미가 있다는 것을 알 수 있다.

오답해설

① 둘째 명제, 그리고 셋째 명제의 대우를 결합하면 '논리적 → ~감수성 → 예술'이다.
② 둘째 명제, 그리고 셋째 명제의 대우를 결합하면 '논리적 → ~감수성 → 예술', 즉 '~예술 → 감수성 → ~논리적'이다.
③ 셋째 명제와 첫째 명제를 결합하면 '~예술 → 감수성 → 독서'이다.

10 ② [확인 추론 – 긍정발문 – 문학]

첫째 문단에 따르면, '극의 결말에 이르러서는 갈등이 해소되거나 새로운 국면을 맞이하게 된다'고 하였다. 이를 통해 결말에 이르러서도 갈등이 해소되지 않는 경우가 있음을 알 수 있다.

오답해설

① 첫째 문단에 따르면 '희곡은 극장 무대에서 상연될 것을 전제로 한 문학 양식'으로, '작가는 무대라는 제한된 공간과 시간 안에서 극적 긴장감을 극대화하려 한다'고 하였다. 따라서 희곡은 시공간의 제약을 받는다.
③ 마지막 문단에 따르면, 희곡은 '공연 예술인 연극의 대본에 해당'한다. 그런데 '희곡 자체로 고유하고 완결된 문학에 해당'하므로 옳지 않다.
④ 둘째 문단에 따르면, 현대에는 사실주의, 부조리극, 서사극 등의 실험적인 양식이 존재하나 이것이 어떤 순서대로 발전하였다는 내용은 없으므로 옳지 않다.

11 ① [응용 추론 – 어휘 추론]

제시된 문장에서 '㉠ 발전해'는 더 낫고 좋은 상태나 더 높은 단계로 나아간다는 의미로, 이를 대체할 수 있는 유의어로 '발달해' 등이 있다. 선지 ①의 '발전하게는'은 '발달하게'라는 유의어를 제시된 문장과 공유하며, 더 낫고 좋은 상태나 더 높은 단계로 나아간다는 의미와 일치한다. 따라서 ㉠의 문맥적 의미와 가장 가까운 것은 선지 ①이다.
발전하다¹「1」더 낫고 좋은 상태나 더 높은 단계로 나아가다.
예 경제가 발전하다.

오답해설

② 발전하다¹「2」【…으로】일이 어떤 방향으로 전개되다.
예 사태가 엉뚱한 방향으로 발전했다.
③ 발전하다²「1」전기를 일으키다.
예 우리는 그 낡은 장치가 발전할 수 있는지 시험해 보았다.
④ 발전하다¹「2」【…으로】일이 어떤 방향으로 전개되다.
예 사태가 엉뚱한 방향으로 발전했다.

12 ① [응용 추론 – 사례 추론]

삼권분립에서 의회, 행정부, 법원은 각각 법을 만들고, 법을 집행하고, 법을 해석하고 적용하여 재판하는 권한을 나누어 맡았다고 한다. ㉠은 삼권분립에서 의회, 행정부, 법원이 각각 고유하게 지닌 권한을 넘어 서로의 권한이 중복되거나, 다른 권한에 일부 간섭하는 경우를 나타낸다. 그런데 본래 의회의 입법권은 법을 만드는 권한이므로, 법원의 조직에 관한 법률을 의회가 제정하는 것은 의회가 본래의 권한을 제대로 행사한 경우에 해당한다. 따라서 ㉠의 사례라 볼 수 없다.

오답해설

② 대통령의 행정권 행사 시에 의회의 동의를 반드시 얻게 한다면, 대통령(행정부)이 지닌 행정권이라는 권한에 대해 의회가 입법권을 넘어 간섭하는 경우에 해당한다.
③ 대통령이 사면권을 행사하여 법원이 선고한 형의 효력을 소멸시킨다면, 이는 법원이 지닌 사법권이라는 권한에 대해 대통령(행정부)이 행정권을 넘어 간섭하는 경우에 해당한다.
④ 긴급한 국가 위기 상황에서 대통령이 법률에 준하는 긴급 명령을 선포한다면, 의회가 지닌 입법권과 대통령(행정부)의 권한이 일부 중복되는 경우에 해당한다.

13 ④ [논리 비판 – 비판 추론 – 비판적 이해]

ㄱ. 갑은 자동화와 AI 발전으로 인해 많은 직업이 사라지고 있고, 앞으로 노동만으로 생계를 유지하는 것이 어려워질 수 있다고 하였다. 을은 미래 직업 전망에 대한 갑의 의견에는 동의한다고 하였다. 이를 통해 갑과 을은 모두 기술 발전으로 인해 많은 직업이 사라질 것이라 예측한다는 것을 알 수 있다.

ㄴ. 을은 기본소득이 보장된다면 노동의 필요성을 체감하지 못하는 사람이 증가할 것이고 이는 경제의 근본 구조를 흔들 것이라며 기본소득이 경제 활성화에 기여하지 않는다고 생각한다. 반면, 을은 기본소득을 받는 사람들이 창업이나 교육 투자에 활용할 수 있도록 정책을 설계하면 경제 활성화에도 도움이 될 것이라고 생각하였다. 이를 통해 기본소득이 경제 활성화에 기여하는가에 대해 을과 병의 주장은 대립한다는 것을 알 수 있다.

ㄷ. 갑은 기본소득을 지급하기 위한 재원은 부유층에 대한 증세, 환경세 등을 활용하면 충분하다고 하였다. 을과 병도 기본소득을 지급하려면 재정이 필요하다고 하였다. 이를 통해 갑, 을, 병 모두 기본소득을 지급하기 위해서는 재원이 필요하다고 생각한다는 것을 알 수 있다.

14 ③ [구조 독해 – 배치]

제시된 문장에서 '그 결과' 지역의 기존 구조물을 최대한 보존하면서 개발하자는 의견이 모였다고 하였다. 따라서 제시된 문장 앞에는 이러한 의견이 모이게 된 원인 또는 과정이 제시되어야 한다.

③ 앞에는 파리시와 지역 주민들이 예술의 다리라 불리는 곳을 어떻게 개발할 것인지에 대해 오랫동안 논의를 거듭하였다는 내용이 제시되어 있는데, 이는 제시된 문장의 '의견이 모아'지게 된 원인에 해당한다. 또한 ③ 뒤에는 '이렇게 결정된 내용'에 따라 공사를 시작하였다는 내용이 제시되어 있는데, '이렇게 결정된 내용'은 제시된 문장의 '기존 구조물을 ~ 개발하자는 의견'에 해당하므로 내용이 자연스럽게 이어진다. 따라서 ③에 제시된 문장이 들어가는 것이 적절하다.

15 ③ [확인 추론 – 긍정발문 – 인문사회예술]

둘째 문단과 마지막 문단에 따르면, 스파르타는 고대 그리스 육군 강국으로 펠로폰네소스 전쟁에서 아테네를 꺾고 패권을 장악하였다.

오답해설
① 첫째 문단에 따르면, 스파르타는 농노화된 주민을 부림으로써 국력을 키웠다.
② 둘째 문단에 따르면 스파르타는 장로 회의와 왕이 존재하였으나, 장로 회의에서 왕이 선출되었는지는 알 수 없다.
④ 마지막 문단에 따르면, 테베에 패배한 이후 스파르타는 영향력이 급격히 줄어들었다.

16 ① [응용 추론 – 문맥 추론]

(가)는 펠로폰네소스반도 남동쪽 라코니아 지역에 위치했던 고대 그리스 폴리스 중 하나인 스파르타를 의미한다. ⊙은 '이 국가'라고 하여 앞 문장에 나온 국가를 의미하며, 앞 문장은 스파르타의 정치체계에 대해 설명하고 있다. 따라서 ⊙ 또한 엄격한 군사 교육이 이뤄진 스파르타를 의미하여 그 의미가 동일하다.

오답해설
② ⓒ은 스파르타가 속한 고대 그리스 전역을 의미한다.
③ ⓒ은 펠로폰네소스 전쟁에서 스파르타와 대립한 국가로, 스파르타는 아테네를 꺾고 고대 그리스의 패권을 차지하였다.
④ ⓔ은 펠로폰네소스 전쟁 이후 패권을 잡은 스파르타를 패배시켜 그 영향력을 약화시킨 국가이다.

17 ④ [논리 비판 – 논리 추론 – 명제논리]

제시된 명제를 정리하면 다음과 같다.

> ⓐ 경제학과 → 예산업무 ⇔ ~예산업무 → ~경제학과
> ⓑ 예산업무 → ~해외연수 ⇔ 해외연수 → ~예산업무
> ⓒ 외국어 강의 지원 → 해외연수 ⇔ ~해외연수 → ~외국어 강의 지원

ⓒ '외국어 강의 지원 → 해외연수', ⓑ의 대우 '해외연수 → ~예산업무', ⓐ의 대우 '~예산업무 → ~경제학과'를 결합하면 '외국어 강의 지원 → ~경제학과'가 도출된다. 따라서 어떤 직원이 외국어 강의를 지원받고 있다면, 그는 경제학과를 졸업하지 않았다.

오답해설
① ⓐ와 ⓑ를 결합하면 '경제학과 → ~해외연수'가 도출된다. 하지만 '~해외연수 → 경제학과'라고 말할 수는 없다.
② ⓑ, 그리고 ⓒ의 대우 '~해외연수 → ~외국어 강의 지원'을 결합하면 '예산업무 → ~외국어 강의 지원'이 도출된다. 따라서, 예산 업무를 수행하면서 외국어 강의를 지원받는 직원은 없다.
③ 제시된 명제들을 통해 '~경제학과 ∧ ~해외연수 → ~예산업무'를 도출할 수 없다.

18 ③ [확인 추론 – 긍정발문 – 인문사회예술]

셋째 문단에 따르면, 자유주의는 무한정한 자유를 인정하는 것이 아니며 일정한 범위 내에서 행동할 것을 요구하고 있다. 이를 통해 자유주의에서도 자유가 제한될 수 있음을 알 수 있다.

오답해설
① 둘째 문단에 따르면, 자유주의는 민주주의 이념에서 기본권 보장의 이론적 토대가 되는 것이다. 따라서 민주주의 이념 발전 과정에서 자유주의가 등장하였다고 볼 수 없다.
② 첫째 문단에 따르면, 자유주의에서는 정부의 간섭을 최소화할 뿐, 모든 국가 권력을 반대하는 것은 아니다. 따라서 국가 권력과 자유주의는 양립할 수 있다.
④ 마지막 문단에 따르면 직면한 사회 문제 해결을 위해 자유주의가 발전해 나가야 한다고 하였을 뿐, 자유주의에서 완전히 벗어나야 한다는 것은 아니다.

19 ③ [응용 추론 – 어휘 추론]

ⓒ이 포함된 문장은 자유주의를 기반으로 한 현대 사회에서는 다양한 삶의 방식과 개인의 권리가 있다고 여겨진다는 사실을 설명하고 있다. 따라서 ⓒ은 '일을 확실하게 정하다.'를 의미하는 '확정'과 바꿔 쓸 수 없다.

ⓒ 인정(認定)하다: 확실히 그렇다고 여기다
認 알 인, 定 정할 정
확정(確定)하다: 일을 확실하게 정하다.
確 굳을 확, 定 정할 정

오답해설

① ㉠ 핵심(核心): 사물의 가장 중심이 되는 부분이나 요점.
核 씨 핵, 心 마음 심
요점(要點): 가장 중요하고 중심이 되는 사실이나 관점.
要 중요할 요, 點 점찍을 점

② ㉡ 강조(強調)하다: 어떤 부분을 특별히 강하게 주장하거나 두드러지게 하다.
強 강할 강, 調 고를 조
역설(力說)하다: 자기의 뜻을 힘주어 말하다.
力 힘 력, 說 말 설

④ ㉣ 심화(深化)되다: 정도나 경지가 점점 깊어지다.
深 깊을 심, 化 될 화
깊어지다: 수준이나 정도가 심하게 되다.

20 ② [논리 비판 – 비판 추론 – 강화약화]

㉠은 정책 시행을 통한 의료 취약 지역의 의료 접근성 확대, 의료 관련 일자리 증가 등을 기대하고 있다. 따라서 정책 시행으로 지방 병원의 인력이 배치되어 환자들이 편리하게 진료받을 수 있게 되었다는 것은 ㉠에 부합하는 사실로 ㉠을 강화한다.

오답해설

① 의료 전문 인력 채용이 늘었다는 것은 ㉠에 부합하는 사실이므로 ㉠을 강화한다.

③ ㉡은 정책 시행으로 보험료 부담 증가, 의료 자원의 집중에 따른 지역 간 격차 심화를 우려하고 있다. 따라서 정책 시행으로 보험료율이 크게 인상되었다면 이는 ㉡에 부합하는 사실로 ㉡을 강화한다.

④ 의료 자원 집중 현상이 완화되었다는 것은 의료 자원의 집중에 따른 지역 간 격차 심화라는 ㉡의 주장과 배치되는 사실로 ㉡을 약화한다.

이유진 국어 화제의 모의고사 정답 및 해설

6주 LEVEL 1/2

6주 LEVEL 1 정답

01	②	02	④	03	④	04	③	05	④
06	②	07	②	08	③	09	①	10	④
11	①	12	①	13	①	14	②	15	③
16	②	17	③	18	②	19	④	20	①

01 ② [국어학의 이해와 활용 – 작문 형식]

'우리가 잊지 말아야 할 점은 모두의 의견을 존중해야 한다'로 수정할 경우, '우리가 잊지 말아야 할 점은'과 호응하는 서술어가 없어지게 된다. 따라서 ⓒ에 따라 기존의 서술을 유지하는 것이 적절하다.

오답해설

① '그림'은 '연주하다'라는 서술어와 호응하지 않으므로, 이와 호응하는 서술어를 추가해야 한다. 따라서 ㉠에 따라 '그는 그림을 그리고 악기를 연주했다'로 수정하는 것이 적절하다.
③ '선현이는 코끝이 아리도록 향기로운 꽃내음을 맡았다'의 경우, '코끝이 아리도록'이 '향기로운'과 '맡았다'를 모두 수식할 수 있어 수식어와 피수식어의 관계가 분명하지 않다. 이를 고려하여 '선현이는 향기로운 꽃내음을 코끝이 아리도록 맡았다'로 수정할 경우, '코끝이 아리도록'이 '맡았다'를 수식하여 의미가 분명해지므로 적절한 수정이다.
④ ㉣에 따라 앞의 내용이 구라면 뒤에도 구를, 앞의 내용이 절이라면 뒤에도 절을 사용해야 한다. '~문제의 원인 규명과 해결 방안을 마련해야 한다'의 경우 구와 절로 구성되어 있다. 이를 '~문제의 원인을 규명하고 해결 방안을 마련해야 한다'로 수정할 경우 절과 절로 구성되므로 적절한 수정이다.
• 구와 구: ~문제의 원인 규명과 해결 방안 마련을 해야 한다.
• 절과 절: ~문제의 원인을 규명하고 해결 방안을 마련해야 한다.

02 ④ [의사소통 – 작문 내용]

지문에 따라, '모든 장수 노인은 혈중 콜레스테롤 지수가 낮았는데 결혼생활이 행복한 자는 모두 장수 노인이므로 결혼생활이 행복한 자들은 모두 혈중 콜레스테롤 지수가 낮게 나타났을 것이다. 따라서 결혼생활이 행복한 자들은 모두 혈중 콜레스테롤 지수가 낮게 나타난다고 고쳐 쓰는 것이 적절하다.

오답해설

① 지문에 따르면, '장수 노인 100명은 모두 행복한 결혼생활을' 하였다고 하므로 표본 집단 X의 모든 장수 노인은 행복한 결혼생활을 하였음을 알 수 있다. 따라서 장수 노인은 모두 이 연구 결과에 부합하였다는 기존의 서술을 유지하는 것이 적절하다.
② 지문에 따르면, 행복한 결혼생활을 한 자만이 장수하였고 행복한 결혼생활을 하지 못한 자는 조기 사망하였다. 이를 통해 행복한 결혼생활은 장수하기 위한 필요조건임을 알 수 있으므로 기존의 서술을 유지하는 것이 적절하다.
③ 지문의 내용을 기호화하면 '조기 사망자 → ~결혼생활 행복, ~결혼생활 행복 → 면역지수 낮음'으로 표현할 수 있다. 이에 따라 '조기 사망자 → 면역지수 낮음' 역시 참임을 알 수 있다. 따라서 기존의 서술을 유지하는 것이 적절하다.

03 ④ [국어학의 이해와 활용 – 언어학 – 기타]

'주다'에 모음 어미가 결합하는 경우에는 '주어'라고 활용한다. 이때 어간이 바뀌지 않으므로 '주다'는 '어간이 바뀌는 불규칙 활용'을 하는 용언이 아님을 알 수 있다.

오답해설

① '짓다'에 모음 어미가 결합하는 경우에는 어간의 받침 'ㅅ'이 모음 어미 앞에서 탈락하여 '지어'와 같이 활용한다. 이를 통해 '짓다'는 'ㅅ' 불규칙 활용을 하는 용언임을 알 수 있다.
② '돕다'에 모음 어미가 결합하면 어간의 받침 'ㅂ'이 모음 어미 앞에서 '오'로 바뀌어 '도와'와 같이 활용한다. 이를 통해 '돕다'는 'ㅂ' 불규칙 활용을 하는 용언임을 알 수 있다.
③ '빠르다'에 모음 어미가 결합하면 어간의 '르'가 모음 어미 앞에서 'ㄹㄹ'로 바뀌어 '빨라'와 같이 활용한다. 이를 통해 '빠르다'는 '르' 불규칙 활용을 하는 용언임을 알 수 있다.

04 ③ [구조 독해 – 배치]

제시된 문장의 '그렇지만'이라는 역접의 상황에서 사용하는 접속어를 통해, 제시된 문장 이전에는 제시된 문장과 반대되는 내용이 나와야 한다는 것을 알 수 있다. 따라서 제시된 문장 이전에는 포획량을 줄이지 않고 계속 사냥을 했을 때 발생할 수 있는 문제점이 등장해야 한다.
이에 부합하는 위치는 ③이다. ③ 이전에는 사냥을 계속하면 비버가 곧 멸종하여 에스키모인들이 실생활에서 사용할 가죽조차 얻지 못하게 될 것이라는 문제점이 나와 있으며, ③ 이후에는 그들이 계속 사냥을 함에 따라 나타나는 문제에 대해 에스키모 지도자들이 결정한 해결 방안이 나와 있기에 제시된 문장과 자연스럽게 이어진다.

05 ④ [논리 비판 – 논리 추론 – 명제논리]

제시된 명제를 기호화하여 정리하면 다음과 같다.

```
갑: A사 CEO 사기 → B 무관 ∧ D 무관
    ⇔ ~(B 무관 ∧ D 무관) → ~A사 CEO 사기
    ≡ (~B 무관 ∨ ~D 무관) → ~A사 CEO 사기
을: ~D 무관
갑: C 공범
을: ( ㉠ )
```

갑의 첫째 발언의 대우는 '(~B 무관 ∨ ~D 무관) → ~A사 CEO 사기'이다. 을의 첫째 발언인 '~D 무관'은 갑의 첫째 발언의 대

우의 전건을 긍정하므로 '~A사 CEO 사기'임을 알 수 있다. 이때 갑의 둘째 발언인 'C 공범'을 도출하기 위해 추가로 필요한 ㉠에는 '~A사 CEO 사기 → C 공범'이나 그 대우인 '~C 공범 → A사 CEO 사기'가 들어가는 것이 적절하다.

오답해설
① '직원 C가 공범일 때에만 A사 CEO가 사기를 친다'는 선지를 기호화하면 'A사 CEO 사기 → C 공범'이다. 따라서 이는 갑의 둘째 발언 'C 공범'을 도출하기 위해 ㉠에 들어갈 수 있는 내용으로 적절하지 않다.
② 'A사 CEO가 사기를 칠 때에만 직원 C가 공범'이라는 선지를 기호화하면 'C 공범 → A사 CEO 사기'이다. 따라서 이는 갑의 둘째 발언인 'C 공범'을 도출하기 위해 ㉠에 들어갈 수 있는 내용으로 적절하지 않다.
③ '직원 C가 공범이라면 A사 CEO가 사기를 치지 않는다'는 선지를 기호화하면 'C 공범 → ~A사 CEO 사기'이다. 따라서 이는 갑의 둘째 발언인 'C 공범'을 도출하기 위해 ㉠에 들어갈 수 있는 내용으로 적절하지 않다.

06 ② [논리 비판 – 비판 추론 – 강화약화]

㉠은 AI 산업 육성으로 새로운 일자리 창출, 업무 효율화와 생산성 향상을 기대하고 있다. 따라서 AI 기반 분석으로 업무 효율이 높아지고 생산성이 크게 향상되었다면 이는 ㉠에 부합하는 사실로 ㉠을 강화한다.

오답해설
① ㉠은 AI 산업 육성으로 업무 효율화와 생산성 향상을 기대하고 있으며, 이는 AI 관련 분야에만 국한되지 않는다. 따라서 전통 제조업에서도 AI 자동화 솔루션 도입으로 제조 공정 비용이 감소하였다면 ㉠은 강화된다.
③ ㉡은 전통 제조업 종사자의 대량 실업, 개인정보 유출 문제를 우려하고 있다. 따라서 AI 관련 채용이 급증한다는 것은 ㉡에 부합하는 사실이 아니므로 ㉡을 강화하지 않는다.
④ ㉡은 개인정보 유출 문제를 우려하고 있으므로 소폭이라도 데이터 유출 위험이 증가하였다면 ㉡은 강화된다.

07 ② [논리 비판 – 비판 추론 – 비판적 이해]

ㄴ. 을은 업종별·지역별 차등 적용하는 방식을 고려해야 한다고 하였다. 병 또한 최저임금을 지역·업종별로 차등 적용하면 기업의 부담을 줄이면서 노동자를 보호할 수 있다고 하였다. 이를 통해 을과 병 모두 최저임금을 업종별·지역별로 차등 적용해야 한다고 생각한다는 것을 알 수 있다.

오답해설
ㄱ. 갑은 최저임금이 오르면 소비가 활성화되고 이것이 경제 전반에 긍정적인 영향을 줄 수 있을 것이라고 생각한다. 반면, 을은 최저임금이 결국 다시 물가 상승으로 이어져 실질적인 구매력 증가 효과를 상쇄시킬 것이라고 생각한다. 이는 경제 전반에 긍정적인 영향을 주지 못할 것이라고 생각하는 것이다. 이를 통해 갑만 최저임금 인상이 경제 전반에 긍정적인 영향을 끼칠 것이라고 생각한다는 것을 알 수 있다.
ㄷ. 병은 최저임금을 인상하면 기업의 부담이 커지고, 결과적으로 고용이 줄어들 수 있다고 하였다. 하지만 갑은 최저임금 인상이 경제를 활성화시켜 고용의 창출로 이어질 수도 있다고 하였다. 따라서 최저임금 인상이 고용의 감소로 이어질 수 있다고 생각한 사람은 병뿐이다.

08 ③ [의사소통 – 작문 내용]

〈지침〉에 '본론은 제목에서 밝힌 내용을 2개의 장으로 구성하되 각 장의 하위 항목끼리 대응되도록 작성하라'고 하였다. 하지만 '패스트패션 브랜드의 과잉 생산 규제 및 환경 부담금 부과'는 Ⅱ-1(유명인의 패션 따라가기 문화 확산)과 대응되는 Ⅲ-1(㉢)의 내용이 아니다. ㉢에는 '유명인의 패션 따라가기 문화'를 해결할 수 있는 방안이 제시되어야 한다.

오답해설
① 제목을 보았을 때, 글의 중심 소재는 '패스트패션'이다. 〈지침〉에 '서론은 중심 소재의 개념 정의와 문제 제기를 1개의 장으로 작성하라'고 하였으므로, ㉠에는 '패스트패션'과 관련된 문제 제기가 들어가야 한다. 따라서 '패스트패션 소비 증가가 환경에 미치는 영향'은 이러한 문제 제기로 적절하다.
② 〈지침〉에 '본론은 제목에서 밝힌 내용을 2개의 장으로 구성하되 각 장의 하위 항목끼리 대응되도록 작성하라'고 하였다. 따라서 '패스트패션이 초래하는 부정적 영향에 대한 인식 부족'은 Ⅲ-2(패스트패션의 환경·노동 문제에 대한 홍보)와 대응되는 Ⅱ-2(㉡)의 내용으로 적절하다.
④ 〈지침〉에 '결론은 기대 효과와 향후 과제를 1개의 장으로 작성할 것'이라는 내용이 제시되어 있다. Ⅳ-1에 '의류 폐기물 감소로 쓰레기 매립 및 소각 문제 완화'라는 기대 효과가 제시되어 있으므로, ㉣에는 '지속 가능한 패션 소비 문화 정착을 위한 정책 수립'이라는 향후 과제가 제시되는 것이 적절하다.

09 ① [구조 독해 – 주제]

지문은 첫째 문단에서 인간의 성패를 주관하는 '천'의 특징을 서술한다. 둘째 문단에서는 천과 인간 사이의 수직적 관계로 인한 천의 영향력을 설명한다. 셋째 문단에서는 천이 만들어낸 음양과 이에서 비롯된 인간의 '의(義)'에 대한 설명을 통해 천의 의미를 부연 설명한다. 세 개의 문단 모두 천의 존재가 인간에게 미치는 절대적 영향과 역할에 대해 설명하고 있으므로 '① 천은 인간의 성패와 만물을 주재한다.'가 글의 중심 내용으로 적절하다.

오답해설
② 자연현상을 통해 천의 뜻을 파악할 수 있다는 것은 천이 인간의 성패를 결정하기 때문에 나타나는 결과이다. 따라서 천의 절대적 영향력을 설명하는 내용에 불과하다.
③ 군신이 음양의 도에 따라 의를 지켜야 한다는 내용은 천이 가진 주재 능력이 인간에게 미친 결과를 예시로 든 것이므로 중심 내용으로 부적절하다.
④ 지문은 세 개의 문단 각각에서 천이 인간에게 갖는 영향력을 설명하고 있는데, 천과 인간의 수직적 관계는 그중 하나인 둘째 문단의 내용이다.

10 ④ [확인 추론 – 부정발문 – 인문사회예술]

둘째 문단에 따르면, 구성원들이 서로 친할수록 집단 사고가 발생활 가능성이 높아진다. 집단 사고가 발생하면 집단의 결정이 실패할 확률이 높아진다. 또한 마지막 문단에 따르면, 집단 구성원끼리의 동질성이 낮아질수록 집단의 결정을 신뢰할 수 있다고 얘기한다. 따라서 집단이 올바로 결정하기 위해서는 하나로 단합되기보다 서로 다른 사고방식을 자유롭게 표현할 수 있어야 한다.

오답해설

① 첫째 문단에 따르면, 재니스는 미국의 잘못된 결정들이 '집단 사고'의 결과라고 주장한다. 따라서 재니스의 관점에서 '집단 사고'는 잘못된 결정들의 원인이다.
② 둘째 문단에 따르면, 재니스는 집단 사고가 발생하면 집단의 결정이 실패할 수 있다고 주장한다. 집단 사고는 구성원들의 판단력을 저하되는 상태를 의미한다. 따라서 구성원 각각의 판단력이 떨어질수록, 집단 사고가 더 강해지고, 집단의 결정이 실패할 가능성도 커진다.
③ 마지막 문단에 따르면, 집단의 구성원들이 서로 다른 사고방식을 자유롭게 표현할 수 있으면 집단 사고를 피할 수 있다고 한다. 따라서 미국 정부의 구성원들이 서로 다른 사고방식을 표현할 수 있었다면 집단 사고를 피해 잘못된 결정을 피할 수 있었을 것이다.

11 ① [응용 추론 – 어휘 추론]

㉠이 포함된 문장은 집단 사고가 집단의 결정이 실패하는 쪽으로 향하게 한다는 것을 의미한다. 이때 '㉠ 이끈다고'를 대체할 수 있는 유의어로 '나아가게 한다고'가 있으며 ㉠이 포함된 문장의 구조는 'a가 b를 c로 이끌다'이다.
선지 ①의 '이끈다고'는 '나아가게 한다고'라는 유의어를 제시된 문장과 공유하며, 'a가 b를 c로 이끌다'의 구조도 일치한다. 따라서 ㉠의 문맥적 의미와 가장 가까운 것은 선지 ①이다.
「3」 사람, 단체, 사물, 현상 따위를 인도하여 어떤 방향으로 나가게 하다.
예 선거를 승리로 이끌었다.

오답해설

② 「2」 남의 관심 따위를 쏠리게 하다.
예 새 상품은 혁신적인 기능으로 소비자들의 관심을 이끌었다.
③ 「2」 남의 관심 따위를 쏠리게 하다.
예 새 상품은 혁신적인 기능으로 소비자들의 관심을 이끌었다.
④ 「1」 목적하는 곳으로 바로 가도록 같이 가면서 따라오게 하다.
예 가족을 이끌고 부산에 가다.

12 ① [논리 비판 – 논리 추론 – 명제 논리]

제시된 명제를 기호화하여 정리하면 다음과 같다.

| (가) 자기주장 강함 → ~신 |
| (나) 신n ∧ 자존감n |
| 따라서 ( ) |

(가)의 대우는 '신 → ~자기주장 강함'이다. (가)의 대우의 전건인 '신'은 (나)의 '신n'을 포함하므로, (가)의 대우와 (나)를 함께 고려하면, '~자기주장 강함n ∧ 자존감n'이 된다.

13 ① [확인 추론 – 긍정발문 – 인문사회예술]

마지막 문단에 따르면 '수직선은 시선을 위쪽으로 끌어서 키를 커 보이게 하는 효과를 만든다고 알고 있'지만, '수직선이 늘어나면 시선이 옆의 수직선으로 유도되기 때문에 수직 효과가 수평으로 흩어질 수 있다'고 하며 주름치마를 입었을 때 뚱뚱해 보이는 예를 들었다. 즉 세로줄무늬 옷을 입어도 세로줄이 많다면 몸이 가로로 커 보일 수 있는 것이다.

오답해설

② 첫째 문단에 따르면, 선은 체형에 대한 착시 효과를 일으킨다. 또한 마지막 문단에 따르면, 주름치마의 수직선의 개수만으로도 뚱뚱하고 키가 작아 보이는 착시 효과를 나타낼 수 있다. 따라서 줄무늬는 착시에 많은 영향을 미치고 있는 것이다.
③ 둘째 문단에 따르면, '일반적인 착시 이론이 패션에서는 좀 더 복잡한 함수로 이뤄진다'고 한다.
④ 첫째 문단에 따르면, 수평선에 의해 분할된 면적은 '시선이 세로로 움직이는 것을 막고 가로로 유도해 폭을 강조'한다. 즉 가로줄무늬가 시선의 세로 이동을 차단하는 것이다. 이를 통해 세로줄무늬는 반대로 시선의 가로 이동을 차단할 것임을 알 수 있다.

14 ② [응용 추론 – 어휘 추론]

㉡이 포함된 문장은 시선이 세로로 움직이는 것을 막는다는 내용인데, 이는 질병이나 재해가 일어나는 것을 막는다는 의미가 아니다. 따라서 ㉡은 '예방하다'와 바꿔쓸 수 없으며, ㉡과 바꿔 쓸 수 있는 유사한 표현으로는 '차단하다'가 있다.
㉡ 막다: 어떤 일이나 행동을 못 하게 하다.
예방하다(豫防하다): 질병이나 재해 따위가 일어나기 전에 미리 대처하여 막다.
豫 미리 예, 防 막을 방
차단하다(遮斷하다): 다른 것과의 관계나 접촉을 막거나 끊다.
遮 가릴 차, 斷 끊을 단

오답해설

① ㉠ 쪼개지다: 둘 이상으로 나누어지다.
분할되다(分割되다): 나뉘어 쪼개지다.
分 나눌 분, 割 벨 할
③ ㉢ 이끌다: 목적하는 곳으로 바로 가도록 같이 가면서 따라오게 하다.
유도되다(誘導되다): 사람이나 물건이 목적한 장소나 방향으로 이끌어지다.
誘 꾈 유, 導 인도할 도
④ ㉣ 흩어지다: 한데 모였던 것이 따로따로 떨어지거나 사방으로 퍼지다.
분산되다(分散되다): 갈라져 흩어지다.
分 나눌 분, 散 흩을 산

15 ③ [논리 비판 – 비판 추론 – 강화약화]

ㄴ. ㉠은 불의 발견이 140만 년 이전에 이루어졌다는 것으로, 150만 년 전 지층에서 불에 탄 유물과 곡물이 발견되었다는 사실은 이러한 주장에 부합하는 결과이다. 따라서 ㉠을 강화한다.

ㄷ. 150만 년 전 아시아 일부 지역에서 화토의 흔적이 발견되었다는 사실은 ㉠의 주장에 부합하는 것이므로, ㉠은 강화된다.

오답해설

ㄱ. 자연 산불에 의해 만들어진 숯과 재는 인류가 불을 인위적으로 사용한 것과는 관련이 없으므로 이로부터 ㉠이 강화되지는 않는다.

16 ② [확인 추론 – 긍정발문 – 인문사회예술]

둘째 문단에 따르면, 친족 집단은 부계율과 모계율에 따라 바뀐다. 예를 들어 부계율을 적용하는 친족 집단에서 고모의 자녀는 나와 사촌지간이지만, 그들은 그들 아버지의 집단으로 귀속된다. 이를 통해 어떤 출계율을 적용하느냐에 따라 나의 친족 집단에서 제외될 수 있다는 것을 알 수 있다.

오답해설

① 첫째 문단에 따르면, 친족 집단으로 규정하는 것은 '혈통'이라고 설명한다. 혈통은 출계율에 따라 추적한다. 하지만 지문에 조상들에게 인정을 받아야 친족 집단으로 귀속된다는 내용에 대한 언급은 없다.
③ 둘째 문단에 따르면, 출계율에 따라 친족 집단이 달라진다. 모계율을 따른다면 외삼촌이 나의 집단이다. 그러나 부계율을 따른다면 외삼촌은 외삼촌의 아버지, 즉 외할아버지의 친족 집단을 따라간다. 부계율을 따른 경우에는 나는 나의 할아버지, 아버지 집단에 귀속되기 때문에 외삼촌과 다른 친족 집단에 귀속된다. 따라서 외삼촌과 내가 언제나 같은 친족 집단일 수는 없다.
④ 첫째 문단에 따르면, 친족 집단이 되기 위해 중요한 것은 혈통이다. 마지막 문단에 선계율을 따르는 집단이 작은 땅을 중심으로 집단을 이룬다는 언급은 있으나, 이를 모든 친족 집단으로 확장하는 것은 적절하지 않다.

17 ③ [응용 추론 – 문맥 추론]

(가)의 '친족 집단'은 출계율에 따라 인정되는 친족 구성원의 집단이다. 개인의 혈통을 추적해서 인정하는 '구성원(㉠)'은 친족 집단이며, '나의 집단(㉡)' 역시 친족 집단을 지칭한다. 또한 같은 조상에게서 나온 '자손들(㉣)'도 친족 집단을 구성한다. 따라서 ㉠, ㉡, ㉣은 모두 '(가)친족 집단'을 지칭하는 단어들이다. 그러나 '출계율(㉢)'은 친족 집단을 규정하기 위해 적용하는 규칙이다. 따라서 ㉠~㉣ 중 문맥상 (가)에 해당하는 의미로 사용되지 않은 것은 ㉢이다.

18 ② [국어학의 이해와 활용 – 언어학 – 기타]

지문에 따르면, 객체 높임은 '드리다, 모시다'와 같은 특수한 어휘와 조사 '께'를 통해 주로 실현된다고 하였다. 따라서 '나는 어머니께 과일을 드렸다.'라는 문장에서는 '드리다'라는 특수한 어휘가 문장 속의 객체(대상)인 어머니를 높이고 있는 것이다.

오답해설

① 지문에 따르면, 주체 높임은 조사 '께서'와 선어말 어미 '-(으)시-'를 활용한다고 하였다. '선생님께서 수업을 시작하셨다.'에서는 문장의 주체인 '선생님'에 조사 '께서'가 결합되었다는 것과 '시작하다'에 선어말 어미 '-(으)시-'가 결합한 것을 통해 주체 높임이 실현되었다는 것을 알 수 있다.
③ 지문에 따르면, 객체 높임은 '드리다, 모시다'와 같은 특수한 어휘와 조사 '께'를 통해 주로 실현된다고 하였다. '나는 아버지를 모시고 병원에 갔다.'에서는 '모시다'를 통해 문장의 객체인 '아버지'를 높이고 있다는 것을 알 수 있다.
④ 지문에 따르면, 객체 높임은 '드리다, 모시다'와 같은 특수한 어휘와 조사 '께'를 통해 주로 실현된다고 하였다. '그는 매일 부모님께 아침 문안을 여쭙는다.'에서는 특수한 어휘인 '여쭙다'가 조사 '께'와 함께 문장의 객체인 '부모님'을 높이고 있다.

19 ④ [응용 추론 – 빈칸 추론]

지문에 따르면 스토아학파는 이성을 중시하고 감정에 휘둘리지 말 것을 주장하였으므로, ㉠에는 이를 구체화하는 '이를 이성으로 통제하지 못하면 올바른 판단과 행동을 그르치게 된다고 보았다'가 들어가야 한다.
㉡은 지문을 정리하며 스토아학파의 핵심 이념에 대해 설명하고 있으므로, 이에 관한 내용인 '극적인 삶의 고난 속에서도 흔들리지 않는 내면의 평정심을 설파했다'가 들어가야 한다.

20 ① [논리 비판 – 논리 추론 – 독해논리]

제시된 예시는 '복합 질문의 오류'를 저지르고 있다. '복합 질문의 오류'는 단순하게 '예'나 '아니오'라고 대답할 수 없는, 몇 개의 요소에 대해 동시에 묻는 질문이다. 수긍할 수 없거나 수긍하고 싶지 않은 것을 전제하고 질문함으로써 수긍하게 만드는 오류이기도 하다. '저한테 한 표를 던져 살기 좋은 나라를 건설해 보지 않으시겠습니까?'라는 질문에는 '누구를 뽑을 것인지', '살기 좋은 나라를 건설하고 싶은지' 두 개의 요소가 들어 있다. '살기 좋은 나라를 건설하고 싶다'는 대답을 하기 위해 '예'라고 답하면 질문자에게 표를 던지겠다는 것까지 답한 것이 되고 만다.

오답해설

② 원천 봉쇄의 오류: 반론의 가능성이 있는 요소를 원천적으로 비난하여 봉쇄하는 데서 생기는 오류
③ 사적 관계에의 호소: 개인적 친분 관계의 정 때문에 논지를 받아들이게 하는 오류
④ 원칙 혼동의 오류: 어떤 우연한 상황이 발생하여 일반적 규칙을 적용할 수 없는 데도 불구하고 그대로 적용함으로써 발생하는 오류

6주 LEVEL 2 정답

01	①	02	④	03	④	04	①	05	③
06	③	07	④	08	④	09	③	10	②
11	②	12	③	13	②	14	③	15	②
16	①	17	①	18	①	19	④	20	①

01 ① [국어학의 이해와 활용 – 작문 형식]
수정한 문장인 '이 연구 결과는 환경 오염의 심각성을 말해 주고 있다.'의 경우 추상적 대상인 능동적 행위의 주어로 나온 문장이므로 적절하지 않은 수정이다. 수정 전의 문장인 '환경 오염의 심각성을 이 연구 결과에서 알 수 있다'의 경우, 추상적 대상이 능동적 행위의 주어로 나오지 않았으므로 기존의 서술을 유지하는 것이 적절하다.

오답해설
② '예습'은 '앞으로 배울 것을 미리 익힘'을 의미하는데, 이미 '미리'라는 의미가 포함되어 있다. 따라서 ⓒ에 따라 '다음 수업을 듣기 전에 예습합시다.'로 수정하는 것이 적절하다.
③ '유진이와 아진이는 놀이동산에 갔다.'의 경우 '유진이와 아진이가 각각 놀이동산에 갔다'는 의미와 '유진이와 아진이가 함께 놀이동산에 갔다'는 의미로 해석된다. 따라서 ⓒ에 따라 '유진이는 아진이와 함께 놀이동산에 갔다'로 수정할 경우, 하나의 의미로만 해석되므로 적절한 수정이다.
④ ⓔ에 따라 앞의 내용이 구라면 뒤에도 구를, 앞의 내용이 절이라면 뒤에도 절을 사용해야 한다. "에너지 소비가 증가하고 자원 고갈에 따라~"는 절과 구로 이루어져 있다. 이를 '에너지 소비 증가와 자원 고갈에 따라~'로 수정할 경우, 구와 구로 구성되므로 적절한 수정이 된다.

02 ④ [의사소통 – 작문 내용]
둘째 문단에 따르면, 과학의 단어의 의미는 과학 문장의 의미를 확정함으로써 결정되며 과학 문장의 의미는 과학 이론 속에서 결정된다고 한다. 이는 과학 이론이 과학 문장의 의미를 결정함을 나타내므로 과학 문장의 의미는 과학 이론에 선행하여 결정될 수 없음을 알 수 있다. 과학의 단어는 이론의 결정 순서에 따라 과학 이론에 의해 그 의미가 결정될 것이므로 과학의 단어가 의미하는 바는 과학 이론에 의존하게 된다고 고쳐 쓰는 것이 적절하다.

오답해설
① 첫째 문단에 따르면, 'A가 사용할 수 있는 자료는 부족민의 언어 행동에 대한 관찰 증거뿐이'라고 하므로 ㉠에는 관찰 증거에 따른 사실이 서술되어야 한다. 따라서 그때마다 눈앞에 토끼가 있다는 사실을 발견했다는 기존의 서술을 유지하는 것이 적절하다.
② 첫째 문단에 따르면, 가바가이에 대해 가능한 번역어는 한 마리의 토끼나 살아있는 토끼와 같이 다양했다고 한다. 그러므로 관찰 가능한 증거들은 다양한 번역과 어울릴 수 있으며 이로 인해 무엇이 옳은 번역인지 알기 힘들 것이다. 따라서 기존의 서술을 유지하는 것이 적절하다.

③ 둘째 문단에 따르면, 이론은 '문제의 단어를 포함하는 문장의 의미를 확정한 후 이를 기반으로 각 문장의 구성요소인 단어의 의미를 결정'한다고 한다. 이는 문장이라는 전체 의미를 확정한 후에 단어라는 구성요소의 의미를 결정함을 나타낸다. 따라서 전체의 의미에서 그 구성요소의 의미를 결정하고자 한다는 기존의 서술을 유지하는 것이 적절하다.

03 ④ [국어학의 이해와 활용 – 언어학 – 기타]
마지막 문단에 따르면, 존칭이 확실히 굳어진 '선생님·교수님'과 같은 경우가 아니라면 '-님'을 붙이는 것이 오히려 문법에 어긋나는 경우이니 주의해야 한다고 하였다. '주부'의 경우, '주부님'이라는 존칭이 사회적으로 굳어진 표현이 아니므로 '-님'을 붙이는 것이 문법에 어긋난 경우임을 알 수 있다.

오답해설
① 첫째 문단에서는 한국어에서는 어떤 존비법을 사용하느냐에 따라 문장 성분에 다양한 변화를 줄 수 있다고 하며, '제가 선생님을 모셔 올까 합니다.'라는 문장에 쓰인 존비법을 예시로 들었다. 이를 통해 한국어에서는 여러 문장 성분에서 존비법이 나타난다는 것을 알 수 있다.
② 둘째 문단에 따르면, 압존법은 문장의 주체가 높여야 할 대상이지만 듣는 이의 지위가 문장의 주체보다 더 높아, 문장의 주체를 높이지 못하는 어법이라고 하였다. 이를 통해 행동의 주체를 높일 때 청자도 고려해야 함을 알 수 있다.
③ 둘째 문단에 따르면, 가족 간에는 압존법이 지키는 것이 원칙이지만 압존법을 지키지 않는 것도 허용된다고 한다. 따라서 '할머니, 어머니가 돌아왔어요.'라고 할머니 앞에서 어머니를 높이지 않는 것이 압존법을 지킨 원칙이지만 '할머니, 어머니가 돌아오셨어요.'와 같이 어머니를 높이는 것도 문법적으로 허용된다.

04 ① [구조 독해 – 배열 – 문장 배열]
ㄱ. '그 기억'이라는 표지가 지시하는 대상이 ㄱ의 앞에 나와야 한다. '그 기억'은 비동일성과 분열이 담겨 있기 때문에 '고통스럽다'고 한다.
ㄴ. 1960년대 팝아트 예술이 '키르케의 돼지'라고 비유하고 있다. 이 앞에 먼저 키르케의 돼지에 대한 설명이 등장해야 함을 추론할 수 있다.
ㄷ. 키르케의 섬에 걸려 표류한 오디세우스의 부하들이 변신의 형벌을 받았다는 내용이다.
ㄹ. '즉'이라는 재진술의 상황에서 사용하는 접속어 뒤에 비동일성의 고통을 제시하고 있다. ㄹ은 ㄱ과 사실상 동일한 '비동일성의 고통'이라는 내용을 다루고 있으므로, ㄱ 뒤에 ㄹ이 이어지는 것이 자연스럽다. → 선지 ②, ③ 탈락
ㅁ. 변신의 형벌에 대해 설명하고 있다. 이는 변신의 형벌이 처음 제시된 ㄷ 뒤에 이어지는 것이 적절하며, ㅁ의 '인간이라는 기억'이 ㄱ에서 '그 기억'으로 지칭되므로 이 뒤에는 ㄱ이 이어지는 것이 적절하다. → 선지 ②, ③, ④ 탈락
따라서 'ㄷ-ㅁ-ㄱ-ㄹ-ㄴ'의 순서가 가장 자연스럽다.

05 ③ [논리 비판 – 논리 추론 – 명제논리]
제시된 명제를 기호화하여 정리하면 다음과 같다.

```
㉠ 병 → ~갑
㉡ ~을 → ~정 ⇔ 정 → 을
㉢ 병 ∨ ~정
㉣ 무 → 갑
```

발문에 따라 '정'임을 알 수 있고, 이는 ㉢의 선언지를 제거하여 '병'을 도출할 수 있다. 이는 ㉠인 '병 → ~갑'의 전건을 긍정하므로 '~갑'을 도출할 수 있다. 또한, '~갑'은 ㉣의 대우인 '갑 → ~무'의 전건을 긍정하므로 '~무'도 도출할 수 있다.
발문의 '정'은 ㉡의 대우인 '정 → 을'의 전건을 긍정하므로 '을'도 도출할 수 있다.
정리해 보면, 경시대회에 참석한 사람은 '을, 병, 정'으로, 총 3명이다.

06 ③ [논리 비판 – 비판 추론 – 비판적 이해]
ㄱ. 갑은 강력한 처벌이 있어야 범죄를 예방할 수 있다고 한다. 반면 을은 많은 연구에서 강력한 처벌이 범죄율을 낮추는 효과가 크지 않다는 점이 입증되었다고 하며 강력한 처벌이 능사가 아니라고 하였다. 이를 통해 갑과 을은 강한 처벌의 범죄 예방 효과에 대해 다른 의견을 가지고 있음을 알 수 있다.
ㄷ. 갑은 특히 흉악범죄의 경우, 형량을 강화하여 사회에서 격리하는 것이 피해자와 국민의 안전을 보장하는 길이라고 하였다. 을은 흉악범죄에 대한 처벌이 강화되어야 한다는 점은 동의한다고 하였으며, 병은 살인, 성범죄 같은 중범죄자는 형량을 강화해 사회에서 격리하는 것이 필요하다고 하였다. 이를 통해 갑, 을, 병은 흉악 범죄자의 형량을 강화하는 것에 대해 모두 이견이 없음을 알 수 있다.

오답해설
ㄴ. 갑은 흉악범죄의 경우, 형량을 강화하여 사회에서 격리하는 것이 피해자와 국민의 안전을 보장하는 길이라고 하였다. 병은 피해자의 권리와 사회적 안전을 간과해서는 안 된다고 하였다. 반면, 을은 피해자의 권리와 사회적 안전에 대해 언급한 바 없다. 이를 통해 피해자의 권리와 사회적 안전을 고려해야 한다고 주장한 것은 갑과 병임을 알 수 있다.

07 ④ [논리 비판 – 비판 추론 – 강화약화]
㉡은 세 요소 모두를 달성하는 것이 스마트시티 구축 성공의 충분조건은 아니라는 것이지 세 요소를 모두 달성하는 것이 필요조건에 해당하지 않는다는 것은 아니다. 세 요소를 모두 충족하지 않는 경우 항상 스마트시티 구축에 실패하였다는 것은 세 요소가 필요조건에 해당한다는 것이므로 ㉡을 약화하지 않는다.

오답해설
① ㉠은 세 요소 모두를 달성하는 것이 스마트시티 구축 성공의 필요조건이라는 것이다. 민간 투자 유치에 실패한 모든 국가에서 스마트시티 구축에 실패하였다는 것은 민간 투자 유치가 성공의 필요조건이라는 것이므로 ㉠은 강화된다.
② 세 요소를 모두 달성했음에도 스마트시티 구축에 실패한 사례는 세 요소를 모두 달성하는 것이 스마트시티 구축 성공의 충분조건이 아니라는 것으로 ㉡을 강화한다.
③ 데이터 플랫폼 구축에 실패하였음에도 성공한 사례가 존재한다면, 이는 성공을 위해 세 요소를 모두 충족할 필요는 없다는 것을 의미한다. 따라서 ㉠은 약화된다.

08 ④ [의사소통 – 작문 내용]
〈지침〉에 '결론은 기대 효과와 향후 과제를 1개의 장으로 작성할 것'이라는 내용이 제시되어 있다. Ⅳ-2에 'AI 의존도 증가에 따른 문제를 해결하는 정책 및 교육 강화'라는 향후 과제가 제시되어 있으므로, ㉣에는 기대 효과가 제시되어야 한다. 그러나 'AI와 인간의 균형 잡힌 공존을 위한 지속 가능한 방안 마련'도 향후 과제이므로, ㉣에 들어갈 내용으로 적절하지 않다.

오답해설
① 제목을 보았을 때, 글의 중심 소재는 'AI 의존도 증가'이다. 〈지침〉에 '서론은 중심 소재의 개념 정의와 주요 실태를 1개의 장으로 작성하라'고 하였으므로, ㉠에는 'AI 의존도 증가'와 관련된 주요 실태가 들어가야 한다. 따라서 'AI 의존증 증가에 따른 인간의 자율적 사고력 감소의 실태'는 이러한 주요 실태로 적절하다.
② 〈지침〉에 '본론은 제목에서 밝힌 내용을 2개의 장으로 구성하되 각 장의 하위 항목끼리 대응되도록 작성하라'고 하였다. 따라서 '의사 결정이 AI에 의존됨에 따른 인간의 창의성 감소'는 Ⅲ-1(창의적 사고를 촉진하는 교육 및 훈련 강화)과 대응되는 Ⅱ-1(㉡)의 내용으로 적절하다.
③ 〈지침〉에 '본론은 제목에서 밝힌 내용을 2개의 장으로 구성하되 각 장의 하위 항목끼리 대응되도록 작성하라'고 하였다. 따라서 'AI가 제공한 정보를 보완적 역할로 활용하도록 하는 방침 도입'은 Ⅱ-2(생성형 AI가 제공한 정보에 대한 무비판적 수용)와 대응되는 Ⅲ-2(㉢)의 내용으로 적절하다.

09 ③ [확인 추론 – 긍정발문 – 인문사회예술]
마지막 문단에 따르면, 춘추전국시대에 축적된 사상적 유산이 오늘날에도 정치 제도의 중요한 근간으로 연구되고 있다고 하였다.

오답해설
① 첫째 문단에 따르면, 춘추전국시대는 주나라 중심의 규범이 무너진 시대이다. 하지만 이로부터 주나라의 멸망이 춘추전국시대의 시작인지는 알 수 없다.
② 첫째 문단에 따르면, 제자백가는 춘추전국시대의 혼란을 극복하려는 노력에서 비롯된 것이다. 하지만 제자백가의 등장으로 혼란이 종결된 것은 아니다.
④ 둘째 문단에 따르면, 도덕적 수신은 묵가가 아닌 유가의 주장이다. 하지만 이로부터 묵가가 도덕적 수신을 통한 혼란 극복에 부정적이었는지는 알 수 없다.

10 ② [응용 추론 – 어휘 추론]
㉡이 포함된 문장은 제자백가가 춘추전국시대라는 혼란한 시대상을 극복하기 위해 사회와 인간, 윤리에 대해 한 깊은 관찰에 대해 설명하고 있다. 따라서 ㉡은 '일반적으로 널리 통하는 개념.'을 의미하는 '통념'과 바꿔 쓸 수 없다.

ⓒ 통찰(洞察): 예리한 관찰력으로 사물을 꿰뚫어 봄.
洞 꿰뚫을 통, 察 살필 찰
통념(通念): 일반적으로 널리 통하는 개념.
通 통할 통, 念 생각 념

오답해설

① ㉠ 혼란(混亂): 뒤죽박죽이 되어 어지럽고 질서가 없음.
混 섞을 혼, 亂 어지러울 란
무질서(無秩序): 질서가 없음.
無 없을 무, 秩 차례 질, 序 차례 서
③ ㉢ 역설(力說)하다: 자기의 뜻을 힘주어 말하다.
力 힘 력, 說 말 설
강조(强調)하다: 어떤 부분을 특별히 강하게 주장하거나 두드러지게 하다.
强 강할 강, 調 굳셀 조
④ ㉣ 지대(至大)하다: 더할 수 없이 크다.
至 이를지, 大 큰 대
막대(莫大)하다: 더할 수 없을 만큼 많거나 크다.
莫 없을 막, 大 큰 대

11 ② [확인 추론 – 긍정발문 – 인문사회예술]

판단 여지설은 법률에서 불확정 법 개념이 사용된 경우, 다양한 가치판단의 가능성, 즉 판단 여지가 행정청에 주어진다고 본다. 따라서 행정청의 가치판단이 필요한 영역에서 행정청의 판단 여지를 인정한다고 볼 수 있다.

오답해설

① 판단 수권설에 따르면, 판단 여지는 입법자인 의회가 행정청에 불확정 법 개념을 판단할 권한을 부여한 경우에만 예외적으로 인정될 수 있다. 따라서 판단 수권설이 모든 경우에 있어 판단 여지를 인정하지 않는다고 보기는 어렵다.
③ 불확정 법 개념은 법 규정이 발생할 수 있는 모든 경우를 구체적으로 예측하는 것이 어려운 일이기 때문에 사용되는 개념이다. 발생할 수 있는 모든 경우를 법에 규정하기 위해 활용되는 개념이 아니다.
④ 판단 수권설은 불확정 법 개념의 판단 여지는 입법자인 의회가 행정청에 불확정 법 개념을 판단할 권한을 부여한 경우에만 예외적으로 인정한다고 하였다. 이는 입법자인 의회가 판단할 권한을 부여한 경우라도 '불확정 법 개념의 해석'은 행정청이 해야 할 일이라고 보는 것이다. 구체적 사실관계에 특정 법 개념이 적용되는지에 대한 판단을 입법자가 해야 한다고 보지는 않는다.

12 ③ [응용 추론 – 어휘 추론]

㉠이 포함된 문장은 확인된 사실관계가 불확정 법 개념에 포섭되는지 판단하는 것은 사법심사가 불가능하다고 여긴다는 내용이다. 이때 '㉠ 보는'을 대체할 수 있는 유의어로 '여기는' 등이 있으며, ㉠이 포함된 문장의 구조는 'a를 b라고 보다'이다.
선지 ③은 나는 그의 행동을 실수라고 여길 수 없다는 내용이다. 이때 '볼'은 '여길'이라는 유의어를 제시된 문장과 공유하며, 'a를 b라고 보다'의 구조도 일치한다. 따라서 ㉠의 문맥적 의미와 가장 가까운 것은 선지 ③이다.
❸【…을 …으로】【…을 –게】【…을 –고】【…으로】【–고】('…으로'나 '–게' 대신에 평가를 뜻하는 다른 부사어가 쓰이기도 한다) 대상을 어떠하다고 평가하다.
㉔ 도대체 사람을 뭐로 보고 그런 말씀을 하십니까?

오답해설

① ❶【…을】「2」 눈으로 대상을 즐기거나 감상하다.
㉔ 그는 텔레비전을 보다가 잠이 들었다.
② ❶【…을】「23」 기회, 때, 시기 따위를 살피다.
④ ❶【…을】「11」 어떤 일을 맡아 하다.
㉔ 오후에 볼일 좀 보러 나갔다 오겠소.

13 ② [확인 추론 – 긍정발문 – 인문사회예술]

둘째 문단에 따르면 카롤루스 대제는 교황 레오 3세에 의해 서방 황제 관을 쓰게 되었고, 동로마 제국은 이를 완전히 인정하지 않았다.

오답해설

① 첫째 문단에 따르면, 피핀 3세는 카롤루스 대제의 아버지로 동로마가 아닌 프랑크 왕국의 왕이다.
③ 첫째 문단에 따르면 카롤루스 대제에 의해 색슨족이 정복되었으나, 독립전쟁을 벌였는지는 알 수 없다.
④ 마지막 문단에 따르면 베르됭 조약은 카롤루스 대제의 손자 때 이뤄졌으며, 이로 인해 프랑크 제국이 분할되었다.

14 ③ [응용 추론 – 문맥 추론]

㉠, ㉣, ㉥은 '카롤루스 대제'가 통치한 프랑크 왕국으로 서방 황제 관을 받은 이후 '제국'으로 불리게 되었다. 반면 ㉡은 카롤루스 대제에게 정복된 게르만족을 의미하며 ㉢은 카롤루스 대제에게 서방 황제 관을 준 교황이 머무는 곳이고, ㉣은 이를 반대한 동로마 제국이다. 따라서 지시하는 바가 같은 것은 ㉣, ㉥이다.

오답해설

① ㉠은 프랑크 왕국을, ㉣은 동로마 제국을 의미하므로 옳지 않다.
② ㉡은 카롤루스 대제에게 정복된 게르만족을, ㉥은 프랑크 왕국을 의미하므로 옳지 않다.
④ ㉢은 교황이 머무는 곳을, ㉣은 동로마 제국을 의미하므로 옳지 않다.

15 ② [응용 추론 – 빈칸 추론]

지문을 여러 관계하에서 요약하면, '현대 사회에서 약속이나 계약은 상호 신뢰를 전제하여야 한다. 또한 믿음은 가장 일반적이고 기본적인 사회적 덕목이다.'라고 할 수 있다. 그리고 여기에서 가장 핵심적인 어휘는 역시 '상호 신뢰와 믿음'이라는 것을 확인할 수 있다. 그러므로 가장 적절한 문장은 '상호 신뢰와 믿음은 사회생활의 가장 기본이 되는 조건이다.'라는 진술이다.

오답해설

① '불신 풍조'에 대한 언급이 없으므로 적절한 진술이 아니다.
③ '인간의 도덕생활에서 믿음이라는 덕목이 가장 기본적인 사회적 덕목'이라는 진술은 있으나, '믿음이 동양 윤리를 강화시켜 온 것'은 아니므로 적절한 진술이 아니다.
④ '사회생활의 기본적인 덕목은 구성원 간의 상호 신뢰와 믿음이다.'라고 진술했으면 모르겠다, '덕목은 공정한 계약'이라고 했으므로 적절한 진술이 아니다.

16 ① [논리 비판 - 비판 추론 - 강화약화]

ㄱ. ⊙은 꾸준한 팀 스포츠 활동이 사회성을 함양하는 데 도움을 준다는 것으로, 이러한 연구 결과는 ⊙의 예측에 부합하는 사실로 ⊙을 강화한다.

오답해설

ㄴ. ⊙은 꾸준한 팀 스포츠 활동이 사회성을 함양하는 데 도움을 준다는 것으로, 다른 집단 활동의 효과를 부정하는 것은 아니다. 따라서, 다른 집단 경험을 한 경우와 대인관계 능력의 차이가 나타나지 않는다고 해서 ⊙이 약화되지는 않는다.

ㄷ. ⊙은 꾸준한 팀 스포츠 활동이 사회성을 함양하는 데 도움을 준다는 것으로, 다른 집단 활동의 효과를 부정하는 것은 아니다. 따라서 봉사활동이 사회성 함양에 긍정적인 작용을 한다는 연구 결과로부터 ⊙이 약화되지는 않는다.

17 ① [확인 추론 - 부정발문 - 문학]

첫째 문단에 따르면, 제4의 벽은 무대와 객석이 완전히 분리되는 것을 전제로 한다고 하였다. 하지만 제4의 벽은 가상의 벽이므로 제4의 벽이 있다고 하여 물리적으로 무대와 객석이 완전히 분리되는 것은 아니다.

오답해설

② 둘째 문단에 따르면, 방백은 무대가 독립된 공간이 되면 불가능하다고 하였다. 제4의 벽이 있다면 무대가 독립된 공간이 된다. 따라서 방백이 포함된 연극이라면, 제4의 벽이 존재하지 않는다는 것을 알 수 있다.

③ 첫째 문단에 따르면, 제4의 벽은 무대와 객석이 완전히 분리되는 것을 전제한다고 하였다. 또한 둘째 문단에 따르면 우리나라의 전통극에서는 제4의 벽이 성립되지 않는다고 하였다. 이를 통해 우리나라의 전통극인 판소리의 경우 무대와 객석이 완전히 분리되지 않는다는 것을 알 수 있다.

④ 마지막 문단에 따르면, 극중 인물이 극의 본래 기능을 벗어나 서사적 기능을 수행하면, 그 인물은 '해설자' 역할을 하게 된다며 그 세 가지 경우를 설명했다. 하지만 그 세 가지 경우에 해당한다고 늘 서사적 기능을 수행하는 것은 아니라고 하였다. 이를 통해 극중 인물이 외부 사건을 보고한다고 하더라도 이 인물이 해설자의 역할을 하는 것은 아니라는 것을 알 수 있다.

18 ① [국어학의 이해와 활용 - 건어학 - 문장]

'기온이 0도 이하가 아닌 날에는 물이 얼지 않는다'에서는 긴 부정문인 '-지 아니하다'를 사용하고 있으므로 ⊙에 해당된다. 또한 단순한 사실을 부정하고 있으므로 ⓒ에 해당된다.

오답해설

② '지금 그 가게에는 손님이 열 명도 안 된다.'에서는 부정 부사 '안'을 사용한 짧은 부정문이므로 ⊙에 해당되지 않지만, 주어의 상태를 부정하고 있으므로 ⓒ에 해당된다.

③ '나는 숙제를 하려고 드라마를 보지 않았다.'에서는 긴 부정문인 '-지 아니하다'를 사용하고 있으므로 ⊙에 해당된다. 그러나 의지 부정이므로 ⓒ에 해당되지 않는다.

④ '동생은 독감에 걸려서 학원에 가지 못했다.'에서 긴 부정문인 '-지 못하다'를 사용하고 있으므로 ⊙에 해당된다. 그러나 능력 부정이므로 ⓒ에 해당되지 않는다.

19 ④ [응용 추론 - 빈칸 추론]

둘째 문단에 따르면, 가이우스 역시 반대파에 의해 최후를 맞이하였다고 하였으므로, 티베리우스 또한 반대파를 이기지 못하고 개혁에 실패하였음을 알 수 있다. 따라서 ⊙에는 이와 관련된 '티베리우스는 폭력 사태에 휘말려 목숨을 잃으며 개혁은 좌절됐다'가 들어가야 한다.

ⓒ이 포함된 문단은 형제의 개혁 시도가 갖는 의의에 대해 설명하고 있으며, 마지막 문장에서는 공화정에서 제정으로 넘어가는 전환 속에서, 로마 정치사의 분수령으로 평가된다고 하였다. 따라서 이를 연결해주는 '형제의 노력은 실패로 끝났으나, 그들이 제시한 토지 분배 구상과 대중 동원 방식은 이후 정치적 격변의 시초가 되었다'가 들어가야 한다.

20 ① [논리 비판 - 논리 추론 - 명제논리]

제시된 명제를 기호화하여 정리하면 다음과 같다.

- 날씨 맑음 → 도서관
- 도서관n ∧ ~카페n

결론: ~카페n ∧ 날씨 맑음n

결론인 '~카페n ∧ 날씨 맑음n'을 이끌어내기 위해서는 둘째 전제의 '도서관n'과 결론의 '날씨 맑음n'을 연결해 줄 수 있는 전제가 필요하다. 특칭의 참이 보장되기 위해서는 전칭의 참이 전제되어야 하므로, 추가되어야 할 전제는 '도서관 → 날씨 맑음'이다.

2025년 공무원 9급 공개경쟁임용 필기시험 답안지

2025년 공무원 9급 공개경쟁임용 필기시험 답안지